职业院校

汽车类"十二五"规划教材

"十二五"职业教育国家规划教材

经全国职业教育教材审定委员会审定

二手车鉴定与评估（第2版）

Appraisal and Assessment of Second-hand Cars (2nd Edition)

◎ 吴兴敏 吴志强 主编

人民邮电出版社

北京

图书在版编目（CIP）数据

二手车鉴定与评估 / 吴兴敏，吴志强主编. -- 2版
. -- 北京 : 人民邮电出版社，2014.10（2019.1重印）
职业院校汽车类“十二五”规划教材
ISBN 978-7-115-34604-9

Ⅰ. ①二… Ⅱ. ①吴… ②吴… Ⅲ. ①汽车－鉴定－高等职业教育－教材②汽车－价格评估－高等职业教育－教材 Ⅳ. ①U472.9②F766

中国版本图书馆CIP数据核字(2014)第030347号

内 容 提 要

本书分为前期准备、现场鉴定、评定估算、二手车交易后续业务办理和二手车经销 5 个项目。系统地介绍了二手车交易的业务洽谈内容及注意事项，如何签订二手车鉴定评估委托书，如何编制二手车鉴定评估工作方案，如何进行二手车相关证件的核查，如何进行二手车现时技术状况的静、动态检查，二手车现时技术状况的仪器检查结果（二手车综合性能检测报告单）的分析，二手车价格的计算方法，二手车收购与销售定价方法以及二手车交易后续手续的办理流程等。书中配合了大量来自二手车评估市场的评估案例，特别有助于相关知识与技能的学习。

本书为大、中专职业院校汽车相关专业的教材，也可以作为二手车鉴定评估专业人员的培训教材和学习二手车鉴定与评估知识的参考书。

◆ 主　　编　吴兴敏　吴志强
　责任编辑　刘盛平
　执行编辑　王丽美
　责任印制　杨林杰

◆ 人民邮电出版社出版发行　　北京市丰台区成寿寺路 11 号
　邮编　100164　　电子邮件　315@ptpress.com.cn
　网址　http://www.ptpress.com.cn
　固安县铭成印刷有限公司印刷

◆ 开本：787×1092　1/16
　印张：16.5　　　　2014 年 10 月第 2 版
　字数：388 千字　　　　2019 年 1 月河北第 13 次印刷

定价：39.80 元

读者服务热线：(010)81055256　印装质量热线：(010)81055316
反盗版热线：(010)81055315

Forward

前言

二手车鉴定与评估是高职汽车定损与评估专业中职、高职职业教育体系中，高职阶段的一门专业课程，也是高职汽车整形技术专业、汽车维修与检测技术专业、汽车电子技术专业的一门专业限选课。

《二手车鉴定与评估》一书是主编在经历了多年的课程改革、课程教学、旧机动车鉴定估价师职业资格证书培训及二手车经销实践的基础上，经精心设计编写。

本书自2010年9月出版以来，由于采用了新颖的编写模式，理论知识的深度、知识与技能的融合方式适应职业教育突出技能培养的要求，配备了较为全面的教学素材而受到读者的关注，目前已发行近万册。

第1版教材虽然具备了项目引领、行动导向、任务驱动的特点，但仍存在一些细节问题，如部分内容介绍还不够详细、引用标准及案例陈旧等。

为了更新技术，体现新职业教育教学理念，突出产教结合、中高职衔接职业教育教学要求，吸纳最新的课程改革成果，完善课程教学资源，故决定对本教材实施修订。

本次修订，组织了由中、高职学校教师、汽车维修企业二手车经销专家组成的强大编写队伍，以达到教、学、用一体贯通的实用性目的，体现了“生产与教学紧密结合”的特点。

修订后的教材完全按照二手车鉴定评估流程编写，详细介绍了二手车鉴定与评估的全部工作内容，引用最新的国家与行业标准，并且紧密结合二手车鉴定与评估的实际工作情况，理论知识深度浅显，实操技能叙述条理清晰。

本教材配备了教学资源包，简要介绍了与二手车鉴定评估相关的法律法规，体现了教材的完整性。

教材配套的教学资源，如PPT课件、课程标准、教课计划、教学实施纲要、教学流程设计、题库及答案、卷库、教学用视频资料、名师教学录像资料及网络课程学习等，将于本教材出版后陆续开发，并将免费提供给广大读者使用。

本书建议学时数为48学时，具体安排如下表。

序　　号	项　　目	教 学 时 数			
		小计	讲课	实操	讨论辅导
1	项目一　前期准备	6	4	2	自行安排
2	项目二　现场鉴定	16	12	4	自行安排
3	项目三　评定估算	14	10	4	自行安排
4	项目四　二手车交易后续业务的办理	6	4	2	自行安排
5	项目五　二手车经销	6	4	2	自行安排
合　　计		48	34	14	自行安排

本书由辽宁省交通高等专科学校吴兴敏教授和沈阳天广日晟汽车销售服务有限公司二手车经销部经理吴志强主编。另外，还有以下人员参与了本教材的编写工作：陈卫红、马志宝、惠有利、明光星、佟志伟、耿炎、鞠峰、曲昌辉等。

由于编者水平有限，书中难免存在疏漏和不妥之处，敬请广大读者批评指正。

编　者

2014 年 4 月

Content

目 录

Chapter 1

项目一 前期准备

任务一 业务洽谈

【学习目标】

1. 能够正确描述二手车鉴定评估的一般程序。
2. 能够正确解释汽车报废标准、报废汽车、二手车、拼装车、改装汽车。
3. 能够正确描述二手车鉴定评估的目的和范围。
4. 能够正确描述二手车鉴定评估依据的原则。
5. 能够正确描述二手车鉴定机构的职能、特征、地位。
6. 能够说明申请成立二手车鉴定机构的条件及程序。
7. 能够正确描述国家对从事二手车鉴定评估人员的有关规定。
8. 能够规范地进行二手车鉴定评估业务洽谈。
9. 能够规范地签订二手车鉴定评估委托书。

一、任务分析

二手车鉴定评估时，必须遵守评估程序。二手车鉴定评估工作程序，也称为二手车鉴定评估操作程序，是指二手车鉴定评估机构在承接具体的车辆评估业务时，从接受立项，受理委托到完成评估任务，直至出具鉴定评估报告全过程的具体步骤和工作环节。二手车鉴定评估工作程序具体的工作步骤如图 1-1 所示。

鉴定评估的前期准备工作是指进行二手车鉴定评估前需要做的一系列工作，主要包括业务洽谈、实地考察、签订二手车鉴定评估委托书和拟定鉴定评估作业方案等，如图 1-2 所示。

图1-1 二手车鉴定评估工作程序

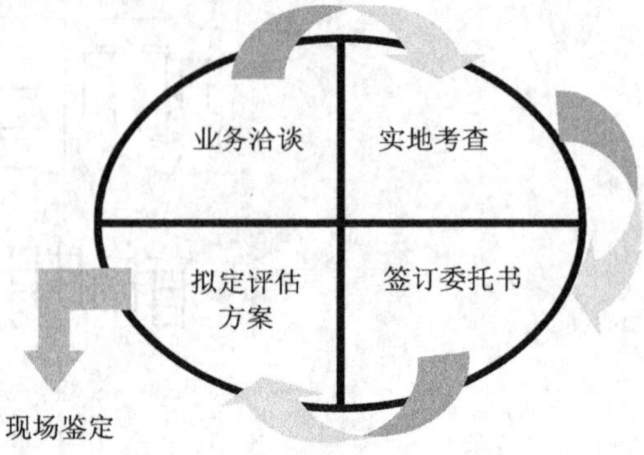

图1-2 前期准备工作流程

业务洽谈是承接评估业务的第一步。与客户洽谈的主要内容有：车主基本情况、车辆情况、委托评估的意向和时间要求等。如果通过业务洽谈达成评估协议的，应及时签订二手车评估委托书。

二、相关知识

（一）汽车报废标准与报废汽车

1. 汽车报废标准

汽车在使用和存放一定年限后，由于自然、人为的物理与化学作用，各总成及零件磨损、线路老化，使汽车的技术状况和性能指标劣化，汽车的行驶安全性和操纵性变差，燃油消耗量和污染物排放量增加。为了确保机动车辆驾驶人员和乘员及其他交通参与者（包括行人等）的安全，节省能源，保护环境，鼓励技术进步和公平竞争，以适当地、必要地强制更新措施，抑制低效率、高成本的老旧车辆继续使用，提高安全和环保技术更优良的新车的保有量，促进汽车产业的发展，国家颁布了汽车报废标准。新的汽车报废标准名为《机动车强制报废标准规定》，于 2013 年 5 月 1 日起实施。

凡达到报废标准的机动车，其所有人可以将机动车交售给报废机动车回收拆解企业，由报废机动车回收拆解企业按规定进行登记、拆解、销毁等处理，并将报废的机动车登记证书、号牌、行驶证交公安机关交通管理部门注销。

说明

① "机动车登记证书"是由公安机关交通管理部门核发和管理的，是机动车的"户口本"和所有权证明，具有产权证明的性质。所有机动车的详细信息及机动车所有人的资料都记载在上面。当证书上所记载的原始信息发生变动时，机动车所有人应当及时到车辆管理所办理变更登记；当机动车所有权转移时，原机动车所有人应当将《机动车登记证书》作变更登记后随车交给现机动车所有人。因此，《机动车登记证书》是机动车从"生"到"死"的完整记录。

② “机动车行驶证”是由公安机关交通管理部门依法对车辆进行注册登记核发的证件。它是机动车取得合法行驶权的凭证。《中华人民共和国道路交通安全法》第十一条规定，“机动车行驶证”是车辆上路行驶必须的证件。

③ 机动车号牌是由公安局车辆管理机关依法对机动车进行注册登记核发的号牌。它和机动车行驶证一同核发，其号码与行驶证一致。它是机动车取得合法行驶权的标志。

国家《机动车强制报废标准规定》从累计行驶里程数和（或）使用年限两个方面，对各类汽车的报废年限（里程）做了具体规定。具体规定，见表 1-1。

表 1-1　机动车使用年限及行驶里程参考值汇总表

车辆类型与用途					使用年限（年）	行驶里程参考值（万千米）
汽车	载客	营运	出租客运	小、微型	8	60
				中型	10	50
				大型	12	60
			租赁		15	60
			教练	小型	10	50
				中型	12	50
				大型	15	60
			公交客运		13	40
			其他	小、微型	10	60
				中型	15	50
				大型	15	80
		专用校车			15	40
		非营运	小、微型客车，大型轿车*		无	60
			中型客车		20	50
			大型客车		20	60
	载货	微型			12	50
		中、轻型			15	60
		重型			15	70
		危险品运输			10	40
		三轮汽车、装用单缸发动机的低速货车			9	无
		装用多缸发动机的低速货车			12	30
	专项作业	有载货功能			15	50
		无载货功能			30	50
挂车	半挂车	集装箱			20	无
		危险品运输			10	无
		其他			15	无
	全挂车				10	无

续表

车辆类型与用途		使用年限（年）	行驶里程参考值（万千米）
摩托车	正三轮	12	10
	其他	13	12
轮式专用机械车		无	50

注：1. 表中机动车主要依据《机动车类型术语和定义》（GA 802—2008）进行分类；标注*车辆为乘用车。
2. 对小、微型出租客运汽车（纯电动汽车除外）和摩托车，省、自治区、直辖市人民政府有关部门可结合本地实际情况，制定严于表中使用年限的规定，但小、微型出租客运汽车不得低于6年，正三轮摩托车不得低于10年，其他摩托车不得低于11年。

针对上述规定，《机动车强制报废标准规定》还做了如下相关说明。

（1）机动车使用年限起始日期按照注册登记日期计算，但自出厂之日起超过2年未办理注册登记手续的，按照出厂日期计算。

（2）部分机动车的使用期限既规定了累计行驶里程数，也规定了使用年限，那么当其中的一个指标达到报废标准时，即认为该车辆已达到报废年限。

（3）营运载客汽车与非营运载客汽车相互转换的，按照营运载客汽车的规定报废，但小、微型非营运载客汽车和大型非营运轿车转为营运载客汽车的，应按照如下公式核算累计使用年限，且不得超过15年。

累计使用年限 = 原状态已使用年限 +（1−原状态已使用年限/原状态使用年限）× 状态改变后年限

式中："原状态已使用年限"不足一年的按一年计，例如，已使用2.5年的，按3年计；"原状态使用年限"取定值17；"累计使用年限"计算结果向下回整为整数，且不超过15年。

（4）不同类型的营运载客汽车相互转换，按照使用年限较严的规定报废。

（5）小、微型出租客运汽车和摩托车需要转出登记所属地省、自治区、直辖市范围的，按照使用年限较严的规定报废。

（6）危险品运输载货汽车、半挂车与其他载货汽车、半挂车相互转换的，按照危险品运输载货车、半挂车的规定报废。

（7）距本规定要求使用年限1年以内（含1年）的机动车，不得变更使用性质、转移所有权或者转出登记地所属地市级行政区域。

2. 报废汽车

报废汽车（scrapped vehicle）是指已经达到国家《机动车强制报废标准规定》以及各地制定的有关报废规定、报废标准的；或虽未达到报废年限，但因交通事故或车辆超负荷使用造成发动机和底盘严重损坏，经检验不符合国家《机动车运行安全技术条件》规定的有关汽车安全、尾气排放要求的各种汽车、摩托车、农用运输车、拖拉机、轮式专用机械车等机动车辆。

国家实施汽车强制报废制度，依照《报废汽车回收管理办法》和《汽车贸易政策》的规定，报废汽车是一种特殊商品，报废汽车所有人应当将报废汽车及时交售给具有合法资格的报废汽车回收动车行驶证”，强制车辆报废（各地规定不尽相同）。

⑤ 对排气检测不达标的机动车不予办理年审，对尾气超标却拒不整改或经治理无法达标的车辆将强制报废（各地规定不尽相同）。

⑥ 汽车改装后的尾气排放要达标，不能对车的外观大幅改动，要与行驶证上的照片一致、不能改变汽车的发动机号和底盘号。

⑦ 保险公司只按照车辆原来承保的样子进行理赔，对于车主自己改装的部分，保险公司不予赔付。

（二）二手车及二手车交易

1. 二手车

二手车标准术语为旧机动车。商务部、公安部、国家工商行政管理总局、国家税务总局令 2005 年第 2 号令《二手车流通管理办法》第二条给出了二手车的定义。所谓二手车，是指从办理完注册登记手续到达到国家强制报废标准之前进行交易并转移所有权的汽车（包括三轮汽车、低速载货汽车，即原农用运输车，下同）、挂车和摩托车。

《二手车流通管理办法》取代了 1998 年出台的《旧机动车交易管理办法》。在以往的国家正式文件中，一直没有出现过“二手车”，有的只是“旧机动车”。在《二手车流通暂行管理办法》中，首次明确地将“二手车”的内涵与“旧机动车”等同。为了与《二手车流通管理办法》保持一致性，本教材将全部采用二手车的概念。

尽管只是提法上的不同，但是“旧机动车”会让人感觉车辆很破旧，几乎是没什么好车，从而在一定程度上影响人们的消费情绪。其实二手车不等于旧车，我们认为只要上了牌照的车就是二手车。而实际上有很多七八成新的车流入二手车市场。“二手车”通俗易懂，提法上也更中性，同时与国际惯例接轨。

在国外，二手车确实不等于旧车，不少国家对新车销售年限有严格的规定，比如年生产 600 万辆新车，卖掉了 500 万辆，剩下的 100 万辆，过了规定的新车销售时间，就不能再进入新车的渠道销售，这些车就进入拍卖场，也就归入二手车一族了。

2. 二手车交易

二手车交易行为是指以二手车为交易对象，在国家规定的二手车交易市场或其他经合法审批的交易场所中进行的二手车的商品交换和产权交易。

二手车交易中由于车辆技术状况各不相同，判定难度大，交易价格的构成复杂，因此二手车交易在技术和管理难度上远远超过一般旧货交易行为。为了规范交易双方的行为、保证交易双方的合法权益，1998 年，原国家贸易部发布了《旧机动车交易管理办法》，首次对二手车交易做出了规范。为适应新的市场环境，2005 年 10 月 1 日商务部颁布施行了《二手车流通管理办法》，对二手车交易做出了调整，指出所有二手车交易行为必须在经合法审批后设立的二手车交易市场进行，并接受工商、税务、公安机关交通管理部门、环保、治安等部门的相应管理，涉及国有资产的交易行为还要受国有资产管理部门的监督。所有的交易车辆必须是办理了机动车注册登记等手续，距报废标准规定年限一年以上的汽车（含摩托车）及特种车辆。交易完成后，还应到有关管理部门办理过户登记等手续以确保该交易车辆在今后使用过程中责任、权利的明晰。

说明 机动车过户是指已注册登记的机动车辆的所有权发生转移，且原机动车辆所有人和现机动车辆所有人的住所在同一车辆管理所管辖区的，现机动车所有人应当于车辆所有权转移之日起30日内，到机动车辆管辖地车辆管理所申请办理过户登记手续（即完成车主变更手续）。

相关的二手车经营行为还包括二手车经销、拍卖、经纪、鉴定评估等。

① 二手车经销是指二手车经销企业收购、销售二手车的经营活动。

② 二手车拍卖是指二手车拍卖企业以公开竞价的形式将二手车转让给最高应价者的经营活动。

③ 二手车经纪是指二手车经纪机构以收取佣金为目的，为促成他人交易二手车而从事居间、行纪或者代理等经营活动。

④ 二手车鉴定评估是指二手车鉴定评估机构对二手车技术状况及其价值进行鉴定评估的经营活动。

值得注意的是，近年来，出现了一种新的二手车交易模式——二手车置换，并在一些轿车的品牌专营店中迅速成长起来。置换的概念源于海外，狭义的置换就是“以旧换新”业务，即经销商通过二手商品的收购与新商品的对等销售获取利益。广义的置换则是指在以旧换新业务的基础上，还同时兼容二手车的整新、跟踪服务、二手车再销售乃至折抵、分期付款等项目的一系列业务组合，从而成为一种有机而独立运营的营销方式。不同于以往二手车交易的是，由于可以推动新车销售，二手车置换业务往往背靠汽车品牌专营店，其背后获得汽车制造厂商的强大技术支持，经销商为二手车的再销售提供一定程度上的质量担保，这大大降低了二手车交易中消费者的购买风险，规范了交易双方的交易行为，其发展潜力十分巨大。

3. 二手车交易市场及其行政管理

二手车交易中，每一辆二手车在技术状况、使用经历和交易条件上千差万别，交易信息难以完备，使交易过程复杂、交易风险大。为了保护交易双方的合法权益，防止道德风险的发生，国家有关部门制定了一系列的法律法规，以规范二手车交易市场和交易双方的行为。其中一个十分重要的内容就是所有的二手车交易必须在依法设立的二手车交易市场中进行。根据《二手车流通管理办法》的规定，二手车交易市场是指依法设立、为买卖双方提供二手车集中交易和相关服务的场所，是二手车信息和资源的集散地，是买、卖双方进行二手车商品交换和产权交易的场所。二手车交易市场经营者应当为二手车经营主体（从事二手车经销、拍卖、经纪、鉴定评估的企业）提供固定场所和设施，并为客户提供办理二手车鉴定评估、转移登记、保险、纳税等手续的条件。二手车经销企业、经纪机构应当根据客户要求，代办二手车鉴定评估、转移登记、保险、纳税等手续。

国务院商务主管部门、工商行政管理部门、税务部门在各自的职责范围内负责二手车流通的有关监督管理工作。省、自治区、直辖市和计划单列市商务主管部门（以下简称省级商务主管部门）、工商行政管理部门、税务部门在各自的职责范围内负责辖区内二手车流通的有关监督管理工作。

二手车交易市场经营者和二手车经营主体应建立备案制度。凡经工商行政管理部门依法登记，取得营业执照的二手车交易市场经营者和二手车经营主体，应当自取得营业执照之日起2个月内向省级商务主管部门申请备案。省级商务主管部门应当将二手车交易市场经营者和二手车经营主体有关备案情况定期报送国务院商务主管部门。

二手车交易市场经营者和二手车经营主体应当定期将二手车交易量、交易额等信息通过所在地商务主管部门报送省级商务主管部门。省级商务主管部门将上述信息汇总后报送国务院商务主管部门。国务院商务主管部门定期向社会公布全国二手车流通信息。国务院工商行政管理部门会同商务主管部门建立二手车交易市场经营者和二手车经营主体信用档案，定期公布违规企业名单。

（三）二手车鉴定评估

二手车鉴定评估是指二手车鉴定评估机构对二手车技术状况及其价值进行鉴定评估的经营活动。

二手车评估属于资产评估，因此二手车鉴定估价理论和方法以资产评估学为基础。评估主要由六个要素构成，包括评估的主体、评估的客体、评估的目的、评估的程序、评估的标准和评估的方法。

二手车鉴定评估的主体是指二手车鉴定评估业务的承担者；二手车鉴定评估的客体是指被评估的车辆；二手车鉴定评估的目的是指二手车发生经济行为的性质；评估程序是指二手车鉴定评估工作从开始到结束的工作程序；二手车鉴定评估标准是对鉴定评估采用的计价标准；二手车鉴定评估的方法是指确定二手车评估值的手段和途径。

二手车鉴定估价应当本着买卖双方自愿的原则，不得强制进行；属国有资产的二手车应当按国家有关规定进行鉴定评估。二手车鉴定评估机构应当遵循客观、真实、公正和公开原则，依据国家法律法规开展二手车鉴定评估业务，出具车辆鉴定评估报告；并对鉴定评估报告中车辆技术状况，包括是否属事故车辆等评估内容负法律责任。需要指出的是，二手车评估定价人员必须经过专业培训，通过国家有关部门组织的资格考试，取得“旧机动车鉴定估价师”职业资格证书，方可上岗从事有关鉴定评估业务。

1. 二手车评估的主体与客体

（1）二手车鉴定评估的主体。二手车评估的主体是指二手车评估业务的承担者，即从事二手车评估的机构及专业评估人员。由于二手车评估直接涉及当事人双方的权益，是一项政策性和专业性都很强的工作，所以无论是对专业评估机构，还是对专业评估人员都有较高的要求。

① 对二手车评估机构的要求。按照我国 1991 年 11 月颁布的《国有资产评估管理办法》第九条的规定，资产评估公司、会计师事务所、审计事务所、财务咨询公司，必须获有省级以上国有资产评估资格证书，才能从事国有资产评估业务。依照原国家计委 1996 年颁布的《价格评估机构管理办法》设立的价格评估机构有资格对流通中的二手车与事故车辆进行鉴定和评估。

依据我国保险监督委员会 2009 年公布的《保险公估机构监管规定》设立的保险公估机构，也可经营汽车承保前的估价与出险后的估损等相关业务。

② 对专业二手车评估人员的要求。

- 二手车专业评估人员必须掌握一定的资产评估业务理论，熟悉并掌握国家颁布的与二手车交易有关的政策、法规、行业管理制度及有关的技术标准。

- 具有一定的二手车专业知识和实际的检测技能，能够借助必要的检测工具，对二手车的技术状况进行准确的判断和鉴定。
- 具有较高的收集、分析和运用信息资料的能力及一定的评估技巧。
- 具备经济预测、财务会计、市场、金融、物价、法律等多方面的知识。
- 具有良好的职业道德，遵纪守法、公正廉明，保证二手车评估质量。

此外，二手车评估的从业人员还需要经过严格的职业资格考试或考核，从事二手车评估定价的从业人员必须取得商务部（或委托劳动和社会保障部门，现与人事部门合并为人力资源和社会保障部门）颁发的“旧机动车鉴定估价师职业资格证书”，从事二手车保险评估的从业人员必须取得保监会颁发的“保险公估从业人员资格证书”。

（2）二手车鉴定评估的客体。二手车鉴定评估的客体是指被评估的车辆。二手车鉴定评估的一个主要目的，就是在二手车的交易过程中准确地确定二手车价格，并以此作为买卖成交的参考底价。根据《二手车流通管理办法》的规定，下列车辆禁止经销、买卖、拍卖和经纪。

① 已报废或者达到国家强制报废标准的车辆。

② 在抵押期间或者未经海关批准交易的海关监管车辆。

③ 在人民法院、人民检察院、行政执法部门依法查封、扣押期间的车辆。

④ 通过盗窃、抢劫、诈骗等违法犯罪手段获得的车辆。

⑤ 发动机号码、车辆识别代号或者车架号码与登记号码不相符，或者有凿改迹象的车辆。

⑥ 走私、非法拼（组）装的车辆。

⑦ 不具有《二手车流通管理办法》第二十二条所列证明、凭证的车辆。

说明

按《二手车流通管理办法》第二十二条规定，车辆法定证明、凭证主要包括：“机动车登记证书”、“机动车行驶证”、有效的机动车安全技术检验合格标志、车辆购置税完税证明、养路费缴付凭证（目前已取消）、车船使用税缴付凭证、车辆保险单。

⑧ 在本行政辖区以外的公安机关交通管理部门注册登记的车辆。

⑨ 国家法律、行政法规禁止经营的车辆。

二手车交易市场经营者和二手车经营主体发现车辆具有④、⑤、⑥情形之一，应当及时报告公安机关、工商行政管理部门等执法机关。

对交易违法车辆的，二手车交易市场经营者和二手车经营主体应当承担连带赔偿责任和其他相应的法律责任。

此外，车辆上市交易前，必须先到公安机关交通管理部门申请临时检验，经检验合格，在其行驶证上签注检验合格记录后，方可进行交易。

2. 二手车鉴定评估的意义、目的

（1）二手车鉴定估价的意义。对二手车鉴定估价过程不仅仅是原有价值重置和现实价值形成过程，其背后还隐含着很多深层次的重要意义。

① 促进二手车交易。二手车鉴定评估人员以第三方角色进行二手车的鉴定评估，其评估结果易

于被交易双方接受，从而有助于促成交易。

② 保证合理税收。二手车进入市场再流通，属固定资产转移和处置范畴，按国家有关规定应交纳一定的税费。目前各地对这一块税费的征管，基本是以交易额为计征依据，实行比率税（费）率，采用从价计征的办法，而这里的计征依据实质上就是评估价格。因此，二手车鉴定估价的准确与否直接关系到国家税收和财政收入的多少及其公正合理性。

③ 参与国有资产管理。我国是发展中国家，很多车辆为国家和集体所有，这是车辆管理方面有别于其他发达国家的明显之处。因此对二手车的鉴定估价很大程度上就是对国有资产的评估，评估结果直接关系到国有资产是否流失的问题。

④ 防止非法交易。二手车属特殊商品。二手车流通涉及车辆管理、交通管理、环保管理、资产管理等各方面，属特殊商品流通。目前我国对进入二级市场再流通的二手车有严格的规定，鉴定估价环节恰是防止非法交易发生的重要手段。

⑤ 促进相关行业业务的有序开展。二手车鉴定估价还关系到金融系统有关业务的健康有序开展，司法裁决公平、公正进行及企业依法破立、重组等诸多经济和社会问题。特别是在目前二手车市场已逐步成为我国汽车市场不可分割的重要组成部分的情况下，我们应该把科学准确地对二手车进行鉴定估价提高到促进汽车工业进步，有效扩大需求，乃至保障国民经济持续稳定发展和社会安定的高度来认识和把握。

（2）二手车鉴定评估的目的。二手车鉴定评估的目的是正确反映二手车的价值量及其波动，为将要发生的经济行为提供公平的价格尺度。具体而言，二手车鉴定评估的目的有以下几点。

① 车辆交易。车辆交易即二手车的买卖，是二手车业务中最常见的一种经济行为。在二手车的交易过程中，买卖双方对交易价格的期望值是不同的。而二手车鉴定估价人员对交易的二手车进行的鉴定估价是作为第三方估价，可以作为双方议价的基础，从而起到协助确定二手车交易成交额的作用，进而协助二手车交易的达成。评估师必须站在公正、独立的立场对交易车辆进行评估，提供一个评估值，作为买卖双方成交的参考价格。

② 车辆置换。随着2005年《汽车贸易政策》的颁布，越来越多的品牌专卖店（如4S店）展开以旧换新的置换业务。为使车辆置换顺利进行，必须对待置换的二手车进行鉴定评估并提供评估值。

③ 企业资产变更。在公司合作、合资、联营、分设、合并、兼并等经济活动中，牵涉资产所有权的转移，车辆作为固定资产的一部分，自然也存在产权变更的问题。在产权变更时，必须对其价值进行评估。

④ 车辆拍卖。法院罚没车辆、企业清算车辆、海关获得的抵税和放弃车辆、个人或单位的抵债车辆、公车改革的公务用车均须经过拍卖市场公开拍卖变现。拍卖前必须对车辆进行评估，为拍卖师提供拍卖的底价。

⑤ 抵押贷款。银行为了确保放贷安全，要求贷款人以一定的资产作为抵押，如以在用汽车为抵押物，给予贷款人与汽车价格相适应的贷款。这个抵押物到底值多少钱，也只有经过评估才能确定。因此，需要专业评估人员对汽车的价格进行评估。汽车价格评估值的高低，对贷款人而言，决定其

可申请贷款的额度；对放贷者而言，评估的准确性一定程度上影响着贷款回收的安全性。

⑥ 保险。出险车主因车辆损坏从保险公司所获得的赔付额最大不得超出出险前的车辆价值，故有时必须对出险前车辆进行评估。

⑦ 司法鉴定。当事人遇到涉及车辆的讼诉时，委托鉴定估价师对车辆进行评估，有助于把握事实真相；同时，法院判决时，可以依据评估结果进行宣判。这种评估也可由法院委托评估机构进行。此外评估机构也接受法院等司法部门或个人的委托，鉴定和识别走私车、盗抢车、非法拼装车等非法车辆。

⑧ 修复价格评估。汽车修理厂应根据评估师提供的查勘定损清单资料，确定更换部件的名称、数量、金额和修理部件的范围、工时定额费用及附加费，从而控制事故车辆总的修理费用，防止修理范围任意扩大。

3. 二手车鉴定评估的范围

随着汽车与经济和社会活动联系的紧密和功能的拓展，车辆鉴定评估行为也逐步渗透到社会的各个领域，成为资产评估重要组成部分。通过二手车评估目的可见，二手车评估的范围包括以下领域。

（1）在流通领域，二手车在不同消费能力群体中互相转手，需要鉴定估价。

（2）有关企业开展收购、代购、代销、租赁、置换、回收（拆解）等二手车经营业务需要鉴定估价。

（3）在金融系统，银行、信托商店及保险公司开展抵押贷款、典当、保险理赔业务时，需要对相关车辆进行鉴定估价。

（4）有关单位通过拍卖形式处理罚没车辆、抵押车辆、企业清算等车辆时，需要对车辆进行鉴定评估以获取拍卖底价。

（5）司法部门在处理相关案件时，也需要以涉案车辆的鉴定评估结果作为裁定依据。

（6）企业或个人在公司注册、合资、合作、联营及合并、兼并、重组过程中也会涉及二手车鉴定评估业务。

除此以外，二手车鉴定估价的一个重要任务就是要鉴定、识别走私、盗抢、报废、拼装等非法车辆，防止其通过二手车市场重新流入社会。

4. 二手车鉴定评估的业务类型

按鉴定估价服务对象的不同，把鉴定估价的业务类型分为交易类业务和咨询服务类业务。

交易类业务是服务于交易市场内部的二手车交易，主要目的是判定二手车的来历、确定收购价格、为交易双方提供交易的参考价格等。

咨询服务类业务是服务于交易市场外部的非交易业务，如资产评估（涉及车辆部分）、抵押贷款估价、法院咨询等。

交易类业务和咨询服务类业务一般都是有偿服务，其评估的程序和作业内容并没有太大的差别，但依评估的特定目的的不同，其评估作业的侧重点有所不同。例如，交易类评估的侧重点是二手车的来历、能否进入二手车市场流通及二手车的估价；而咨询服务类牵涉识伪判定、交易程序解答、市场价格咨询、国家相关法规咨询等方面的内容多些，当然也有一些要求提供正式的车辆评估价。

5. 二手车鉴定评估的特点

由于汽车是高科技产品，二手车流通又属特殊商品流通，与其他资产评估相比，二手车鉴定估价具有以下特征。

（1）知识面广。二手车鉴定估价理论和方法以资产评估学为基础，涉及经济管理、市场营销、金融、价格、财会及机械原理、汽车构造等多方面知识，技术含量高，因此二手车技术鉴定的知识依赖性较强。

（2）政策性强。对于从事二手车鉴定评估人员既要熟知《拍卖法》《国有资产评估管理办法》《机动车强制报废标准规定》《二手车流通管理办法》等政策法规，还要掌握车辆管理有关规定及各地相关的配套措施。

（3）实践和技能水平要求高。要求从业人员不仅会驾驶汽车，而且还能使用检测仪器和设备，并能通过目测、耳听、手摸等手段判断二手车外观、总成的基本技术状况，能够通过路试判断发动机、传动系、转向系、制动系、电路、油路等工作情况，甚至对汽车主要部件功能和更换也要有一定的了解。评估过程是以人的智力活动为中心开展的，评估质量的高低取决于评估人员掌握的信息、知识结构和经验，体现评估人员的主体性。

（4）动态特征明显。目前汽车产品更新换代快，结构升级、技术创新层出不穷，加之市场经济条件下市场行情的多变难测，使二手车鉴定估价工作具有极强的动态性、时效性。要求从业人员在具体工作中不仅要掌握有关的账面原值、净值、历史依据，更要结合评估基准日这一时点的现实价格和行情，才能准确做出评估结果。

另外，由于被评估对象的类似性、重复性，要求评估机构在评估过程中加强自律性，克服随意性，而且由于汽车产品在不同的环节的价值属性比较复杂，决定了二手车评估的多样性。

6. 二手车鉴定评估的依据和原则

（1）二手车鉴定评估的依据。二手车鉴定估价实质上属于资产评估的范畴，因此其理论依据必然是资产评估学的有关理论和方法，在操作中应遵守我国有关资产评估和管理的有关政策法规，具体涉及二手车价格评估的主要政策法规有:《国有资产评估管理办法》《国有资产评估管理办法实施细则》《机动车强制报废标准规定》《二手车流通管理办法》及其他有关的政策法规。另外，二手车价格评估中的价格依据主要有历史依据和现实依据。前者主要是二手车的账面原值、净值等资料，它具有一定的客观性，但不能作为估价的直接依据；后者在评估价值时都以评估基准日为准，即以现时价格、现时车辆功能状态等为准。

（2）二手车鉴定评估的原则。二手车鉴定评估工作的原则是对二手车鉴定评估行为的规范。为了保证鉴定估价结果的真实、准确，做到公平合理，被社会承认，二手车的鉴定评估必须遵循一定的原则。

① 公平性原则。评估人员必须处于中立的立场上对车辆进行评估。这是鉴定估价人员应遵守的一项最基本的道德规范。目前在不规范的二手车市场中，时有鉴定估价人员和二手车经销经纪人员互相勾结损害消费者利益或私卖公高估而公卖私则低估的现象，这是严重违反职业道德的行为。

② 独立性原则。独立性原则要求二手车评估师依据国家的有关法律和规章制度及可靠的资料数据对被评估的车辆独立地做出评定。坚持独立性原则，是保证评定结果具有客观性的基础。要坚持独立性原则，首先评估机构必须具有独立性，评估机构不应从属于和交易结果有利益关系的二手车市场，目前已不允许二手车市场建立自己的评估机构。

③ 客观性原则。客观性原则是指评估结果应有充分的事实为依据。评估工作应尊重客观实际，反映被评估车辆的真实情况，所收集的与被评估车辆相关的统计数据准确；它要求车辆技术状况的鉴定结果必须翔实可靠，只有这样才能达到对被评估车辆现值的客观评估。

④ 科学性原则。科学性原则是指在二手车的评估过程中，必须依据评估的目的，选用合理的评估标准和评估方法，使评估结果准确合理。

⑤ 专业性原则。专业性原则要求鉴定估价人员，接受国家专门的职业培训，获得国家颁发的统一职业资格证书，如注册旧机动车鉴定估价师证、注册旧机动车高级鉴定估价师证，才能上岗。

⑥ 可行性原则。可行性原则也称有效性原则，要求评估人员素质是合格的，有国家注册的评估师证；有可供利用的汽车检测设备；能获得评估所需的数据资料，而且这些数据资料是真实可靠的；评估的程序和方法是合法的、科学的。

（四）二手车鉴定评估机构

1. 二手车鉴定评估机构的职能

（1）评估职能。评估即评价、估算，指对某一事物或物质进行评判和预估。评估职能是评估机构应具有的作用。二手车鉴定评估机构与其他公估人一样具有一种广义的评估职能，包括评价职能、勘验职能、鉴定职能、估价职能等。二手车鉴定评估机构对二手车进行评估，得出评估结论，并说明得出结论的充分依据和推理过程，体现出其评估职能。评估职能是二手车鉴定评估机构的关键职能。

（2）公证职能。二手车鉴定评估机构对二手车评估结论做出符合实际、可以信赖的证明。二手车鉴定评估机构之所以具有公证职能，是因为以下两点。

① 二手车鉴定评估人员有丰富的二手车评估知识和技能，在判断二手车评估结论准确与否的问题上最具资格和权威性。

② 作为当事人之外的第三方，二手车鉴定评估机构完全站在中立、公正的立场上就事论事、科学办事。

公证职能是二手车鉴定评估机构的重要职能，并具有以下特征。

① 这种公证职能虽然不具备定论作用，但却有促成司法结案、买卖成交的作用，因为当事人双方难以找出与评估结论完全不同的原因或理由。

② 这种公证职能虽然不具备法律效力，但该结论可以接受法律的考验。这是因为二手车鉴定评估机构的评估结论确定之后，必须经当事人双方接受才能结案或买卖成交。一旦当事人双方有一方不能接受，则可选择其他途径解决，如调解协商、仲裁或诉讼。但是，二手车鉴定评估机构可以接受委托方的委托出庭辩护，甚至可被聘请为诉讼代理人出庭诉讼，本着对委托方特别是对评估报告

负责的原则，促成双方接受既定结论。

（3）中介职能。二手车鉴定评估机构作为中介人，从事评估经济活动，不参与相关利益的分配，为当事人提供服务，具有鲜明的中介职能。这是因为二手车鉴定评估机构可以受托于双方当事人的任何一方；二手车鉴定评估机构以当事人之外的第三方身份从事二手车评估经营活动，从当事人一方获得委托，以中间人立场执行二手车评估，并收取合理费用。

这样，二手车鉴定评估机构以中间人的身份，独立地开展二手车评估，从而得出评估结论，促成双方当事人接受该结论，为当事人提供中介服务，从而发挥其中介职能。

2. 二手车鉴定评估机构的地位

二手车鉴定评估机构的地位是独立的。主要表现在以下几方面。

① 二手车鉴定评估机构执行评估业务时，既不代表双方当事人，也不受行政权力等外界因素干扰。

② 在开展二手车评估业务的整个进程中，二手车评估执业人员保持着独立的思维方式和判断标准。

③ 二手车鉴定估价人员的评估分析和结论保持独立性，这一特征在二手车鉴定评估机构所出具的评估报告中得以充分体现。

④ 二手车鉴定估价人员具有知识密集性和技术密集性的特征，在二手车评估领域具有一定的权威地位，但从法律的角度看，这种权威地位是相对的。从市场地位而言，二手车鉴定估价人员必须坚持独立的立场，无论针对哪一方委托的事务都应作出客观、公平的评判。

3. 设立二手车鉴定评估机构应具备的条件和程序

（1）二手车鉴定评估机构应具备的条件。根据《二手车流通管理办法》第九条规定，二手车鉴定评估机构应具备的条件如下。

① 经营者必须是独立的中介机构。

② 有固定的经营场所和从事经营活动的必要设施。

③ 有 3 名以上从事二手车鉴定评估业务的专业人员（包括本办法实施之前取得国家职业资格证书的旧机动车鉴定估价师）。

④ 有规范的规章制度。

（2）设立二手车鉴定评估机构程序。根据《二手车流通管理办法》第十条规定，设立二手车鉴定评估机构，应当按下列程序办理。

① 申请人向拟设立二手车鉴定评估机构所在地省级商务主管部门提出书面申请，并提交下列相关材料。

- 经营者是独立的中介机构的证明。
- 经营场所说明材料。
- 所配置的设施说明材料。
- 公司人员配备情况说明材料。
- 公司所建立的各项规章制度。

② 省级商务主管部门自收到全部申请材料之日起20个工作日内做出是否予以核准的决定。对予以核准的，颁发“二手车鉴定评估机构核准证书”；不予核准的，应当说明理由。

③ 申请人持“二手车鉴定评估机构核准证书”到工商行政管理部门办理登记手续。

外商投资设立二手车交易市场、经销企业、经纪机构、鉴定评估机构的申请人（外资并购二手车交易市场和经营主体及已设立的外商投资企业增加二手车经营范围的），应当分别持符合《二手车流通管理办法》第八条、第九条规定和《外商投资商业领域管理办法》中有关外商投资法律规定的相关材料报省级商务主管部门。

省级商务主管部门进行初审后，自收到全部申请材料之日起1个月内上报国务院商务主管部门。合资中方有国家计划单列企业集团的，可直接将申请材料报送国务院商务主管部门。国务院商务主管部门自收到全部申请材料3个月内会同国务院工商行政管理部门，做出是否予以批准的决定。对予以批准的，颁发或者换发“外商投资企业批准证书”；不予批准的，应当说明理由。申请人持“外商投资企业批准证书”到工商行政管理部门办理登记手续。

（五）二手鉴定估价师

1. 二手车鉴定估价师职业简介

（1）二手车鉴定估价师的概念。“二手车鉴定估价师”在我国职业分类大典中称为“旧机动车鉴定估价师”。该职业是指运用目测、路试及借助相关仪器设备对二手车的技术状况进行综合检验和检测，结合车辆相关文件资料对二手车的技术状况进行鉴定，并根据评估的特定目的，依据二手车鉴定评估定价标准等一系列科学方法来确定二手车价格的专业技术人员。二手车鉴定估价师与房地产评估师、资产评估师等同属于国务院批准的六类资产评估职业之一。

二手车鉴定估价师职业从定义看似简单，其实对其具有的知识技能提出了很高要求。《二手车流通管理办法》和之前劳动和社会保障部颁布的《旧机动车鉴定估价师国家职业标准》《关于规范旧机动车鉴定评估工作的通知》等政策法规，使二手车流通走向规范化和法制化。

（2）二手车鉴定估价师在二手车交易中的地位。在二手车交易中，大部分车主和买主都不能客观地对车辆的现值做出确定，因此，需要第三方能够本着公正、科学、专业的原则，对交易车辆的价格做出一个合理的估算，提供一个交易双方都认可的评估值。能够承担起这个责任的就是二手车鉴定估价师。所以，二手车鉴定估价师对车辆的评估是二手车交易中一个必不可少的环节，二手车鉴定估价师在车辆交易中有着重要的地位。

如果在二手车交易过程中，没有二手车鉴定估价师的存在，会产生什么样情况呢?首先，卖车者会对车辆的价格无所适从，对定价的高低把握不准，定价过高，会造成有价无市，无人购买。定价过低，就会给一些非法的炒买炒卖者有机可乘，成为炒车者的供货渠道，进一步影响二手车交易的良好交易环境。其次，买车者会对卖车者自己定价产生怀疑。价格高了，会认为是炒买炒卖行为，对交易的质量不放心。价格低了，又会认为是交易车辆存在质量和交通事故等问题，使得交易无法进行。

由于二手车鉴定估价师是通过全国统一考核合格，获得人力资源和社会保障部颁发的职业资格证书的专业人员，可以通过掌握的理论知识和丰富的实践经验，对进入交易市场进行交易的二手车，做出初步的手续、车况检查，并对交易车辆提出较为合理的市场建议价，所以，在二手车交易中二手车鉴定估价师不可或缺。

（3）二手车鉴定估价师在二手车交易中的作用。二手车鉴定估价师在二手车交易中所起的作用有以下几点。

① 联系交易双方。在车辆交易中，买卖双方由于无法对车价有一个一致的认同，必须要借助评估师的评估能力，对交易车辆的价值做出一个较为客观的评估。

② 引导交易。当交易双方对车辆的车况等各种状况不甚了解的情况下，往往要参考二手车鉴定估价师等专业人士的意见，特别是买车者会较为注重估价师的意见。估价师的专业意见会对车辆的成交与否起到引导的作用。

③ 平衡双方利益。由于车辆能否成交与车辆的价格有着直接的关系，买方希望买入的价格低，卖方希望卖出的价格高，两者间存在着矛盾，这时，要求估价师能够起到一个协调双方利益的作用。

④ 促进二手车交易量。判断一个评估价的质量好坏，它应该做到合理、合适，对被评估车辆的状况反映出合适的价格。评估价做到公正、合理，会使买卖双方尽快成交，从而促进交易量的提高。

⑤ 简化产权转移的工作程序。就狭义的产权转移而言，是指车辆的过户转籍。二手车在二手车交易市场成交以后须办理过户转籍。由于过户时要缴纳相关的过户交易费，车辆要进行评估，按评估值的比例收取相关费用。

⑥ 简化贷款购买二手车的工作程序。二手车抵押贷款是近年新兴起的一种二手车交易方式，指的是买车者在二手车交易市场购买二手车，并提供有效的抵押担保，向可以提供贷款的商业银行提出贷款申请，用以支付购买二手车所需部分款项的交易方式。因为银行的贷款额是按车辆的价值来发放的，所以估价师要对交易车辆进行评估，使得该项交易得以顺利进行。

⑦ 参与国有资产管理。随着我国经济体制改革力度的加大，国有车辆大量进入民间，为了避免国有资产的流失，估价师在这里的评估值至关重要，要起到确保国有资产不致流失的作用。

⑧ 防止二手车的非法交易。二手车属特殊商品。二手车的流通涉及车辆管理、交通管理、环保管理、资产管理等各方面，属特殊商品流通。目前我国对进入二级市场再流通的二手车有严格的规定，鉴定估价环节正是防止非法交易发生的重要手段。二手车鉴定估价的一个重要任务就是要通过鉴定，识别走私、盗抢、报废、拼装等非法车辆，以防重新流入社会。

（4）二手车鉴定估价师资格认证。鉴定评估是二手车流通的重要环节，直接关系到能否保证二手车公平、公正交易，维护消费者权益，保证税收和防止国有资产流失。自 1999 年原劳动保障部推行二手车鉴定估价师职业资格证书以来，我国已有数万人取得了二手车鉴定估价师资格。大多数鉴定估价师能遵纪守法，遵守职业道德，依照法律、法规及有关文件的规定，做好二手车的鉴定评估工作。《关于规范旧机动车鉴定评估工作的通知》对二手车鉴定评估有如下规定。

① 实行二手车鉴定估价师职业资格和就业准入制度。从事二手车鉴定评估工作的人员，必须取得人力资源和社会保障部门（原劳动和社会保障部门，下同）颁发的二手车鉴定估价师职业资格证书。没有取得职业资格证书的人员，不得从事二手车鉴定评估工作。各地人力资源和社会保障部门要加强对二手车鉴定估价师就业准入管理工作，与经贸部门密切配合，积极推进二手车鉴定评估从

业人员持证上岗制度。

② 二手车鉴定估价师职业资格分为鉴定估价师和高级鉴定估价师两个等级。其考核颁证工作实行全国统一标准，即统一教材、统一命题、统一考核和统一证书。人力资源和社会保障部与商务部（原国家经贸委）共同负责全国二手车鉴定估价师职业资格制度的政策制定、组织协调和监督管理，并委托人力资源和社会保障部职业技能鉴定中心和中国汽车流通协会具体组织实施。

二手车鉴定估价师要担负的使命将是为二手车交易双方展开公正和公平的车辆鉴定和价格评估，并逐渐覆盖到二手车交易过程中的各个相关环节，成为一种涵盖汽车产品的技术评定、产品估价、交易代理等一体的专业人员。

近年来，伴随新车市场的快速发展及国家《二手车流通管理办法》等政策的出台，我国的二手车交易日趋活跃，二手车市场交易呈现出高速发展的繁荣景象。在这个背景下，二手车鉴定估价师已成为市场稀缺的热门职业之一。

然而，在有些二手车交易市场，二手车经营主体、鉴定评估机构和拍卖机构内经常遇到有好多持中级（四级）和高级（三级）职业资格证的人员把自己叫成“中级或高级二手车鉴定估价师”。这是一种严重的等级混淆和概念错误，其正确称谓应该是“中级或高级二手车鉴定估价员”。职业资格证领域的技师（二级）和高级技师（一级）才等同于技术资格证领域中的中级、高级技术资格证（中级和高级），这一级别的称谓才能叫“中级或高级二手车鉴定估价师”。

2. 二手车鉴定估价师申报条件

（1）二手车鉴定估价师申报条件。自报二手车鉴定估价师需同时具备的条件如下。

① 文化程度具备以下条件之一。

- 高中毕业，从事本行业工作 5 年以上。
- 中等专科学校毕业，非汽车专业，从事本行业工作 4 年以上；汽车专业，从事本行业工作 2 年以上。
- 大专以上，非汽车专业，从事本行业工作 2 年以上；汽车专业，从事本行业工作 1 年以上。

② 会驾驶汽车并考取驾驶证。

③ 具有一定的车辆性能判断能力。

④ 具有一定的汽车营销知识。

（2）二手车高级鉴定估价师申报条件。申报二手车高级鉴定估价师需同时具备的条件如下。

① 文化程度具备以下条件之一。

- 高中毕业，从事本行业工作 8 年以上。
- 中等专科学校毕业，非汽车专业，从事本行业工作 6 年以上；汽车专业，从事本行业工作 4 年以上。
- 大学专科以上，非汽车专业，从事本行业工作 5 年以上；汽车专业，从事本行业工作 3 年以上。

② 具有汽车驾驶证，驾龄不低于 3 年。

③ 具有较强的汽车性能判别能力。

④ 具有丰富的汽车营销知识和经验。

3. 二手车鉴定估价师的要求

（1）基本要求。

① 职业道德要求。热爱本职工作，遵守职业道德，具有较高的政治素质和法制观念，从事业务要保证公平、公开，不得利用职业之便损害国家、集体和个人利益。

② 基础知识要求。二手车鉴定估价师应具备以下基础知识。

- 机动车结构和原理知识。
- 二手车价格及营销知识。
- 机动车驾驶技术。
- 国家关于二手车管理的政策及法规。

（2）技能要求。

① 二手车鉴定估价师的技能要求，见表 1-2。

表 1-2　二手车鉴定估价师的技能要求

职业功能	工作内容	技能要求	相关知识	配分比例
咨询服务	业务接待	1. 能按岗位责任和规范要求，文明用语、礼貌待客 2. 能够简要介绍二手车交易方式、程序和有关规定	1. 岗位责任和规范要求 2. 二手车交易主要方式、程序和有关规定	1
	法规咨询	1. 能向客户解答二手车交易的法定手续 2. 能向客户说明不同车主、不同类型二手车交易的有关法规	1. 国家对不同车主、不同类型二手车交易的规定 2.《机动车强制报废标准》《二手车交易管理办法》等	1
	技术咨询	1. 能向客户解答汽车常用的技术参数、基本构造原理及使用性能 2. 能识别汽车类别、国产车型号和进口汽车出厂日期 3. 能根据客户提供的情况，初步鉴别二手车新旧程度	1. 汽车主要技术参数、使用性能及基本构造原理 2. 汽车分类标准、国产车型号编制规则及进口车出厂日期的识别方法 3. 鉴别二手车新旧程度基本方法	2
	价格咨询	1. 能掌握二手车市场价格行情 2. 能向客户简要介绍二手车市场的供求状况 3. 能向客户介绍二手车交易所需的基本费用	1. 二手车价格行情、供求信息的收集渠道和方法 2. 二手车交易各项费用价格构成因素	1
手续检查	检查车辆各项手续	1. 能按规定检查二手车交易所需的各项手续 2. 能识别二手车交易所需票证的真伪	1. 二手车交易手续和相关知识 2. 二手车交易所需票证识伪常识	8

续表

职业功能	工作内容	技能要求	相关知识	配分比例
车况检查	技术状况检查	1. 通过目测、耳听、试摸等手段，能判断二手车外观和主要总成的基本状况 2. 通过路试，能判断发动机动力性能，传动系、转向系、制动系、电路、油路等工作情况	1. 目测、耳听、试摸检查二手车的方法和要领 2. 路试检查二手车的方法和要领 3. 汽车检测技术常识	40
	技术状况检测	1. 能读懂汽车检测报告 2. 会使用简单的检测仪器和设备		
技术鉴定	二手车主要部件技术状况鉴定	1. 熟悉汽车主要部件正常工作的状态 2. 能判定二手车主要部件的技术状况	1. 汽车主要部件的工作原理 2. 检测报告数据分析方法 3. 二手车技术状况等级鉴定方法	22
	二手车整车技术状况鉴定	1. 能正确分析检测报告的数据 2. 能判定二手车整车的技术状况等级		
评估定价	评估价格	1. 根据车况检测和技术鉴定结果，确定二手车的成新率 2. 根据二手车成新率及市场行情，确定二手车价格	1. 确定二手车成新率的方法 2. 二手车价格评估程序和方法	25
	编写评估报告	能编写二手车鉴定估价报告	评估报告的格式、要求	

② 二手车高级鉴定估价师的技能要求，见表1-3。

表1-3 二手车高级鉴定估价师的技能要求

职业功能	工作内容	技能要求	相关知识	配分比例
咨询服务	业务接待	1. 能合理运用社交礼仪及社交语言 2. 能与国外客户进行简单交流 3. 能发现客户的需求和交易动机，营造和谐的洽谈气氛	1. 营销工作中的公关语言、礼仪 2. 常用外语口语 3. 客户的需求心理、交易动机等常识	1
	法规咨询	1. 能向客户解答二手车交易的法定手续 2. 能向客户说明不同车主、不同类型二手车交易的有关法规	1. 国家对不同车主、不同类型二手车交易的规定 2.《机动车强制报废标准》《二手车交易管理办法》等	1
	技术咨询	1. 能向客户解答和说明汽车主要总成的工作原理 2. 能向客户介绍汽车维护、修理常识 3. 能为客户判断二手车常见故障	1. 汽车主要总成工作原理 2. 汽车维护、修理常识 3. 汽车常见故障	2

续表

职业功能	工作内容	技能要求	相关知识	配分比例
咨询服务	技术咨询	4. 能理解国外常见车型代号的含义 5. 能看懂进口汽车英文产品介绍、使用说明等技术资料	4. 国外常见车辆型号的含义 5. 汽车专业英语基础	2
	价格咨询	1. 能通过计算机网络查询二手车价格行情和供求信息 2. 能分析说明二手车市场价格、供求变化趋势 3. 能根据车辆使用情况，初步估计二手车价格	1. 计算机信息系统软件使用方法 2. 价格学、市场学基础知识 3. 二手车价格粗估方法	1
	投资咨询	1. 能帮助客户根据用途选择车型 2. 能根据客户需要，提供投资建议	1. 二手车用途及购买常识 2. 二手车投资收益分析方法	2
手续检查	检查车辆各项手续	1. 能按规定检查二手车交易所需的各项手续 2. 能识别二手车交易所需票证的真伪	1. 二手车交易手续和相关知识 2. 二手车交易所需票证识伪常识	5
车况检查	技术状况检查	1. 能识别事故车辆 2. 能识别翻新、大修车辆 3. 能发现二手车主要部件更换情况	1. 识别事故车辆、翻新车辆、大修车辆的方法 2. 汽车维修常识 3. 汽车基本的检测技术和方法	38
	技术状况检测	1. 熟悉汽车检测的基本项目 2. 能掌握汽车基本检测方法 3. 会使用汽车常用的检测仪器和设备		
技术鉴定	二手车主要部件技术状况鉴定	熟知汽车主要部件的技术状况对整车性能的影响	1. 汽车部件损耗规律 2. 二手车技术鉴定报告格式和内容	22
	二手车整车技术状况鉴定	能撰写二手车技术鉴定结果报告		
评估定价	评估价格	1. 能掌握国家有关设备折旧规定和计算方法 2. 能掌握和运用多种评估定价方法 3. 能利用计算机鉴定估价软件进行估价	1. 设备折旧法 2. 二手车估价软件使用方法 3. 价格策略与常用定价方法：成本定价法、需求定价法、竞争定价	25
	编写评估报告	能够运用计算机编写评估报告	计算机文字处理软件使用方法	
工作指导	指导鉴定估价的工作	1. 了解汽车的发展动态 2. 能指导二手车鉴定估价师处理工作中遇到的较复杂问题 3. 能结合实际情况，对鉴定估价工作提出改进意见	汽车发展动态以及鉴定估价的相关知识	5

（3）二手车鉴定估价人员的岗位职责。二手车价格评估人员的岗位职责如下。

① 遵守《二手车鉴定估价从业人员工作守则》，认真履行岗位职责。

② 接待二手车交易客户，受理客户鉴定估价的委托。

③ 接受客户对二手车交易的咨询，引导客户合法交易。

④ 负责检查二手车交易的各项证件。

⑤ 负责收集二手车鉴定估价的政策法规资料、车辆技术资料和市场价格信息资料。

⑥ 负责二手车的技术鉴定，估算价格。

⑦ 不准盗抢、走私、非法拼装、报废车辆进场交易。

⑧ 负责报告鉴定估价结果，与客户商定确认评估价格。

⑨ 填写鉴定估价报告，指导资料员存档。

⑩ 协助领导做好有关鉴定估价的其他工作。

《国有资产管理办法》第三十二条规定，资产评估机构作弊或者玩忽职守，致使国有资产评估结果失实的，国有资产管理行政主管部门可以宣布资产评估结果无效，并可以根据情节轻重，对该资产评估机构可分别给予警告、停业整顿、吊销国有资产评估资格证书的处罚。

（4）二手车鉴定估价人员的素质要求。随着二手车市场的迅猛发展，二手车市场存在的许多重要问题日益突出，要求加强"鉴定估价""行业管理"的呼声越来越高。其中比较突出的问题就是规范二手车定价。我国二手车市场从业人员技术素质参差不齐，缺乏统一标准，缺乏经验，缺乏职业道德。特别是在二手车估价这一中心环节上，有的二手车交易市场缺少合格的专业鉴定估价师，估价随意性较大，定价不太合理，广大消费者的合法权益不能得到保障，企业权益和国家利益常常受到不同的侵害。这就要求充分认识提高二手车鉴定估价师素质的重要性和迫切性，使其发挥更大作用。

二手车鉴定估价人员的素质直接影响着二手车价格评估工作的质量。一名合格的二手车鉴定估价人员应具备的素质主要体现在政策理论素质、业务素质和思想品德素质三个方面。

① 政策理论素质。

- 掌握马克思主义的基本理论，能运用马克思主义的立场、观点和方法分析和解决问题。
- 有一定的资产评估业务理论，熟悉资产评估基本原理和基本方法。
- 有一定的政策水平，熟知国家有关二手车交易的政策法规和国家在各个时期的路线、方针和政策。

② 业务素质。

- 具有一定的知识面。二手车鉴定估价涉及知识面广，它不仅要求鉴定估价人员具备财会、经济管理、市场、金融、物价等经济学科方面的知识，同时还要求鉴定估价人员具有工程技术、微机操作方面的知识。鉴定估价人员具有较全面的知识结构，才能胜任二手车的鉴定估价工作。
- 具有娴熟的评估技巧和计算技术。
- 具有较高的收集、分析和运用信息资料的能力。
- 具有准确的判断能力。二手车鉴定估价的过程，就是一个对二手车技术状况进行判断、鉴定，从而对其价格进行估算的过程。

③ 思想品德素质。思想品德素质包括以下内容：热爱祖国，坚持四项基本原则，拥护改革开放的方针政策，遵纪守法，公正廉洁。鉴定估价人员只有具备较高的思想品德素质，才能在评估工作中自觉履行自己的职责和义务，恪守职业道德，全心全意为客户服务。

4. 二手车鉴定估价师注册登记管理办法

根据《关于规范旧机动车鉴定评估工作的通知》的规定，二手车鉴定估价师实行注册登记管理制度。中国汽车流通协会负责对二手车鉴定估价师职业资格的注册登记，并制定了《旧机动车鉴定估价师注册登记管理办法》。《旧机动车鉴定估价师注册登记管理办法》具体内容如下。

（1）为加强对二手车鉴定估价师的长期动态管理，不断提高二手车鉴定估价师的职业技术水平，更好地发挥其在二手车鉴定评估中的作用，根据《关于规范旧机动车鉴定评估工作的通知》制定本办法。

（2）本办法中所称二手车鉴定估价师是指经全国统一考核合格，取得人力资源和社会保障部门颁发的、由人力资源和社会保障部培训就业司及其职业技能鉴定中心用印的二手车鉴定估价师职业资格证书的人员。

（3）中国汽车流通协会是二手车鉴定估价师职业资格的注册管理机构。商务部、人力资源和社会保障部对二手车鉴定估价师职业资格的注册和使用情况有检查、监督的责任。

（4）已取得二手车鉴定估价师职业资格的人员，每两年应接受继续教育或业务培训，不断更新知识，以保持较高的专业水平。

（5）二手车鉴定估价师职业资格注册有效期为一年。有效期满前一个月，持证人将人力资源和社会保障部统一颁发的“二手车鉴定估价师职业资格证书”和中国汽车流通协会统一颁发的“二手车鉴定估价师注册登记证”及由单位领导签字并加盖公章的“二手车鉴定估价师注册申请表”（见表 1-4）寄到中国汽车流通协会或协会委托的地方行业协会，办理注册登记手续。对有争议或群众反映强烈的持证者，中国汽车流通协会将调查核实并征求地方人民政府负责管理二手车鉴定评估业务的部门的意见，再决定是否对其办理注册登记手续。

表 1-4 二手车鉴定估价师注册申请表

<table>
<tr><td>姓　名</td><td></td><td>性　别</td><td></td><td>出生年月</td><td></td><td rowspan="4">近期二寸
免冠照片</td></tr>
<tr><td>民　族</td><td></td><td>学　历</td><td></td><td>从事本专
业时间</td><td></td></tr>
<tr><td>现工作单位</td><td colspan="3"></td><td>职　务</td><td></td></tr>
<tr><td>详细地址</td><td colspan="3"></td><td>邮　编</td><td></td></tr>
<tr><td>联系电话</td><td colspan="6">（区号）　　（电话）　　（手机）</td></tr>
<tr><td>传　真</td><td colspan="3"></td><td>身份证号</td><td colspan="2"></td></tr>
<tr><td>注册情况</td><td colspan="6">□ 首次注册　　□ 年度审核</td></tr>
<tr><td>二手车鉴定评估师
职业资格证书号</td><td colspan="3"></td><td>高级二手车鉴定评估师职
业资格证书号</td><td colspan="2"></td></tr>
<tr><td>本年度
工作业绩</td><td colspan="6"></td></tr>
</table>

续表

单位鉴定意见	领导签字 （公章） 年 月 日
初审单位意见	领导签字 （公章） 年 月 日
中国汽车流通协会意见	领导签字 （公章） 年 月 日

（6）二手车鉴定估价师只能在一个评估机构或相关企业执业，不得以其鉴定估价师身份在其他企业兼职。二手车鉴定估价师调离原单位，仍继续从事二手车鉴定评估工作者，须在一个月内凭调入、调出单位有关证明到中国汽车流通协会或协会委托的地方行业协会重新办理注册登记手续。

（7）二手车鉴定估价师职业资格注册后，有下列情形之一的，应由所在单位向中国汽车流通协会提出注销注册申请，并将“二手车鉴定估价师注册登记证”寄回中国汽车流通协会。

① 完全丧失民事行为能力者。

② 死亡或失踪者。

③ 受刑事处罚者。

④ 因严重违反职业道德或其他原因不宜继续从事二手车鉴定评估工作者。

（8）二手车鉴定估价师有下列情形之一的，由中国汽车流通协会视其情节轻重，给予警告、暂停从业、注销注册的处分。

① 在执业期间，因违反法律法规规定对国家、委托人所造成的经济损失有直接责任。

② 利用执行业务之便，索取、收受委托人不正当的酬金或其他财物，或者谋取不正当的利益。

③ 允许他人以本人名义执行业务。

④ 同时在两个或者两个以上的二手车鉴定评估机构执行业务。

⑤ 二手车鉴定估价师工作变动，未在规定期限到中国汽车流通协会办理变更或注销手续。

⑥ 二手车鉴定估价师职业资格未按规定注册。

⑦ 违反法律、法规的其他行为。

（9）申请人对其不予注册、警告、暂停从业、注销注册的处分如有异议可在收到通知20天内向中国汽车流通协会申请复议。

二手车鉴定估价师所在注册单位凡经改制更名的，应提交“二手车鉴定估价师变更注册单位审批表”（见表 1-5）。

表 1-5　　二手车鉴定估价师变更注册单位审批表

姓　名		性　别		出生年月	
民　族		学　历		从事本专业时间	
注册证编号					
二手车鉴定估价师职业资格证书号		高级二手车鉴定估价师职业资格证书号			
调出企业		职　务			
地　址		邮　编			
电　话	（区号）　（电话）	（传真）			
调入企业		职　务			
地　址		邮　编			
电　话	（区号）　（电话）	（传真）	（手机）		
从业简历					
工作调动原因					
调出企业意见	领导签字　公　章 年　月　日				
调入企业意见	领导签字　公　章 年　月　日				
省企业营销协会初审意见	领导签字　公　章 年　月　日				
中国汽车流通协会意见	领导签字　公　章 年　月　日				

三、实施与考核

（一）技能学习

1. 了解车主基本情况

车主即二手车所有人，指车辆所有权的单位或个人。接受委托前应了解委托者是否是车主，是车主的即有车辆处置权，否则，无车辆处置权；同时还应了解车主单位（或个人）名称、隶属关系和所在地等。

《二手车流通管理办法》第二十条规定，二手车所有人委托他人办理车辆出售的，应当与受托人签订委托书。

2. 了解车主要求评估的目的

评估目的是评估所服务的经济行为的具体类型，根据评估目的，选择计价标准和评估方法。一般来说，委托二手车交易市场评估的大多数是属于交易类业务，车主要求评估价格的目的大都是作为买卖双方成交的参考底价。

3. 了解估价对象及其基本情况

① 二手车类别。是乘用车，还是商用车；是客车、轿车还是货车等。

② 二手车名称、型号、生产厂家和出厂日期。

③ 二手车初次注册登记日期和行驶里程。

④ 新车来历。是市场上购买，还是走私罚没处理，或是捐赠免税车等。

⑤ 车籍。指车辆牌证发放地。

⑥ 使用性质。是公务用车、商用车，还是专业运输车或是出租营运车等。

⑦ 手续是否齐全，是否年检。

4. 确定委托评估意向

对上述基本情况了解清楚以后，就可以做出是否接受委托的决定。如果接受委托，接下来就要签订二手车鉴定评估委托书。

对于评估数量较多的业务，在签订二手车鉴定评估委托书之前，应安排到实地考察评估对象的情况。实地考察的目的是了解鉴定估价的工作量、工作难易程度和车辆现时状态（在用、已停放很久不用、在修或停驶待修等）。

5. 签订二手车评估委托书

二手车鉴定评估委托书是受托方与委托方对各自权利责任和义务的协定，是一项经济合同性质的契约。

二手车鉴定评估委托书必须符合国家法律、法规和资产评估业的管理规定。涉及国有资产占有单位要求申请立项的二手车鉴定评估业务，应由委托方提供国有资产管理部门关于评估立项申请的批复文件，经核实后，方能接受委托，签署委托书。

二手车评估委托书标准式样见表1-6。接待人员根据询问委托人（或车主）的记录以及委托人携带的车辆资料（如登记证书、行驶证、购车发票等），认真填写委托书的内容，并经双方签字后，将其中的一份送与委托人，另一份由评估机构保存。

表 1-6　　二手车鉴定评估委托书

编号：________

二手车鉴定评估机构：________________

因□交易□转籍□拍卖□置换□抵押□担保□咨询□司法裁决需要，特委托你单位对车辆（号牌号码________车辆类型________发动机号________车架号________）进行技术状况鉴定并出具评估报告书。

附：委托评估车辆基本信息

<table>
<tr><td>车　　主</td><td></td><td>身份证号码/
法人代码证书</td><td></td><td>联系电话</td><td></td></tr>
<tr><td>住　　址</td><td colspan="3"></td><td>邮政编码</td><td></td></tr>
<tr><td>经 办 人</td><td></td><td>身份证号码</td><td></td><td>联系电话</td><td></td></tr>
<tr><td>住　　址</td><td colspan="3"></td><td>邮政编码</td><td></td></tr>
<tr><td rowspan="4">车辆情况</td><td>厂牌型号</td><td colspan="2"></td><td>使用用途</td><td></td></tr>
<tr><td>载重量/座位/排量</td><td colspan="2"></td><td>燃料种类</td><td></td></tr>
<tr><td>初次登记日期</td><td colspan="2">年　月　日</td><td>车身颜色</td><td></td></tr>
<tr><td>已使用年限</td><td>年　个月</td><td colspan="2">累计行驶里程（万 km）</td><td></td></tr>
<tr><td rowspan="3">车辆情况</td><td>大修次数</td><td>发动机（次）</td><td></td><td>整车（次）</td><td></td></tr>
<tr><td>维修情况</td><td colspan="4"></td></tr>
<tr><td>事故情况</td><td colspan="4"></td></tr>
<tr><td rowspan="2">价值反映</td><td>购置日期</td><td>年　月　日</td><td>原始价格（元）</td><td colspan="2"></td></tr>
<tr><td>车主报价（元）</td><td></td><td></td><td colspan="2"></td></tr>
</table>

备注：

填表说明：

（1）若被评估车辆使用用途曾经为营运车辆，需在备注栏中予以说明；

（2）委托方必须对车辆信息的真实性负责，不得隐瞒任何情节，凡由此引起的法律责任及赔偿责任由委托方负责；

（3）本委托书一式两份，委托方、受托方各一份。

委托方：（签字、盖章）　　　　经办人：（签字、盖章）

年　月　日　　　　年　月　日

（二）任务实施与考核

（1）两名学生自由组合为一个小组，分别互相扮演委托人及二手车评估师，模拟业务接待洽谈现场，进行二手车委托评估业务洽谈。在充分掌握上述知识与技能的前提下，完成工作单（见表1-7）。

表1-7　技能学习工作单

实训项目：业务洽谈

班级学号		姓名	
1. 请描述你所了解到的车主的基本情况。 ____ ____ ____ ____。 2. 请描述车主要求评估的目的。 ____ ____。 3. 请描述委托评估二手车的基本情况。 ① 二手车的类别：________________________________。 ② 二手车名称：________________、型号________________。 ③ 二手车生产厂家：________________、生产日期：________________。 ④ 二手车初次注册登记日期：________________、行驶里程：________________。 ⑤ 新车来历：________________________________。 ⑥ 车籍：________________________________。 ⑦ 使用性质：________________________________。 ⑧ 手续是否齐全（如果不齐全，请记录缺少的相关材料种类）：________________。 ⑨ 是否进行了年检（如果没进行年检，请记录原因）：________________。 4. 请记录你还了解到的其他信息。 ____ ____ ____。 5. 是否达成委托鉴定评估意向？□是、□否。 如果达成委托鉴定评估意向，请记录车主要求的评估时限及期望的价格。 ____。 如果没达成委托鉴定评估意向，请记录原因。 ____。 6. 自我评价（个人技能掌握程度）：□非常熟练　□比较熟练　□一般熟练　□不熟练			
教师评语：（包括工作单填写情况，语言表达，态度及沟通技巧等方面，并按等级制给出成绩） 实训记录成绩________　　教师签字：________　　______年____月____日			

（2）学生根据业务洽谈的工作单的记录，填写“二手车鉴定评估委托书”。教师根据完成的情况完成考核表（见表 1-8）。

表 1-8　　　　　　　　　　　　　　教师考核记录表

实训项目：　业务洽谈

班级学号		姓名	
项目	必要的记录	分值	评分
与客户沟通情况		10	
语言表达		10	
工作单书填写情况		30（工作单成绩折算）	
委托书填写情况		30	
是否对委托书向客户进行了必要的说明		10	
总分			

教师签字：

____年____月____日

任务二　拟定鉴定评估作业方案

【学习目标】

1. 能够正确描述二手车鉴定评估的前提条件。
2. 能够正确描述二手车鉴定评估的计价标准。
3. 能够正确描述二手车鉴定评估的基本方法。
4. 能够初步拟定二手车鉴定评估作业方案。

一、任务分析

鉴定评估方案是二手车鉴定评估机构根据二手车鉴定评估委托书的要求而制定的规划和安排。其主要内容包括：评估目的、评估和范围评估基准日、安排具有鉴定评估资格的评估人员及协助评估人员工作的其他人员、现场工作计划、评估程序、评估具体工作和时间安排、拟采用的评估方法及其具体步骤等。

二、相关知识

（一）二手车价格评估的前提条件

二手车的价格评估运用资产评估的理论和方法，是建立在一定的假设条件之上的。二手车价格评估的假设前提有继续使用假设、公开市场假设和破产清算（偿）假设。

1. 继续使用假设

继续使用假设是指二手车将按现行用途继续使用，或转换用途继续使用。对这些车辆的评估，就要从继续使用的假设出发，而不能按车辆拆零出售零部件所得收入之和进行估价。

比如一辆汽车用作营运，其估价可能是 4 万元，而将其拆成发动机、底盘等零部件分别出售时也可能仅值 3 万元。可见同一车辆按不同的假设用作不同的目的，其价格是不一样的。

在确定二手车能否继续使用时，必须充分考虑以下条件。

① 车辆具有显著的剩余使用寿命，而且能以其提供的服务或用途，满足所有者经营上或工作上期望的收益。

② 车辆所有权明确，并保持完好。

③ 车辆从经济上和法律上允许转作他用。

④ 充分地考虑了车辆的使用功能。

2. 公开市场假设

公开市场是指充分发达与完善的市场条件。公开市场假设，是假定在市场上交易的二手车辆，交易双方彼此地位平等，彼此双方都获取足够市场信息的机会和时间，以便对车辆的功能、用途及其交易价格等做出理智的判断。

公开市场假设是基于市场客观存在的现实，即二手车在市场上可以公开买卖。不同类型的二手车，其性能、用途不同，市场程度也不一样，用途广泛的车辆一般比用途狭窄的车辆市场活跃，但不论车辆的买者或卖者都希望得到车辆的最大最佳效用。所谓最大最佳效用是指车辆在可能的范围内，用于最有利又可行和法律上允许的用途。在二手车评估时，按照公开市场假设处理或做适当的调整，才有可能使车辆获得的收益最大。最大最佳效用，由车辆所在地区、具体条件以及市场供求规律所决定。

3. 清算（清偿）假设

清算（清偿）假设是指二手车所有者在某种压力下被强制进行整体或拆零，经协商或以拍卖方式在公开市场上出售。这种情况下的二手车价格评估具有一定的特殊性，适应强制出售中市场均衡被打破的实际情况，二手车的评估价大大低于继续使用或公开市场条件下的评估值。

上述 3 种不同假设，形成三种不同的评估结果。在继续使用假设前提下要求评估二手车的继续使用价格；在公开市场假设前提下要求评估二手车的市场价格；在清算假设前提下要求评估二手车的清算价格。因此，二手车鉴定估价人员在业务活动中要充分分析了解、判断认定被评估二手车最可能的效用，以便得出二手车的公平价格。

（二）二手车价格评估的计价标准

我国资产评估中有四种价格计量标准，即重置成本标准、现行市价标准、收益现值标准和清算价格标准。二手车评估属于资产评估，因此，二手车估价也遵守这四种价格计量标准。对同一辆二手车，采用不同的价格计量标准估价，会产生不同的价格。这些价格不仅在质上不同，在量上存在较大差异。因此，必须根据评估的目的，选择与二手车评估业务相匹配的价格计量标准。

1. 价格计量标准

（1）重置成本标准。重置成本是指在现时条件下，按功能重置车辆并使其处于在用状态所耗费的成本。重置成本的构成与历史成本一样，都是反映车辆在购置、运输、注册登记等过程中所支出的全部费用，但重置成本是按现有技术条件和价格水平计算的。

重置成本标准适用的前提是车辆处于在用状态，一方面反映车辆已经投入使用；另一方面反映车辆能够继续使用，对所有者具有使用价值。

（2）现行市价标准。现行市价是指车辆在公平市场上的销售价格。所谓公平市场，是指充分竞争的市场，买卖双方没有垄断和强制，双方的交易行为都是自愿的，都有足够的时间与能力了解市场行情。

现行市价标准适用的前提条件有以下两个。

① 需要存在一个充分发育、活跃、公平的二手车交易市场。

② 与被评估车辆相同或类似的车辆在市场上有一定的交易量能够形成市场行情。

（3）收益现值标准。收益现值是指根据车辆未来的预期获利能力大小，以适当的折现率将未来收益折成现值。从“以利索本”的角度看，收益现值就是为获得车辆取得预期收益的权利所支付的货币总额。在折现率相同的情况下，车辆未来的效用越大，获利能力越强，其评估值就越大。投资者购买车辆时，一般要进行可行性分析，只有在预期回报率超过评估时的折现率时，才可能支付货币购买车辆。

说明

折现率是指将未来预期收益额折算成现值的比率。从本质上讲，折现率是一种期望投资报酬率，是投资者在投资风险一定的情况下，对投资所期望的回报率。

收益现值标准适用的前提条件是车辆投入使用后可连续获利。

（4）清算价格标准。清算价格是指在非正常市场上限制拍卖的价格。它与现行市价相比，两者的根本区别在于：现行市价是公平市场价格；而清算价格是非正常市场上的拍卖价格，这种价格由于受到期限限制和买主限制，一般大大低于现行市价。

清算价格标准适用于企业破产清算，以及因抵押、典当等不能按期偿债而导致的车辆变现清偿等汽车评估业务。

2. 各种价格计量标准的联系与区别

（1）重置成本价格与现行市价价格的联系与区别。

① 重置成本价格与现行市价价格的联系。决定重置成本的因素与决定现行市价的最基本因素相

同，即现有条件下，生产功能相同的车辆所花费的社会必要劳动时间。但是现行市价的确定还需考虑其他与市场相关的如下几个因素。

- 车辆功能的市场性。即车辆的功能能否得到市场承认。例如，一辆设计及制造质量都很好的专用汽车，尽管它在某一特定领域内具有很强的功能，但一旦退出该领域，其功能就难以完全被市场所接受。
- 供求关系的影响。现行市价价格随供求关系的变化，将会出现波动。

② 现行市价与重置成本的区别。现行市价以市场价格为依据，车辆价格受市场因素约束，并且其评估值直接受市场检验；而重置成本只是在模拟条件下重置车辆的现行价格。

（2）现行市价价格与收益现值价格的联系与区别。

① 现行市价价格与收益现值价格的联系。两者在价格形式上有相似之处，都是评估公平市场价格。

② 现行市价价格与收益现值价格的区别。两者的价格内涵不同，现行市价主要是车辆进入市场的价格计量；而收益现值主要是以车辆的获利能力进入市场的价格计量。

（3）现行市价价格与清算价格的联系与区别。

① 现行市价价格与清算价格的联系。两者均是市场价格。

② 现行市价价格与清算价格的根本区别。现行市价是公平市场价格；而清算价格是非正常市场上的拍卖价格，一般大大低于现行市价。

（三）二手车价格评估的基本方法

根据二手车价格估算目的不同，二手车价格评估可分为鉴定服务估价和收购估价两种。二手车鉴定服务估价是一种第三方中介资产评估，其价格评估方法和资产评估的方法一样，按照国家规定的重置成本法、收益现值法、现行市价法和清算价格法四种方法进行，评估价格具有约束性。二手车收购估价是二手车经营企业为了自身发展需要开展的业务，收购估算价格由买卖双方自由确定，具有灵活性。

三、实施与考核

（一）技能学习

二手车评估机构前台接待人员（或负责人）在与委托人签订委托书之后，即编制评估作业方案，并将编制好的评估作业方案及委托书一起交给负责的二手车评估师。编制二手车鉴定评估作业方案可参考如下样例进行。

二手车鉴定评估作业方案

一、委托方与车辆所有方简介

委托方<u>李××</u>

委托方联系人<u>李××</u>，联系电话<u>×××</u>。

二、评估目的

根据委托方的要求，本项目评估目的（在□处填✓）：

☑交易 □拍卖 □置换 □抵押 □担保 □咨询 □司法裁决

三、评估对象

评估车辆的厂牌型号：（×××）；号牌号码：（×××）。

四、鉴定评估基准日

鉴定评估基准日：××××年××月××日。

五、拟定评估方法（在口处填✓）

☑重置成本法 □现行市价法 □收益现值法 □其他

六、拟定评估人员

负责评估师：×××

协助评估人员：×××

七、现场工作计划

负责评估师组织相关人员，于××××年××月××日××时前，参照各项工作的参考时间，完成下列工作。

（1）证件核对：×分钟。

（2）鉴定二手车现时技术状况：静态检查与动态检查：×分钟；仪器设备检查：送×××检测站（注：此项工作视具体车辆情况而定）：×分钟。

（3）车辆拍照：×分钟。

（4）评定估算：×分钟。

（5）撰写评估报告：×分钟。

八、评估作业程序

按照接受委托、验证、现场查勘、评定估算和提交报告的程序进行。

九、拟定提交评估报告时间：××××年××月××日

（二）任务实施与考核

学生根据本项目任务一中所签订的评估委托书内容，编制个人的鉴定评估方案，教师在指导过程中，完成表1-9所示的考核表。

表1-9 教师考核记录表

实训项目： 拟定二手车评估方案

班级学号		姓名	
项目	必要的记录	分值	评分
评估方法选择		20	
评估组的组建		20	
现场工作计划中各具体任务时限确定是否合理		30	
方案制定时限		10	

续表

班级学号		姓名		
项目	必要的记录		分值	评分
对教师提出问题的解释			20	
总分				

教师签字：

______年____月____日

思考与练习

一、思考题

1. 为什么汽车要强制报废？
2. 什么是报废汽车？在我国，对于报废汽车应如何处理？
3. 什么是改装车、拼装车？
4. 对从事二手车鉴定评估的人员有哪些要求？
5. 二手车鉴定评估有什么意义？
6. 简要说明二手车评估的目的。
7. 二手车评估的依据有哪些？
8. 说明二手车评估的一般操作程序。
9. 二手车鉴定评估应当遵循的原则有哪些？
10. 二手车鉴定评估为什么有公证的职能？
11. 请解释二手车鉴定评估的中介性。
12. 什么是二手车鉴定评估的公开市场假设？
13. 请说明重置成本标准、现行市价标准、收益现值标准和清算价格标准适应的前提条件。

二、单项选择题

1. 报废汽车五大总成中不包含下列（　　）。

   A. 车架　　B. 变速器　　C. 转向机　　D. 车身

2. 2005年10月1日，商务部颁布实行了（　　），对二手车交易做出了调整。

   A.《旧机动车交易管理办法》　　B.《二手车流通管理办法》

   C.《机动车注册登记工作规范》　　D.《机动车强制报废标准规定》

3. 下列（　　）不具有对二手车交易监督管理职能。

   A. 商务主管部门　　B. 工商行政管理部门

   C. 交警部门　　D. 税务部门

4. 二手车评估机构对下列（　　）不负法律责任。

A. 评估的价格结果　　B. 评估的车辆技术状况结果

C. 是否为事故车辆　　D. 是否为非法车辆

5. 下列关于二手车鉴定评估的目的与任务的叙述，（　　）不正确。

A. 确定二手车交易的成交额　　B. 协助借、贷双方实现抵押贷款

C. 法律诉讼咨询服务　　D. 拍卖

6. 下列（　　）不是二手车价格评估人员的岗位职责。

A. 接受客户对二手车交易的咨询，引导客户合法交易

B. 负责收集二手车鉴定估价的市场价格信息

C. 不准走私、非法拼装、报废车辆进场交易

D. 为交易后二手车提供技术服务

7. 下列（　　）不是二手车鉴定评估的职能。

A. 评估职能　B. 公证职能　C. 罚没职能　D. 中介职能

8. 下列关于二手车鉴定评估机构应具备的条件的叙述，（　　）不正确。

A. 经营者必须是独立的中介机构

B. 有固定的经营场所和从事经营活动的必要设施

C. 有 5 名以上从事二手车鉴定评估业务的专业人员

D. 有规范的规章制度

9. 下列（　　）不是二手车鉴定评估的计价标准。

A. 折扣率标准　　B. 重置成本标准

C. 收益现值标准　　D. 清算价格标准

10. 旧机动车鉴定估价师注册登记管理由（　　）负责。

A. 中国汽车行业协会　　B. 中国汽车流通协会

C. 旧机动车评估委员会　　D. 各市劳动局

11. 根据国家《机动车强制报废标准规定》，9 座以下非营运载客汽车的使用期限为（　　）。

A. 10 年　B. 15 年　C. 60 万千米　D. 80 万千米

12. 下列（　　）不是二手车鉴定评估的主要方法。

A. 预期收益法　B. 现行市价法　C. 收益现值法　D. 清算价格法

13. 新的《机动车强制报废标准规定》于（　　）年 5 月 1 日起实施。

A. 2010　B. 2011　C. 2012　D. 2013

14. 国家《机动车强制报废标准规定》规定，重型货车的使用期限为（　　）。

A. 10 年　B. 15 年　C. 60 万千米　D. 80 万千米

15. 下列（　　）是二手车鉴定估价师申报的文化程度规定的条件。

A. 高中毕业，从事本行业工作 4 年以上

B. 中等专科学校毕业，非汽车专业，从事本行业工作 3 年以上

C. 中等专科学校毕业，汽车专业，从事本行业工作4年以上。

D. 大专以上，汽车专业，从事本行业工作1年以上。

16. 二手车鉴定估价师职业资格注册有效期为（ ）年。

A. 1　　B. 2　　C. 3　　D. 4

17. 已取得二手车鉴定估价师职业资格的人员，每（ ）年应接受继续教育或业务培训，不断更新知识，以保持较高的专业水平。

A. 1　　B. 2　　C. 3　　D. 4

三、多项选择题

1. 与客户洽谈的主要内容有（ ）。

A. 评估方法　　B. 评估的目的

C. 车主基本情况　　D. 时间要求

2. 国家颁布了《机动车强制报废标准规定》的目的有（ ）。

A. 确保机动车辆驾驶人员和乘员及其他交通参与者（包括行人等）的安全

B. 节省能源，保护环境

C. 鼓励技术进步和公平竞争

D. 促进汽车产业的发展

3. 机动车报废后，其所有人应将（ ）交回公安机关交通管理部门注销。

A. 机动车登记证书　　B. 驾驶证

C. 号牌　　D. 行驶证

4. 下列（ ）属于报废汽车。

A. 已经达到国家《机动车强制报废标准规定》的

B. 达到地方制定的有关报废规定的

C. 交通事故车辆

D. 连续3次检验不符合国家标准《机动车运行安全技术条件》规定的

5. 下列（ ）属于拼装汽车。

A. 使用报废汽车的发动机及其他零部件组装的机动车辆

B. 进口全散件或进口半散件组装的汽车

C. 更换发动机的汽车

D. 更换了车身壳体的轿车

6.（ ）负责辖区内二手车流通的有关监督管理工作。

A. 商务主管部门　　B. 工商行政管理部门

C. 交通车辆管理部门　　D. 税务部门

7. 下列（ ）不准经销。

A. 在本行政辖区以外的公安机关交通管理部门注册登记的车辆

B. 在人民法院、人民检察院、行政执法部门依法查封、扣押期间的车辆

C. 发动机号码、车辆识别代号或者车架号码与登记号码不相符的车辆

D. 在抵押期间或者未经海关批准交易的海关监管车辆

8. 下列（　　）是进行二手车评估的意义。

A. 防止非法交易　　B. 保证合理税收

C. 参与国有资产管理　　D. 促进二手车交易

9. 下列（　　）是二手车鉴定评估咨询服务类的特点。

A. 识伪判定　　B. 交易程序解答

C. 市场价格咨询　　D. 引导办理过户

10. 下列（　　）是二手车鉴定评估的原则。

A. 有效性　B. 公平性　C. 可行性　D. 客观性

11. 下列（　　）体现了二手车鉴定评估的公证职能。

A. 二手车鉴定评估人员在判断二手车评估结论准确与否的问题上最具权威性

B. 二手车鉴定评估机构完全站在中立、公正的立场上就事论事、科学办事

C. 二手车评估人员持有职业资格证书

D. 二手车评估人员有良好的思想素质

12. 下列（　　）是二手车鉴定评估师的岗位职责。

A. 接受客户对二手车交易的咨询，引导客户合法交易

B. 负责检查二手车交易的各项证件

C. 负责收集二手车鉴定估价的政策法规资料、车辆技术资料和市场价格信息资料

D. 负责报告鉴定估价结果，与客户商定确认评估价格

13. 二手车鉴定估价师职业资格注册后，有下列（　　）之一的，应由所在单位向中国汽车流通协会提出注销注册申请，并将“二手车鉴定估价师注册登记证”寄回中国汽车流通协会。

A. 完全丧失民事行为能力者　　B. 更换工作单位的

C. 受刑事处罚者　　D. 不宜继续从事二手车鉴定评估工作者

14. 二手车鉴定估价师有下列（　　）之一的，由中国汽车流通协会视其情节轻重，给予警告、暂停从业、注销注册的处分。

A. 在执业期间，因违反法律法规规定对国家、委托人所造成的经济损失有直接责任者

B. 利用执行业务之便，索取、收受委托人不正当的酬金或其他财物，或者谋取不正当的利益

C. 允许他人以本人名义执行业务

D. 二手车鉴定估价师职业资格未按规定注册

15. 下列（　　）是现行市价标准适用的前提条件。

A. 二手车的历史价格确知

B. 需要存在一个充分发育、活跃、公平的二手车交易市场

C. 与被评估车辆相同或类似的车辆在市场上有一定的交易量能够形成市场行情

D. 未来的预期收入可以预测

四、判断题

（　　）1. 如果对汽车的使用期限既规定了累计行驶里程数，也规定了使用年限，则以使用年限为准。

（　　）2. 非营运乘用车，因可以无限期延长使用年限，所以国家对其不规定使用年限。

（　　）3. 报废汽车专指达到国家《机动车强制报废标准规定》规定的使用行驶里程数或使用年限的车辆。

（　　）4. 二手车交易必须按照二手车鉴定评估的结果执行。

（　　）5. 以全散件报关进口，在国内组装的汽车，属于非法拼装车。

（　　）6. 合法改装的二手车，可以交易。

（　　）7. 只要未达到国家《机动车强制报废标准规定》的车辆，就可以进行交易。

（　　）8. 二手车与旧车有一定的差别。

（　　）9. 只要进入二手车交易市场进行交易的车辆，二手车鉴定评估机构均有责任为其进行评估工作。

（　　）10. 二手车经销企业、经纪机构可以代办二手车鉴定评估、转移登记、保险、纳税等手续。

（　　）11. 二手车经销机构有定期将二手车交易量、交易额等信息向所在地商务主管部门报送的义务。

（　　）12. 二手车鉴定评估机构发现盗抢、走私等违法手段获得的车辆，应当向公安机关报告。

（　　）13. 二手车交易市场最好建立自己的鉴定评估机构，以方便二手交易。

（　　）14. 二手车交易必经经过二手车交易市场。

（　　）15. 机动车使用年限起始日期按照注册登记日期计算，但自出厂之日起超过 2 年未办理注册登记手续的，按照出厂日期计算。

（　　）16. 不同类型的营运载客汽车相互转换，按照使用年限较严的规定报废。

（　　）17. 营运载客汽车与非营运载客汽车相互转换的，按照营运载客汽车的规定报废。

（　　）18. 委托二手车鉴定评估的人，如果不是车主，因其对车辆无处置权，故不能为其进行二手车评估。

Chapter 2

项目二 现场鉴定

现场鉴定工作主要按照二手车鉴定评估作业表的项目进行，主要包括检查核对证件、核查被评估车辆的结构特点、鉴定现时技术状态并做出鉴定结论，给车辆拍照存档。

二手车鉴定评估人员通过现场查勘鉴定二手车现时技术状况，其目的是公正、科学地确定委托评估车辆的技术现状及价值。这项工作完成后，鉴定评估人员应客观地给出鉴定评估过程的描述和评估结论。

任务一 检查核对证件

【学习目标】

1. 能够正确描述二手车的相关证件、税费凭证的种类及各自的作用。
2. 能够对二手车一般手续的合法性，齐全性及有效性进行检查。

一、任务分析

现场鉴定具体包括核对证件、静态检查、动态检查和仪器检查四个工作环节，如图 2-1 所示。

现场鉴定的第一步是核查证件。核查证件是检验被鉴定评估车辆的证件资料，这些资料包括法定证件和税费证据两类。如对这些证件资料有疑问，应向委托方提出，由委托方向发证机关（单位）索取证明材料，或自行向发证机关（单位）查询核实。

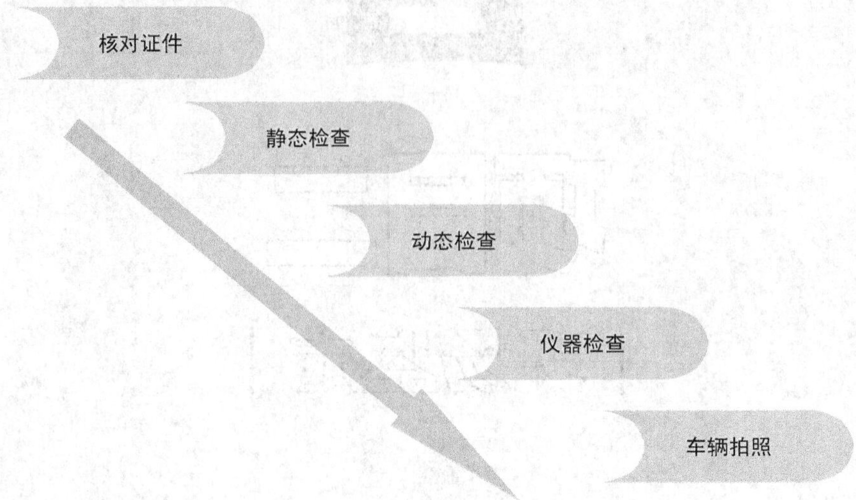

图2-1 现场查勘流程

二、相关知识

（一）二手车的法定证件

法定证件主要有机动车来历证明、机动车行驶证、机动车登记证书、机动车号牌、道路运输证、机动车检验合格标志等。

1. 机动车来历证明

机动车来历证明是二手车来源的合法证明。机动车来历证明主要包括以下几个方面。

（1）在国内购买机动车的来历凭证，可分为新车来历证明和二手车来历证明。在国外购买的机动车，其来历凭证是该车销售单位开具的销售发票及其翻译文本。

① 新车来历证明，是指经国家工商行政管理机关验证（加盖工商验证章）的机动车销售发票（即原始购车发票）。通常在购买新车时，可在当地的工商行政管理局机动车市场管理分局办理工商验证手续。

② 二手车来历证明，是指经国家工商行政管理机关验证（加盖工商验证章）的二手车交易发票。二手车交易发票反映了即将交易的车辆曾是一辆已经交易过的合法使用的二手车。2005 年 10 月，《二手车流通管理办法》颁布施行，全国统一了二手车销售发票，目前国内大部分地区都使用了新版的“二手车销售统一发票”。而在统一发票之前，各地的旧车交易发票样式繁多，也造成了管理上的难度。

（2）人民法院调解、裁定或者判决转移的机动车，其来历凭证是人民法院出具的已经生效的《调解书》《裁定书》或者《判决书》以及相应的《协助执行通知书》。

（3）仲裁机构仲裁裁决转移的机动车，其来历凭证是《仲裁裁决书》和人民法院出具的《协助执行通知书》。

（4）继承、赠予、中奖和协议抵偿债务的机动车，其来历凭证是继承、赠予、中奖和协议抵偿债务的相关文书和公证机关出具的《公证书》。

（5）资产重组或者资产整体买卖中包含的机动车，其来历凭证是资产主管部门的批准文件。

（6）国家机关统一采购并调拨到下属单位未注册登记的机动车，其来历凭证是全国统一的机动车销售发票和该部门出具的调拨证明。

（7）国家机关已注册登记并调拨到下属单位的机动车，其来历凭证是该部门出具的调拨证明。

（8）经公安机关破案发还的被盗抢且已向原机动车所有人理赔完毕的机动车，其来历凭证是保险公司出具的“权益转让证明书”。

（9）更换发动机、车身、车架的来历凭证，是销售单位开具的发票或者修理单位开具的发票。

2. 机动车行驶证

机动车行驶证是由公安机关交通管理部门依法对车辆进行注册登记核发的证件。它是机动车取得合法行驶权的凭证。《中华人民共和国道路交通安全法》第十一条规定，机动车行驶证是车辆上路行驶必须携带的证件。

3. 机动车登记证书

机动车登记证书是由公安机关交通管理部门核发和管理的，是机动车的“户口本”和所有权证明，具有产权证明的性质。所有机动车的详细信息及机动车所有人的资料都记载在上面。当证书上所记载的原始信息发生变动时，机动车所有人应当及时到车辆管理所办理变更登记；当机动车所有权转移时，原机动车所有人应当将机动车登记证书做变更登记后随车交给现机动车所有人。因此，机动车登记证书是机动车从“生”到“死”的完整记录。

4. 机动车号牌

机动车号牌是由公安局车辆管理机关依法对机动车进行注册登记核发的号牌。它和机动车行驶证一同核发，其号码与行驶证一致。它是机动车取得合法行驶权的标志。

5. 道路运输证

道路运输证是县级以上人民政府交通主管部门设置的道路运输管理机构对从事旅客运输（包括城市出租客运）、货物运输的单位和个人核发的随车携带的证件。营运车辆转籍过户时，应到运管机构及相关部门办理营运过户有关手续。道路运输证只有运营车辆才有，非运营车辆没有此证。

6. 机动车检验合格标志

（1）机动车安全技术检验合格标志。机动车必须进行安全技术检验，检验合格后，公安机关发放合格标志。根据《中华人民共和国道路交通安全法实施条例》第十三条的规定，机动车检验合格标志应贴在机动车前窗右上角。

（2）营运车辆综合性能检测合格标志。凡在我国境内从事客、货运输的车辆，每年必须经汽车综合性能检测站检测，检测合格后由道路运输管理部门核发“综合性能检测合格”标志，并要求粘贴于前挡风玻璃右上角。

（3）机动车环保检验合格标志。机动车必须进行环保技术检验，检验合格后，由环保部门核发合格标志，并粘贴在机动车前窗右上角。

7. 准运证

准运证是广东、福建、海南三省口岸进口并需运出三省以及三省从其他口岸进口需销往外省市的进口新旧机动车，必须经国家商务部审批核发的证件。准运证一车一证。

8. 轿车定编证

轿车是国家规定的专项控制商品之一，轿车定编证是各地政府落实国务院关于严格控制社会集团购买力的通知精神，由各地方政府控制社会集团购买力办公室签发的证件。国家为了支持轿车工业的发展，后来又通知决定取消购买车辆控购审批。各地政府根据当地实际情况，所执行控购情况各不相同。

（二）二手车各种税费单据

二手车的税费包括车辆购置税、车船税和车辆保险费等。

1. 车辆购置税

车辆购置税是国家向所有购置车辆的单位和个人，包括国家机关和单位以纳税形式征收的一项费用。其目的是解决发展公路运输事业与国家财力紧张的突出矛盾，筹集交通基础建设资金。

（1）车辆购置税的计算。车辆购置税的征收标准，目前是按车辆计税价的10%计征，由车辆登记注册地的主管税务机关征收。它是购买车辆后支出的最大一项费用。

车辆购置税应纳税额=计税价格×10%。计税价格根据不同情况，按照下列情况确定。

① 纳税人购买自用应税车辆的计税价格，为纳税人购买应税车辆而支付给销售者的全部价款和价外费用，不包括增值税税款。也就是说按取得的“机动车销售统一发票”上开具的价费合计金额除以（1+17%）作为计税依据，乘以10%即为应缴纳的车购税。

应注意国家对该项税收计税标准的调整政策，如2009年1月20日至12月31日期间，购置的排气量在1.6升及以下的小排量乘用车，车辆购置税税率减半征收（5%），而2010年又提高到7.5%。

② 纳税人购买进口自用车辆的应税车辆的计税价格计算公式为：

计税价格=关税完税价格+关税+消费税

③ 纳税人自产、受赠、获奖或者以其他方式取得并自用车辆，计税依据由车购办参照国家税务总局核定的应税车辆最低计税价格核定。

购买自用或者进口自用车辆，纳税人申报的计税价格低于同类型应税车辆的最低计税价格，又无正当理由的，计税依据为国家税务总局核定的应税车辆最低计税价格。最低计税价格是指国家税务总局依据车辆生产企业提供的车辆价格信息并参照市场平均交易价格核定的车辆购置税计税价格。

申报的计税价格低于同类型应税车辆的最低计税价格，又无正当理由的，是指纳税人申报的车辆计税价格低于出厂价格或进口自用车辆的计税价格。

④ 按特殊情况确定的计税依据。对于进口旧车、因不可抗力因素导致受损的车辆、库存超过三年的车辆、行驶8万千米以上的试验车辆、国家税务总局规定的其他车辆，主管税务机关根据纳税人提供的“机动车销售统一发票”或有效凭证注明的价格确定计税价格。

（2）车辆购置税的征收范围。车辆购置税的具体征收范围依照《中华人民共和国车辆购置税暂行条例》所附《车辆购置税征收范围表》（见表2-1）执行。

表 2-1　　　　车辆购置税征收范围表

应税车辆	具体范围	注释
汽车	各种汽车	
摩托车	轻便摩托车	最高设计时速不大于 50 km/h，发动机气缸总排量不大于 50 cm^3 的两个或者 3 个车轮的机动车
	二轮摩托车	最高设计时速大于 50 km/h，或者发动机气缸总排量大于 50 cm^3 的两个车轮的机动车
	三轮摩托车	最高设计时速大于 50 km/h，或者发动机气缸总排量大于 50 cm^3，空车质量不大于 400 kg 三个车轮的机动车
电车	无轨电车	以电能为动力，由专用输电电缆线供电的轮式公共车辆
	有轨电车	以电能为动力，在轨道上行驶的公共车辆
挂车	全挂车	无动力设备，独立承载，由牵引车辆牵引行驶的车辆
	半挂车	无动力设备，与牵引车辆共同承载，由牵引车辆牵引行驶的车辆
农用运输车	三轮农用动输车	柴油发动机，功率不大于 7.4 kW，载质量不大于 500 kg，最高车速不大于 40 km/h 的三个车轮的机动车
	四轮农用动输车	柴油发动机，功率不大于 28 kW，载质量不大于 1500 kg，最高车速不大于 50 km/h 的四个车轮的机动车

（3）车辆购置税的免税、减税范围。车辆购置税的免税、减税范围按下列规定执行。

① 外国驻华使馆、领事馆和国际组织驻华机构及其外交人员自用的车辆，免税。

② 中国人民解放军和中国人民武装警察部队列入军队武器装备订货计划的车辆，免税。

③ 设有固定装置的非运输车辆，免税。

④ 有国务院规定予以免税或者减税的其他情形的，按照规定免税或者减税。

⑤ 对于挖掘机、平地机、叉车、装载车（铲车）、起重机（吊车）、推土机等六种车辆，免税。

2. 车船税

车船税征收依据是 2012 年 1 月 1 日起实施的《中华人民共和国车船税法》[主席令第四十三号]。根据规定，凡在中华人民共和国境内，车辆、船舶（以下简称车船）的所有人或者管理人为车船税的纳税人，应当依照本法的规定缴纳车船税。车船税由地方税务机关负责征收。车船税征收标准，见表 2-2。

表 2-2　　　　车船税税目税额表

税目	计税单位	每年税额	备注
载客汽车	每辆	60 元至 660 元	包括电车
载货汽车	按自重每吨	16 元至 120 元	包括半挂牵引车、挂车
三轮汽车低速货车	按自重每吨	24 元至 120 元	—
摩托车	每辆	36 元至 180 元	—
船舶	按净吨位每吨	3 元至 6 元	拖船和非机动驳船分别按船舶税额的 50%计算

注：专项作业车、轮式专用机械车的计税单位及每年税额由国务院财政部门、税务主管部门参照本表确定。

《中华人民共和国车船税法》第三条规定，下列车船免征车船税。

① 捕捞、养殖渔船。

② 军队、武警专用的车船。

③ 警用车船。

④ 依照法律规定应当予以免税的外国驻华使领馆、国际组织驻华机构及其有关人员的车船。

《中华人民共和国车船税法》第五条规定，省、自治区、直辖市人民政府可以根据当地实际情况，对公共交通车船、农村车船给予定期减税、免税。

3. 机动车保险费

机动车保险是各种机动车在使用过程中发生肇事，造成车辆本身以及第三者人身伤亡和财产损失后的一种经济补偿制度。机动车保险费是机动车所有人向保险公司所交付的与保险责任相适应的费用，其目的是在机动车发生意外事故时，转嫁风险，避免发生较大损失。机动车保险实际上是一种运用社会集体的力量，共同建立规避风险基金进行补偿或给付的经济保障。我国机动车保险险种分为基本险和附加险两大类。所谓基本险是指可以单独投保和承保的险别。所谓附加险是指不能单独投保和承保的险别，投保人只能在投保基本险的基础上，根据自己的需要选择加以投保。基本险和附加险又分别有不同险种。基本险（又称为主险）分为车辆损失险、第三者责任险和车辆盗抢险（其中，车辆盗抢险是从 2007 年 4 月 1 日起由附加险升级为主险的）。机动车附加险又分为车上责任险、无过失责任险、车载货物掉落责任险、玻璃单独破碎险、车辆停驶损失险、自燃损失险、新增设备损失险和不计免赔特约险。基本险与附加险有这样的关系：如果附加险的条款和基本险条款发生抵触，抵触之处的解释以附加险条款为准；如果附加险条款未作规定，则以基本险条款为准。保险人按照承保险别分别承担保险责任。

（1）车辆损失险。车辆损失险是指保险车辆遭受保险责任范围内的自然灾害（不包括地震）或意外事故，造成保险车辆本身损失，保险人依据保险合同的规定给予赔偿的保险，是一种车主自愿购买的险种。车辆损失险是一种商业险种，不是强制性购买的。

（2）第三者责任险。第三者责任保险，是指保险期间内，被保险人或其允许的合法驾驶人在使用被保险机动车过程中发生意外事故，致使第三者遭受人身伤亡或财产直接损毁，承保人依法给予赔偿的经济赔偿责任。保险合同中的第三者是指因被保险机动车发生意外事故遭受人身伤亡或者财产损失的人，但不包括被保险机动车本车上人员、投保人、被保险人和保险人。第三者责任险是我国绝大多数地区强制实行的保险险种，没有投保第三者责任保险的新车，公安机关交通管理部门不发牌证，每年的汽车检验不能通过。目前我国机动车第三者责任险分为商业性的第三者责任险（简称三者险）和公益性的机动车交通事故责任强制保险（简称“交强险”）两种。

交强险是我国首个由国家法律规定实行的强制保险制度。国务院 2006 年 3 月 21 日公布、2012 年 3 月 30 日修改的《机动车交通事故责任强制保险条例》（以下简称《条例》）规定：交强险是由保险公司对被保险机动车发生道路交通事故造成受害人（不包括本车人员和被保险人）的人身伤亡、财产损失，在责任限额内予以赔偿的强制性责任保险。《条例》第二条规定，在中华人民共和国境内道路上行驶的机动车的所有人或者管理人，应当依照《中华人民共和国道路交通安全法》的规定投保机动车交通事故责任强制保险。交强险具有强制性、广覆盖性及公益性的特点。交强险与三者险的区别主要表现在以下 6 个方面。

① 实行强制性投保和强制性承保。交强险其强制性一方面体现在所有上道路行驶的机动车的所有人或管理人必须依法投保该险种。区别于现行的机动车第三者责任保险,《条例》也要求具有经营交强险资格的保险公司不能拒绝承保和随意解除合同。

② 赔偿原则发生变化。目前实行的商业机动车第三者责任保险,保险公司是根据被保险人在交通事故中所承担的事故责任来确定其赔偿责任。交强险实施后,无论被保险人是否在交通事故中负有责任,保险公司均将按照《条例》以及交强险条款的具体要求在责任限额内予以赔偿。

③ 保障范围宽。为有效控制风险,减少损失,商业机动车第三者责任保险规定有不同的责任免除事项和免赔率(额);而交强险除被保险人故意造成交通事故等少数几项情况外,其保险责任几乎涵盖了所有道路交通风险,且不设免赔率与免赔额。

④ 按不盈不亏原则制定保险费率。交强险不以赢利为目的,并实行与其他保险业务分开管理、单独核算;而商业机动车第三者责任保险则无需与其他车险险种分开管理、单独核算。

⑤ 实行分项责任限额。商业机动车第三者责任保险无论人伤还是物损均在一个限额下进行赔偿,并由保险公司自行制定责任限额水平;交强险由法律规定实行分项责任限额,即分为死亡伤残赔偿限额、医疗费用赔偿限额、财产损失赔偿限额以及被保险人在道路交通事故中无责任的赔偿限额。

⑥ 实行统一条款和基础费率,并且费率与交通违章挂钩。在商业机动车第三者责任保险中不同保险公司的条款费率相互存在差异;交强险实行统一的保险条款和基础费率。

《条例》规定,公安机关交通管理部门、农业(农业机械)主管部门(以下统称机动车管理部门)应当依法对机动车参加机动车交通事故责任强制保险的情况实施监督检查。对未参加机动车交通事故责任强制保险的机动车,机动车管理部门不得予以登记,机动车安全技术检验机构不得予以检验。

公安机关交通管理部门及其交通警察在调查处理道路交通安全违法行为和道路交通事故时,应当依法检查机动车交通事故责任强制保险的保险标志。

上道路行驶的机动车未放置保险标志的,公安机关交通管理部门应当扣留机动车,通知当事人提供保险标志或者补办相应手续,可以处警告或者 20 元以上 200 元以下罚款。

伪造、变造或者使用伪造、变造的保险标志,或者使用其他机动车的保险标志,由公安机关交通管理部门予以收缴,扣留该机动车,处 200 元以上 2000 元以下罚款;构成犯罪的,依法追究刑事责任。

(3)盗抢险。盗抢险全称是机动车辆全车盗抢险。盗抢险是一种商业险种,不是强制性购买的。机动车辆全车盗抢险的保险责任为全车被盗窃、被抢劫、被抢夺造成的车辆损失以及在被盗窃、被抢劫、被抢夺期间受到损坏或车上零部件、附属设备丢失需要修复的合理费用。可见,机动车辆全车盗抢险的保险责任包含两部分:一是因被盗窃、被抢劫、被抢夺造成的保险车辆的损失;二是因保险车辆被盗窃、被抢劫、被抢夺造成的合理费用支出。对上述两部分费用由保险公司在保险金额内负责赔偿。

4. 客、货运附加费

客、货运附加费是国家本着取之于民、用之于民的原则，向从事客、货营运的单位或个人征收的专项基金。它属于地方建设专项基金，各地征收的名称叫法不一，收取的标准也相同。客运附加费是用于公路汽车客运站点设施建设的专项基金；货运附加费是用于港航、站场、公路和车船技术改造的专项基金。

三、实施与考核

（一）技能学习

1. 核查法定证件

（1）核查机动车来历证明。通过检查机动车来历证明可以及时发现该车是否合法、是否为涉案车辆，同时，登录公安机关交通管理部门“全国被盗抢汽车查询系统”，确认车辆为非盗抢车。杜绝盗抢车、走私车、拼装车和报废车的非法交易，避免二手车交易市场成为非法车辆销赃的场所，切实维护消费者的合法权益。

二手车评估机构应拥有各类机动车来历证明样本，以便评估师进行对比鉴别。图 2-2 所示为机动车销售发票样本，图 2-3 所示为二手车销售统一发票样本。

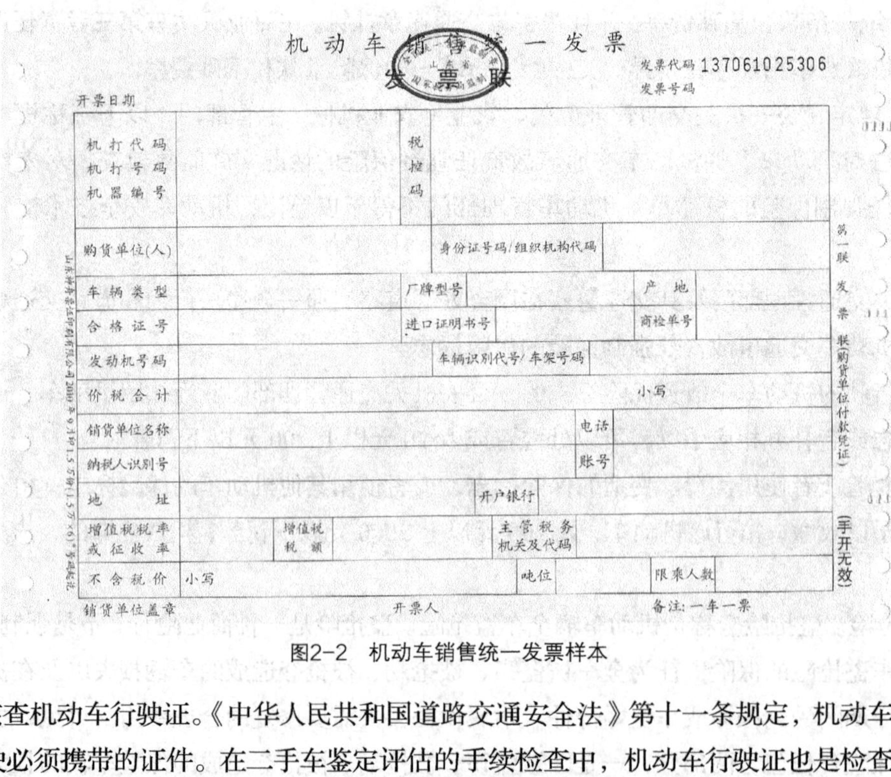

图2-2 机动车销售统一发票样本

（2）核查机动车行驶证。《中华人民共和国道路交通安全法》第十一条规定，机动车行驶证是车辆上路行驶必须携带的证件。在二手车鉴定评估的手续检查中，机动车行驶证也是检查二手车合法性的凭证之一。新版的机动车行驶证上标注有机动车的重要信息，如图 2-4 所示。

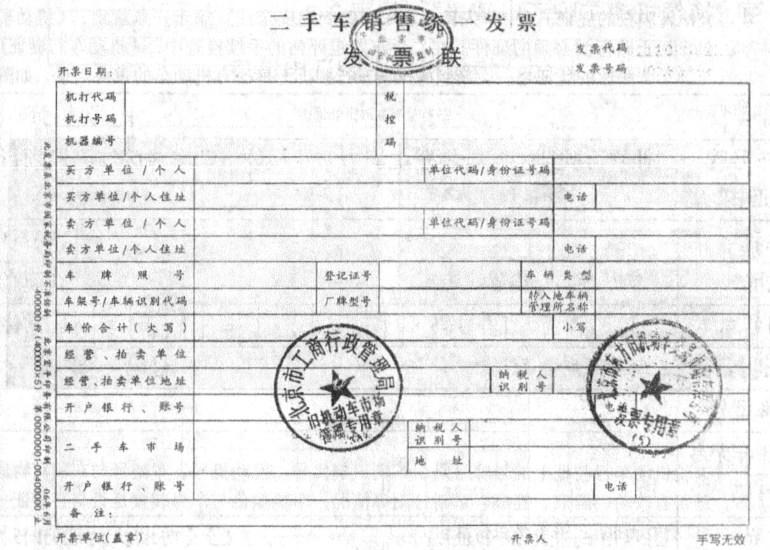
二手车销售统一发票
发票联
发票代码
发票号码
开票日期：
机打代码
机打号码
机器编号
税控码
买方单位/个人　单位代码/身份证号码
买方单位/个人住址　电话
卖方单位/个人　单位代码/身份证号码
卖方单位/个人住址　电话
车牌照号　登记证号　车辆类型
车架号/车辆识别代码　厂牌型号　转入地车辆管理所名称
车价合计（大写）　小写
经营、拍卖单位
经营、拍卖单位地址　纳税人识别号
开户银行、账号
二手车市场　纳税人识别号　地址
开户银行、账号　电话
备注：
开票单位（盖章）　开票人　手写无效

图2-3　二手车销售统一发票样本

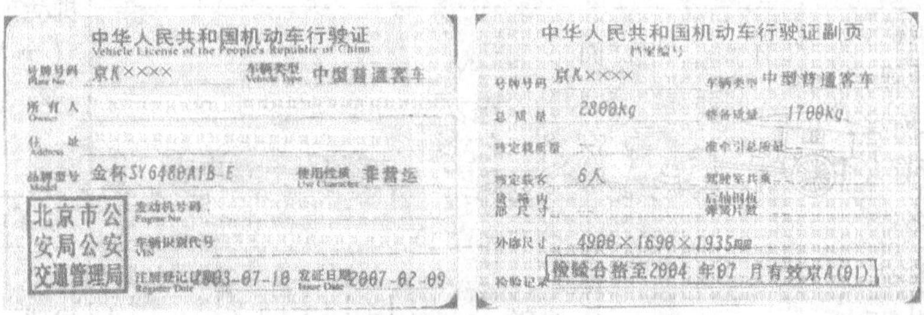
中华人民共和国机动车行驶证
Vehicle License of the People's Republic of China
号牌号码　京A××××　车辆类型　中型普通客车
所有人
住址
品牌型号　金杯SY6480A1B-E　使用性质　非营运
发动机号码
车辆识别代号
注册登记日期　2003-07-18　发证日期　2007-02-09
北京市公安局公安交通管理局

中华人民共和国机动车行驶证副页
号牌号码　京A××××　车辆类型　中型普通客车
总质量　2800kg　整备质量　1700kg
核定载质量
准牵引总质量
核定载客　6人
外廓尺寸　4990×1690×1935mm
检验记录　检验合格至2004年07月有效京A(01)

图2-4　机动车行驶证

通过查验机动车行驶证上的号牌号码、车辆识别代号、发动机号、车架号与车辆实物是否一致，是否有改动、凿痕、锉痕、重新打刻等情况，车辆颜色与车身装置是否与行驶证一致等项目可以初步判断二手车是否合法。

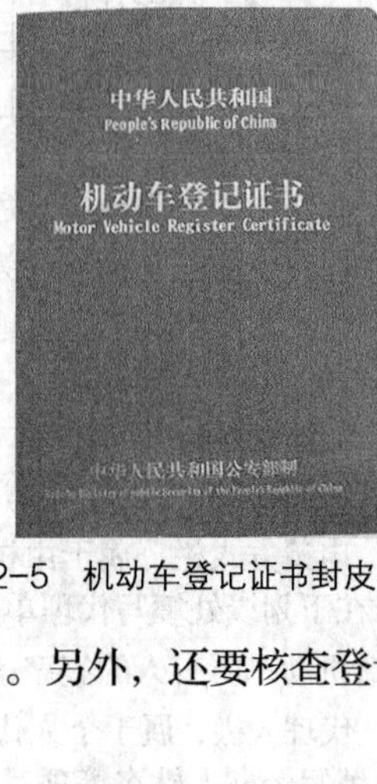

图2-5　机动车登记证书封皮样本

（3）核查机动车登记证书。机动车登记证书是二手车鉴定评估人员必须认真查验的手续。机动车登记证书与机动车行驶证相比它的内容更详细，一些评估参数必须从机动车登记证书获取，如使用性质、国产/进口等。

机动车登记证书俗称“绿皮本”，其封皮式样如图 2-5 所示。核查时，首先要对比判断真伪，如发现登记证为伪造的，应报告公安机关。其次要确认登记证上记录的有关车辆的信息与被评估车辆完全一致。若不一致，则要求车主解决此事，并提示车主此车不能进行交易。另外，还要核查登记证上的车主信息。

2002 年之前购买的汽车大部分都没有登记证书，在车辆交易的时候需要先到车辆管理部门补办。补办登记证书时需携带机动车所有人的身份证明和交验车辆，按以下要求补办。

① 填写“补领、换领机动车牌证申请表”（见表 2-3）。

表 2-3　　补领、换领机动车牌证申请表

<table>
<tr><td colspan="3">机动车登记证书编号</td><td colspan="2"></td><td>号牌号码</td><td></td></tr>
<tr><td>申请事项</td><td colspan="6">□补领机动车号牌　□补领行驶证　□补领登记证书　□换领机动车号牌　□换领行驶证　□换领登记证书</td></tr>
<tr><td rowspan="4">机动车所有人</td><td colspan="2">姓名/名称</td><td colspan="2"></td><td>联系电话</td><td></td></tr>
<tr><td colspan="2">住所地址</td><td colspan="2"></td><td>邮政编码</td><td></td></tr>
<tr><td colspan="2">身份证明名称</td><td></td><td>号码</td><td></td><td colspan="2">□常住人口　□暂住人口</td></tr>
<tr><td colspan="2">居住/暂住证明名称</td><td colspan="2"></td><td>号码</td><td colspan="2"></td></tr>
<tr><td rowspan="3">机动车</td><td colspan="2">机动车品牌型号</td><td colspan="4"></td></tr>
<tr><td colspan="2">车辆识别代号/车架号</td><td colspan="4"></td></tr>
<tr><td colspan="2">发动机号码</td><td colspan="4"></td></tr>
<tr><td rowspan="3">申请明细</td><td colspan="2">相关凭证</td><td colspan="4">□未得到登记证书证明　□《协助执行通知书》</td></tr>
<tr><td colspan="2">补换领原因</td><td colspan="3">□丢失　□灭失　□损坏　□未得到登记证书　□首次申领登记证书</td><td rowspan="3">机动车所有人签章：
（个人签字/单位盖章）
年　月　日</td></tr>
<tr><td colspan="2">补换领机动车号牌</td><td colspan="3">□1 面　□2 面</td></tr>
<tr><td>申请方式</td><td colspan="5">□由机动车所有人申请
□机动车所有人委托________________代理申请</td></tr>
<tr><td rowspan="7">代理人</td><td colspan="2">姓名/名称</td><td colspan="2"></td><td>联系电话</td><td></td></tr>
<tr><td colspan="2">住所地址</td><td colspan="4"></td></tr>
<tr><td colspan="2">身份证明名称</td><td></td><td>号码</td><td></td><td rowspan="5">代理人签章：
（个人签字/单位盖章）
年　月　日</td></tr>
<tr><td rowspan="4">经办人</td><td>姓名</td><td colspan="3"></td></tr>
<tr><td>身份证明名称</td><td></td><td>号码</td><td></td></tr>
<tr><td>住所地址</td><td colspan="3"></td></tr>
<tr><td>签字</td><td colspan="3">年　月　日</td></tr>
</table>

填表说明：

1. 填写时使用黑色、蓝色墨水笔，字体工整。
2. 标注有“□”符号的为选择项目，选择后在“□”中画“√”。
3. 机动车所有人的住所地址栏，属于个人的，填写实际居住的地址；属于单位的，填写组织机构代码证书上签注的地址。
4. 机动车栏的“机动车厂牌型号”、“车辆识别代码/车架号”、“发动机号码”项目，按照车辆的技术说明书、合格证等资料标注的内容与车辆核对后填写。
5. 申请方式栏，属于由机动车所有人委托代理单位或者代理人代为申请的，除在“□”内画“√”外，还应当在下划线处填写代理单位或者代理人的全称。
6. 机动车所有人的签字/盖章栏，属于个人的，由机动车所有人签字；属于单位的，加盖单位公章。
7. 代理人栏，属于个人代理的，填写代理人的姓名、住所地址、身份证明名称、号码，在代理人栏内签名，不必填写经办人姓名等项目；属于单位代理的，应填写代理人栏的所有内容，代理单位应盖章位公章，经办人应签字。

② 提交机动车所有人的身份证明。

③ 属于补领“机动车登记证书”的，还需提交车辆识别代号（车架号码）拓印膜。

④ 属于换领“机动车登记证书”的，应将原机动车登记证书交回。

⑤ 因被行政执法部门依法没收并拍卖，或者被仲裁机构依法仲裁裁决，或者被人民法院调解、裁定、判决的机动车，现机动车所有人未得到机动车登记证书的，需持行政执法部门、仲裁机构或者人民法院出具的证明，或者人民法院出具的《协助执行通知书》。

⑥ 机动车所有人为自然人办理补领机动车登记证书业务的，应本人到场申请，不能委托他人代理。机动车所有人因死亡、出境、重病残和不可抗力等原因不能到场补领机动车登记证书的，应当出具有关证明。

（4）核查机动车号牌。机动车号牌是机动车取得合法行驶权的标志。《中华人民共和国道路交通安全法》中第十一条规定，机动车号牌应当按照规定悬挂并保持清晰、完整，不得故意遮挡、污损。目前，我国规定使用的机动车号牌按《中华人民共和国机动车号牌》（CA 36－2007）标准制作。机动车号牌分类、规格、颜色及其适用范围，见表 2-4。

表 2-4　　机动车号牌分类、规格、颜色及其适用范围

<table>
<tr><th>序号</th><th>分　类</th><th>外廓尺寸
mm×mm</th><th>颜　色</th><th>数量</th><th>适 用 范 围</th></tr>
<tr><td>1</td><td>大型汽车号牌</td><td>前：440×140
后：440×220</td><td rowspan="2">黄底黑字黑框线</td><td>2</td><td>中型（含）以上载客、载货汽车和专项作业车；半挂牵引车；电车</td></tr>
<tr><td>2</td><td>挂车号牌</td><td>440×220</td><td>1</td><td>全挂车和不与牵引车固定使用的半挂车</td></tr>
<tr><td>3</td><td>小型汽车号牌</td><td rowspan="6">440×140</td><td>蓝底白字白框线</td><td rowspan="11">2</td><td>中型以下的载客、载货汽车和专项作业车</td></tr>
<tr><td>4</td><td>使馆汽车号牌</td><td rowspan="2">黑底白字，红“使”“领”字白框线</td><td>驻华使馆的汽车</td></tr>
<tr><td>5</td><td>领馆汽车号牌</td><td>驻华领事馆的汽车</td></tr>
<tr><td>6</td><td>港澳入出境车号牌</td><td>黑底白字，白“港”“澳”字白框线</td><td>港澳地区入出内地的汽车</td></tr>
<tr><td>7</td><td>教练汽车号牌</td><td>黄底黑字，黑“学”字黑框线</td><td>教练用汽车</td></tr>
<tr><td>8</td><td>警用汽车号牌</td><td>白底黑字，红“警”字黑框线</td><td>汽车类警车</td></tr>
<tr><td>9</td><td>普通摩托车号牌</td><td rowspan="5">前：220×95
后：220×140</td><td>黄底黑字黑框线</td><td>普通二轮摩托车和普通三轮摩托车</td></tr>
<tr><td>10</td><td>轻便摩托车号牌</td><td>蓝底白字白框线</td><td>轻便摩托车</td></tr>
<tr><td>11</td><td>使馆摩托车号牌</td><td rowspan="2">黑底白字，红“使”“领”字白框线</td><td>驻华使馆的摩托车</td></tr>
<tr><td>12</td><td>领馆摩托车号牌</td><td>驻华领事馆的摩托车</td></tr>
<tr><td>13</td><td>教练摩托车号牌</td><td>黄底黑字，黑“学”字黑框线</td><td>教练用摩托车</td></tr>
</table>

续表

序号	分类	外廓尺寸 mm×mm	颜色	数量	适用范围
14	警用摩托车号牌	220×140	白底黑字，红“警”字黑框线	1	摩托车类警车
15	低速车号牌	300×165	黄底黑字黑框线	2	低速载货汽车、三轮汽车和轮式自行机械车
16	临时行驶车号牌	220×140	天（酞）蓝底纹黑字黑框线	2	行政辖区内临时行驶的载客汽车
				1	行政辖区内临时行驶的其他机动车
			棕黄底纹黑字黑框线	2	跨行政辖区临时移动的载客汽车
				1	跨行政辖区临时移动的其他机动车
			棕黄底纹黑字黑框线黑“试”字	2	试验用载客汽车
				1	试验用其他机动车
			棕黄底纹黑字黑框线黑“超”字	1	特型机动车，指轴荷和总质量超限的工程专项作业车和超长、超宽、超高的运输大型不可解物品的机动车
17	临时入境汽车号牌		白底棕蓝色专用底纹，黑字黑边框		临时入境汽车
18	临时入境摩托车号牌	88×60			临时入境摩托车
19	拖拉机号牌	按 NY 345.1—2005 执行			上道路行驶的拖拉机

机动车号牌真假的判别可采用“望、摸、问、查”4 种方法。

①“望”是观察车牌外形，从形、色、定的角度进行基本判断。正规的车牌经过高科技的处理，并采用一次成型技术，视觉感受很好。而伪造“套牌”在正常阳光下存在偏红或偏黄的色差，字体较窄等现象。

②“摸”是用手触摸车牌，尤其是看周边棱角处是否光滑，这是判断一辆车是否存在“套牌”的重要标志。由于并非一次性成型，“套牌”上的字体边缘会有棱角，即使打磨过也难以掩盖痕迹。拆下车牌，其背面会有敲打过的痕迹。

③“问”是判断是否“套牌”的重要方法。目前二手车市场上一些“黄牛”经常把二手车的车牌卖掉，从中牟取暴利。遇上这种情况，购车人只要提出能否过户，“黄牛党”一般会承诺“包车检”，这就意味着可能用了假号牌。

④“查”是最有效的方法。记下车牌号码后，到车辆管理部门上网查询车辆登记档案。挪用牌照的“套牌”车有的是套用不同车型牌照，有的是套用同种车型牌照，有的还涂改车架号和相关标志。

（5）核查道路运输证。运营车辆应有道路运输证。运输证上记录的信息应与被评估车辆一致。

（6）核查机动车检验合格标志。目前机动车检验合格标志（贴）有安全技术检验合格标志（机动车年检合格贴，全国统一的式样如图 2-6 所示）和环保检验合格标志（见图 2-7）。其中环保检验合格标志又分为绿标贴和黄标贴两种。凡检验完全符合当地环境保护标准要求的，则核发绿标贴，可在当地（全市境内）行车使用；凡检验不符合当地环境保护标准要求的，则核发黄标贴，将在当地限制区域使用。另外，凡从事营运的车辆，还需要有当地（通常为全省统一）汽车综合性能检验合格标志（图 2-8）。如果机动车无合格标志或标志无效，则不能交易。

图2-6 机动车检验合格标志（安全技术检验）

绿色环保检验合格标志　　黄色环保检验合格标志

图2-7 环保检验合格标志

2. 核查税费

根据《二手车流通管理办法》，二手车交易必须提供车辆购置税、车船税和车辆保险费等税费缴付凭证。

（1）核查车辆购置税。核查是否具有真实的车辆购置税完税凭证。如果为免税车，应查实其是否符合免税的有关规定。

（2）核查车船税。核查是否具有真实的车船税完税凭证。如果没有此凭证，但按规定能够补办，则应在价格评估时将此项费用扣除（包括新交税费、补交税费及滞纳金等）。如果为免税车型，应核定是否在法规规定的免税车型范围内。

图2-8 综合性能检测合格标志

（3）核查机动车保险费。核查是否投保了以下险种，并确认其保险单的真实性。

① 车辆损失险。

② 交强险。

③ 盗抢险。

核查车辆上是否贴有机动车交通强制保险标志。其标准式样如图 2-9 所示。

图2-9 交强险标志式样

3. 相关法律条款

（1）《机动车登记规定》第二十一条。被人民法院、人民检察院和行政执法部门依法没收并拍卖，或者被仲裁机构依法仲裁裁决，或者被人民法院调解、裁定、判决机动车所有权转移时，原机动车所有人未向现机动车所有人提供机动车登记证书、号牌或者行驶证的，现机动车所有人在办理转移登记时，应当提交人民法院出具的未得到机动车登记证书、号牌或者行驶证的《协助执行通知书》，或者人民检察院、行政执法部门出具的未得到机动车登记证书、号牌或者行驶证的证明。车辆管理所应当公告原机动车登记证书、号牌或者行驶证作废，并在办理转移登记的同时，补发机动车登记证书。

（2）《机动车登记规定》第四十三条。机动车登记证书灭失、丢失或者损毁的，机动车所有人应当向登记地车辆管理所申请补领、换领。申请时，机动车所有人应当填写申请表并提交身份证明，属于补领机动车登记证书的，还应当交验机动车。车辆管理所应当自受理之日起一日内，确认机动车，审查提交的证明、凭证，补发、换发机动车登记证书。

（3）《机动车登记规定》第五十八条。以欺骗、贿赂等不正当手段取得机动车登记的，由公安机关交通管理部门收缴机动车登记证书、号牌、行驶证，撤销机动车登记;申请人在三年内不得申请机动车登记。对涉嫌走私、盗抢的机动车，移交有关部门处理。

以欺骗、贿赂等不正当手段办理补、换领机动车登记证书、号牌、行驶证和检验合格标志等业务的，由公安机关交通管理部门处警告或者二百元以下罚款。

（4）《机动车登记规定》第四十四条。机动车号牌、行驶证灭失、丢失或者损毁的，机动车所有人应当向登记地车辆管理所申请补领、换领。申请时，机动车所有人应当填写申请表并提交身份证明。

（5）《机动车登记规定》第四十九条。机动车所有人可以在机动车检验有效期满前三个月内向登记地车辆管理所申请检验合格标志。

申请前，机动车所有人应当将涉及该车的道路交通安全违法行为和交通事故处理完毕。申请时，机动车所有人应当填写申请表并提交行驶证、机动车交通事故责任强制保险凭证、车船税纳税或者免税证明、机动车安全技术检验合格证明。

车辆管理所应当自受理之日起一日内，确认机动车，审查提交的证明、凭证，核发检验合格标志。

（6）《机动车登记规定》第五十条。除大型载客汽车、校车以外的机动车因故不能在登记地检验的，机动车所有人可以向登记地车辆管理所申请委托核发检验合格标志。申请前，机动车所有人应当将涉及机动车的道路交通安全违法行为和交通事故处理完毕。申请时，应当提交机动车登记证书或者行驶证。

车辆管理所应当自受理之日起一日内，出具核发检验合格标志的委托书。

机动车在检验地检验合格后，机动车所有人应当按照本规定第四十九条第二款的规定向被委托地车辆管理所申请检验合格标志，并提交核发检验合格标志的委托书。被委托地车辆管理所应当自受理之日起一日内，按照本规定第四十九条第三款的规定核发检验合格标志。

营运货车长期在登记以外的地区从事道路运输的，机动车所有人向营运地车辆管理所备案登记一年后，可以在营运地直接进行安全技术检验，并向营运地车辆管理所申请检验合格标志。

（7）《机动车登记规定》第五十一条。机动车检验合格标志灭失、丢失或者损毁的，机动车所有人应当持行驶证向机动车登记地或者检验合格标志核发地车辆管理所申请补领或者换领。车辆管理所应当自受理之日起一日内补发或者换发。

（8）《二手车流通管理办法》第十七条。二手车卖方应当向买方提供车辆的使用、修理、事故、检验以及是否办理抵押登记、交纳税费、报废期等真实情况和信息。买方购买的车辆如因卖方隐瞒和欺诈不能办理转移登记，卖方应当无条件接受退车，并退还购车款等费用。

（二）任务实施与考核

（1）教师为每组学生准备好二手车，包括各项相关手续（可以不全）。汽车各项证明材料的标准样本。

（2）学生结合本任务的知识与技能学习，针对现场二手车，逐项检查各项证明材料，并完成表 2-5 所示的工作单。

表 2-5 技能学习工作单

实训项目： 证件核查

班级学号		姓名	

1. 你所核查的车辆是否有来历证明：□有 □没有。

（1）如果有来历证明，则来历证明是____________________，□真 □伪。

（2）如果没有来历证明，原因是____________________。是否可以补办？□是 □否。

① 如果可以补办，理由是____________________。补办时需要的费用应该是__________元。

② 如果不能补办，理由是____________________。你应该采取的措施是____________________。

2. 你所核查的车辆是否有行驶证：□有 □没有。

（1）如果有行驶证，□真 □伪。

（2）如果没行驶证，原因是____________________。是否可以补办？□是 □否。

① 如果可以补办，理由是____________________。补办时需要的费用应该是__________元。

② 如果不能补办，理由是____________________。你应该采取的措施是____________________。

3. 你所核查的车辆是否有登记证：□有 □没有。

（1）如果有登记证，□真 □伪。

（2）如果没登记证，原因是____________________。是否可以补办？□是 □否。

① 如果可以补办，理由是____________________。补办时需要的费用应该是__________元。

续表

班级学号		姓名	

② 如果不能补办，理由是____________________。你应该采取的措施是____________________。

4. 你所核查的车辆是否有号牌：□有 □没有。

（1）如果有号牌，号牌的种类是__________，□真 □伪。

（2）如果没号牌，原因是____________________。是否可以补办？□是 □否。

① 如果可以补办，理由是____________________。补办时需要的费用应该是________元。

② 如果不能补办，理由是____________________。你应该采取的措施是____________________。

5. 你所核查的车辆是各类检验标志（包括交强险标志）是否齐全：□齐全 □不齐全。

（1）如果齐全，是否有伪造的：□有 □无。伪造的标志是____________________，你应该采取的措施是____________________。

（2）如果不齐全，缺少的是____________________。是否可以补办？□是 □否。

① 如果可以补办，理由是____________________。补办时需要的费用应该是________元。

② 如果不能补办，理由是____________________。你应该采取的措施是____________________。

6. 你所核查的车辆是各类税费证明是否齐全：□齐全 □不齐全。

（1）如果齐全，是否有伪造的：□有 □无。伪造的凭证是____________________，你应该采取的措施是____________________。

（2）如果不齐全，缺少的是____________________。是否可以补办？□是 □否。

① 如果可以补办，理由是____________________。补办时需要的费用应该是________元。

② 如果不能补办，理由是____________________。你应该采取的措施是____________________。

7. 自我评价（个人技能掌握程度）：□非常熟练 □比较熟练 □一般熟练 □不熟练

教师评语：（包括核查的方法、全面性、准确性等方面，并按等级制给出成绩）

记录成绩________ 教师签字：________ ______年____月____日

任务二 二手车技术状况的静态检查

【学习目标】

1. 能够正确描述机动车技术状况变化的外观征状。

2. 能够正确解释汽车的各种质量参数和尺寸参数。

3. 能够识别水货车及各类擅自改装车。

4. 能够凭目测及借助简单工具、量具进行二手车外观静态检查并给出车辆外观准确的技术状况评价。

一、任务分析

静态检查是指二手车在静态状态下，根据检查人员的技能和经验，辅以简单的工具/量具，对二手车技术状况进行检查。

二手车技术状况的静态检查内容如图 2-10 所示。

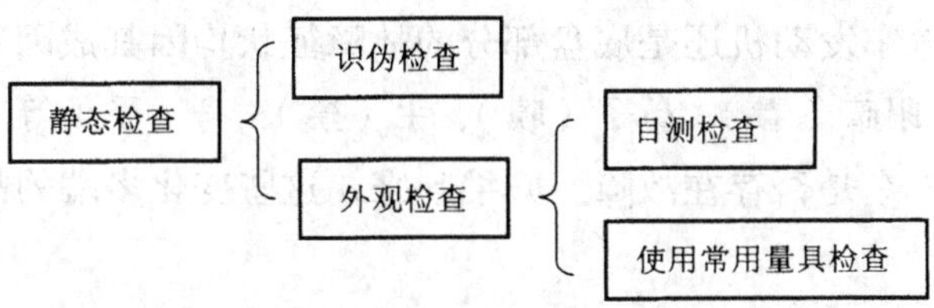

图2-10 二手车技术状况的静态检查内容

二、相关知识

（一）机动车的技术状况

机动车的技术状况是指定量测得的、表征某一时刻汽车的外观和性能的参数值的总和。

机动车是由机构、总成组成的，而机构和总成又由零件组成，所以零件是机动车的基本组成单元。零件性能下降后，机动车的技术状况将受到影响，因此机动车技术状况的变化取决于组成零件的综合性能。

随着汽车行驶里程的增加，汽车的技术状况将逐渐变坏，致使汽车的动力性下降、经济性变坏、使用方便性下降、行驶安全性和使用可靠性变差，直至最后达到使用极限。

（二）机动车技术状况变化的原因

机动车技术状况的变化是机动车诸多内在原因综合作用的结果。主要原因有：零件之间相互摩擦而产生的磨损；零件与有害物质接触而产生的腐蚀；零件在交变载荷作用下产生疲劳；零件在外载、温度和残余内应力作用下发生变形；橡胶及塑料等非金属零件和电器元件因长时间使用而老化；由于偶然事件造成零件损伤等。这些原因使零件原有尺寸和几何形状及表面质量发生改变，破坏了零件原来的配合特性和正确位置关系，从而引起汽车（或总成）技术状况变坏。

磨损是零件的主要损坏形式，磨损现象只发生在零件表面，其磨损速度的快慢既与零件的材料、加工方法有关，又受汽车运用中装载、润滑、车速等条件的影响。

疲劳损坏是由于零件承受超过材料的疲劳极限的循环应力时，而产生的损坏。

腐蚀损坏产生于与腐蚀性物质接触的零件表面。易于产生腐蚀损坏的主要部件有：燃料供给系统和冷却系统的管道、车身、车架等。

零件在制造和加工过程中产生的残余内应力和零件受热不匀而产生的热应力足够大时，会导致零件变形或加剧变形过程。

老化是由于零件材料在物理、化学和温度变化的影响下，而逐渐变质或损坏的故障形式。

因机动车零件和运行材料性能的变化，而使机动车技术状况逐渐变坏的现象，不仅发生于机动车使用过程中，也发生于储存过程中。例如，橡胶、塑料等非金属零件因老化而失去弹性，强度下降等。

（三）汽车技术状况变化的外观征状

汽车在使用过程中，随着行驶里程的增长，各部机件将会由于磨损量的增大和各种损伤，使得原有的尺寸、几何形状、机械性能、配合关系等遭受破坏，从而使汽车技术状况发生变化，汽车失去正常工作的能力，也即汽车产生了“故障”。

实践证明，无论是汽车发动机还是底盘部分的故障征状均因其成因不同而不同。我们可以通过人们的耳朵（听）、眼睛（看）、鼻子（嗅）、手（摸）、身（受）等来发现外观征状，并根据这些外观征状来断定汽车是否存在故障。归纳起来，这些变化多端的故障外观征状大致可分为以下几类。

1. 技术性能变坏

（1）动力下降。如活塞、活塞环与气缸壁的磨损量超过限度后，则在进气行程中，气缸内吸力不足，以致进气量减少；并且在压缩行程、做功行程中，造成气缸漏气、爆发压力下降，导致发动机功率下降。

（2）可靠性变差。如制动系的有关机件磨损过度，则汽车的制动性能下降，甚至失去制动功能。

（3）经济性变坏。如发动机燃油供给系的有关机件磨损过度，造成燃油的雾化不良，燃烧不完全，以致耗油量增加，经济性下降。

2. 声响异常、振动增大

随着机件的磨损，相关的配合间隙增大，同时造成机件的磨损变形，于是在机件运转时，由于冲击负荷产生异响，运转不平衡而产生强烈的振动。

3. 渗漏现象

渗漏指汽车的燃油、润滑油、制动液（或压缩空气）以及其他各种液体的渗漏现象。渗漏容易造成过热、烧损及转向、制动机件失灵等故障。

4. 排气烟色异常

发动机技术状况良好，气缸内可燃混合气燃烧正常时，排气管排出的废气一般呈淡灰色。当气缸出现漏气后，会使燃油雾化不良，燃烧不完全，废气中 CO 量增多，排气呈黑色；当气缸上窜机油时，排气呈蓝色；当缸套或缸垫破裂，冷却水进入气缸时，大量水蒸气随废气排出，废气呈白色。柴油发动机的排气烟色不正常，通常是发动机无力或不易发动的伴随现象。

5. 气味异常

当制动出现拖滞，离合器打滑，摩擦片因摩擦温度过高而烧焦时，会散发出焦味；当混合气过浓，部分燃油不能参加燃烧时，会散发出生油味；电路短路导线烧毁时也有异味。

6. 机件过热

常见的有发动机过热、轮毂过热、后桥过热、变速器过热、离合器过热等，这些是机件运转不正常、润滑不良、散热不好的故障表现。

7. 外观异常

汽车停放在平坦场地上，如有横向或纵向歪斜等现象，即为外观异常。外观异常多由车架、车身、悬架、轮胎等异常造成，并会导致方向不稳、行驶跑偏、质心转移、车轮吃胎等故障。

（四）机动车外观征状产生的原因

汽车在各种复杂条件下运行，造成上述各类外观征状而导致故障的因素是多种多样的。有的是因为设计或制造缺陷所致，有的是由于使用不当、维修不良所引起，但大部分是长期运行正常磨损后发生的。

1. 设计制造上的缺陷

汽车在设计制造上的缺陷，会给机件带来先天性不良，以致使用不久就出现故障。另外汽车零部件的制造厂家所生产的配件质量不一致，这也是分析、判断故障时不能忽视的因素。

2. 燃、润料品质的影响

合理选用汽车燃、润料是汽车正常行驶的必要条件，因此应选用符合各厂牌车型要求的燃润料。另外燃润料品质的优劣，是引发汽车故障和影响汽车使用寿命的重要因素。如汽油品质差、燃烧热值低、易爆燃，则发动机的动力小，工作不正常，出现异响，机件易损坏；柴油品质差，蒸发性不好，则造成着火延迟期增长，使发动机工作粗暴；润滑脂黏度过高或过低，会使运动机件因润滑不良易受磨损等。

3. 外部使用条件复杂

汽车外部使用条件，主要是指道路及气温、湿度等环境情况。在不平路面上行驶，汽车悬架部分容易损坏，连接部件易松动；高温易使汽油发动机供油系产生气阻；高湿则易使电系产生漏电、短路等故障。经常在市区或山路行车，由于传动、制动部分工况变动次数多、幅度大而往往导致早期损坏。

4. 操作不当、保修不善

驾驶人若是技术不熟练，行车中频繁制动，则将使制动系和行驶系机件加速磨损；变速换挡不熟练，动作粗暴，则将造成齿轮啮合不同步，变速齿轮受损；在使用中经常超载，各机件长时间超负荷工作，将造成早期损伤，导致故障的发生。

汽车保修是确保汽车技术状况完好，减少事故发生的重要技术措施。如果不按时、不按标准对汽车进行维护，故障将不可避免地增加。如不按时加注润滑油，则运动机件的磨损将加快；不按时检查、调整和紧固横直拉杆、钢板弹簧螺栓等有关机件，则将会出现严重故障；不按期维护和及时修理，将造成汽车动力下降、起动困难、燃烧不良、异响严重等故障，甚至会发生严重事故。

（五）汽车的质量参数

1. 整车装备质量

整车装备质量（complete vehicle kerb mass），又称为整车整备质量或空车重量，是指汽车全装备好时的质量（kg），包括燃油（燃油箱至少要加注至制造厂家设计容量的90%）、润滑剂、冷却液（需要时）、清洗液、备胎、灭火器、标准备件、标准工具箱和三角垫木等。

2. 最大装载质量

最大装载质量（maximum pay mass），又称为满载质量，是指汽车在硬质良好路面上行驶时的额定装载质量（kg）。最大装载质量又分为最大设计装载质量和最大允许装载质量。当汽车在碎石路面上行驶时，最大装载质量应有所减少（为良好路面时的 75%～80%）。轿车的装载质量用座位数表示。城市客车的装载质量以座位数与站立乘客（员）数之和表示，其中站立乘客（员）数按每平方米 8～10 人计算。

3. 最大总质量

最大总质量（maximum total mass）是指汽车满载时的总质量（kg），等于整车装备质量与最大装载质量之和。最大总质量又分为最大设计总质量和最大允许总质量。最大设计总质量是指汽车制造厂家规定的最大汽车总质量，最大允许总质量是指行政主管部门根据道路运行条件规定的允许运行的最大汽车总质量，最大允许总质量一般比最大设计总质量稍小。

4. 最大轴荷质量

最大轴荷质量（maximum axle load）是指汽车满载时各车轴所承受的最大垂直载荷质量（kg）。最大轴荷质量又分为最大设计轴荷质量和最大允许轴荷质量。最大允许轴荷质量一般比最大设计轴荷质量稍小。单个车轴最大轴荷质量除应满足轴荷分配的技术要求外，还应遵循国家对公路运输车辆及其总质量的法规限制。轴荷分配不当，会导致各轴车轮轮胎磨损不均匀，对汽车的操纵稳定性产生不利影响。

（六）汽车的尺寸参数

1. 汽车长

汽车长（motor vehicle length）是指垂直于车辆纵向对称平面，并分别抵靠在汽车前、后最外端突出部位的两垂面之间的距离，如图 2-11 所示。

我国公路车辆的极限尺寸规定的汽车总长为：货车（包括越野车），不大于 12 m，一般客车不大于 12 m，铰接式客车不大于 18 m，牵引车拖带半挂车不大于 16.5 m，汽车拖带挂车不大于 20 m。

2. 车宽

车宽（vehicle width）是指平行于车辆纵向对称平面，并分别抵靠车辆两侧固定突出部位（除后视镜、侧面标志灯、转向指示灯、挠性挡泥板、折叠式踏板、防滑链及轮胎与地面接触部分的变形外）的两平面之间的距离，如图 2-12 所示。我国公路车辆的极限尺寸规定车辆总宽不大于 2.5 m。

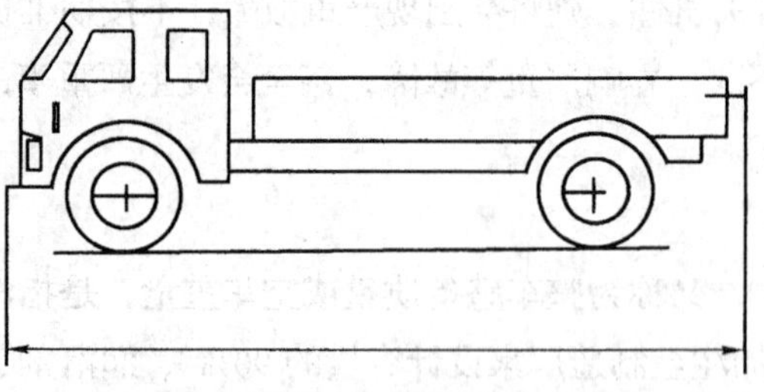

图2-11 汽车长

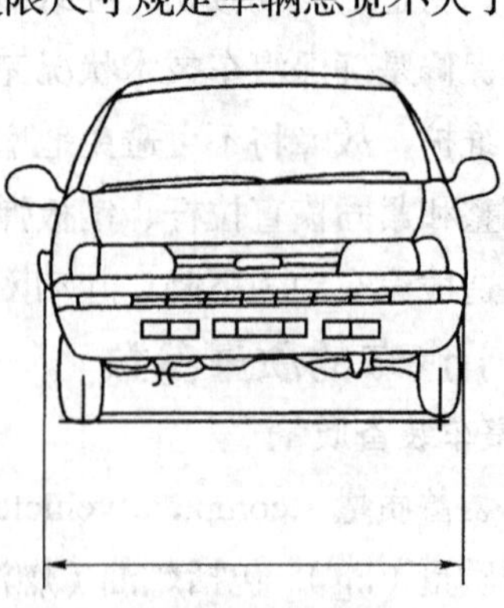

图2-12 车宽

3. 车高

车高（vehicle height）是指车辆没有装载且处于可运行状态时，车辆支撑平面与车辆最高突出部位相抵靠的水平面之间的距离，如图 2-13 所示。我国公路车辆的极限尺寸规定车辆总高不大于 4 m。

4. 轴距

轴距（wheel space）是指通过车辆同一侧相邻两车轮的中点，并垂直于车辆纵向对称平面的二垂线之间的距离，对于三轴以上的车辆，其轴距由从最前面至最后面的相邻两车轮之间的轴距分别表示，总轴距则为各轴距之和，如图 2-14 和图 2-15 所示。

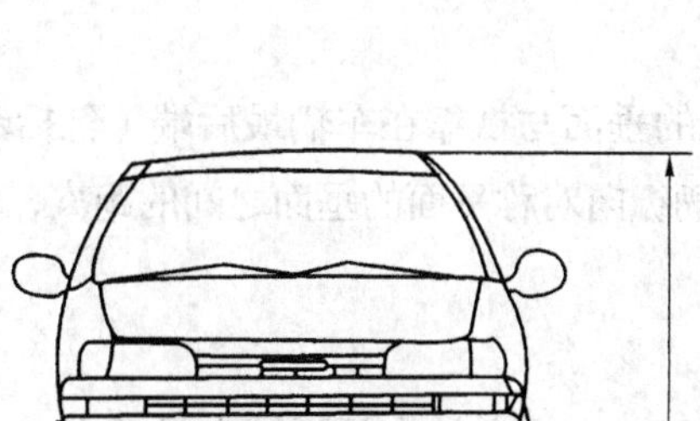
图2-13 车高

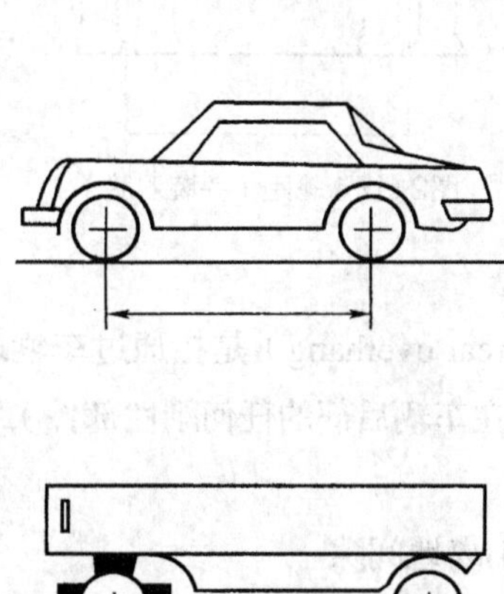
图2-14 轴距（二轴车辆）

5. 轮距

汽车车轴的两端为单车轮时，轮距（track）为车轮在车辆支撑平面上留下的轨迹中心线之间的距离，如图 2-16 所示。汽车车轴的两端为双车轮时，轮距为车轮中心平面（双轮车车轮中心平面为外车轮轮辋内缘和内车轮轮辋外缘等距的平面）之间的距离，如图 2-17 所示。

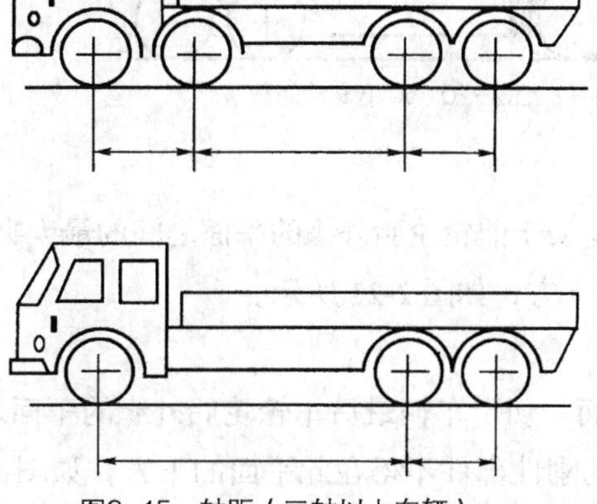
图2-15 轴距（三轴以上车辆）

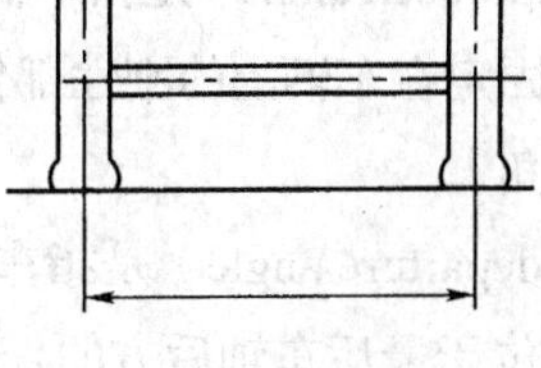
图2-16 轮距（单胎）

6. 前悬

前悬（front overhang）是指通过两前轮中心的垂面与抵靠在车辆最前端（包括前拖钩、车牌及任何固定在车辆前部的刚性件），并且垂直于车辆纵向对称平面的垂面之间的距离，如图 2-18 所示。

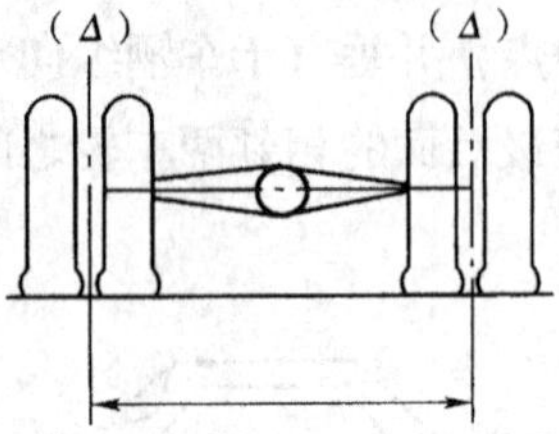

图2-17 轮距（并装双胎）

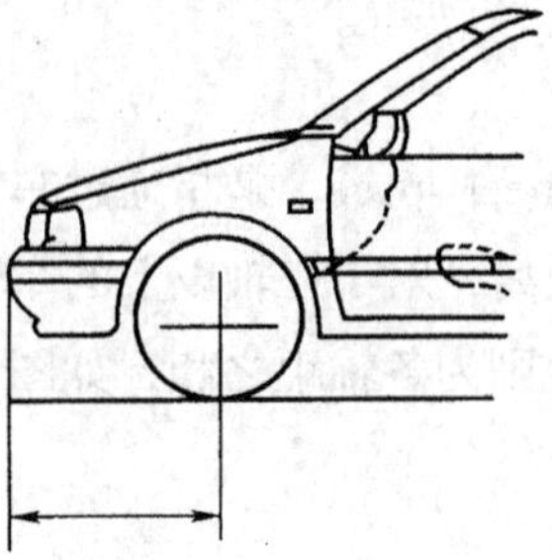
图2-18 汽车的前悬

7. 后悬

后悬（rear overhang）是指通过车辆最后车轮轴线的垂面与抵靠在车辆最后端（包括牵引装置、车牌及固定在车辆后部的任何刚性部件），且垂直于车辆纵向对称平面的垂面之间的距离，如图 2-19 所示。

8. 最小离地间隙

最小离地间隙（ground clearance）是指车辆支撑平面与车辆上的中间区域内最低点之间的距离。中间区域为平行于车辆纵向对称平面且与其等距离的两平面之间所包含的部分，两平面之间的距离为同一轴上两端车轮内缘最小距离的 80%，如图 2-20 所示。

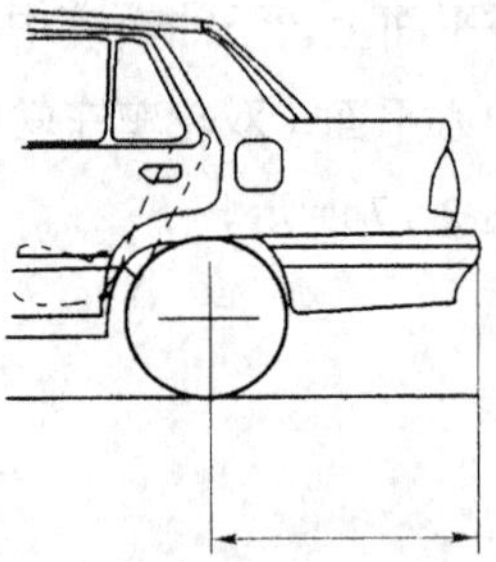
图2-19 汽车后悬

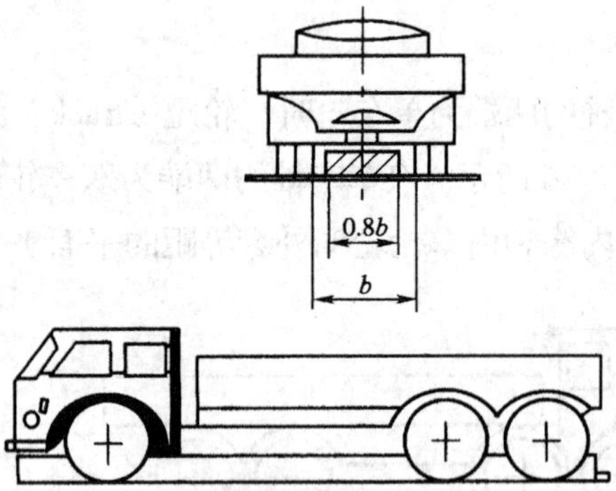

图2-20 最小离地间隙

9. 接近角

接近角（approach angle）是指车辆静载时，水平面与切于前轮轮胎外缘的平面之间的最大夹角，前轴前方任何固定在车辆上的刚性部件不得在此平面的下方，如图 2-21 所示。

10. 离去角

离去角（departure angle）是指车辆静载时，水平面与切于车辆最后车轮轮胎外缘的平面之间的最大夹角。位于最后车轴后方的任何固定在车辆上的刚性部件不得在此平面的下方，如图 2-22 所示。

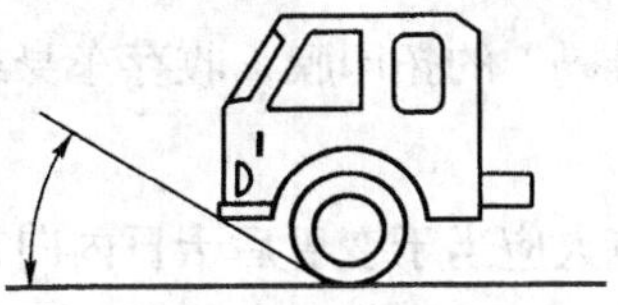

图2-21　汽车接近角

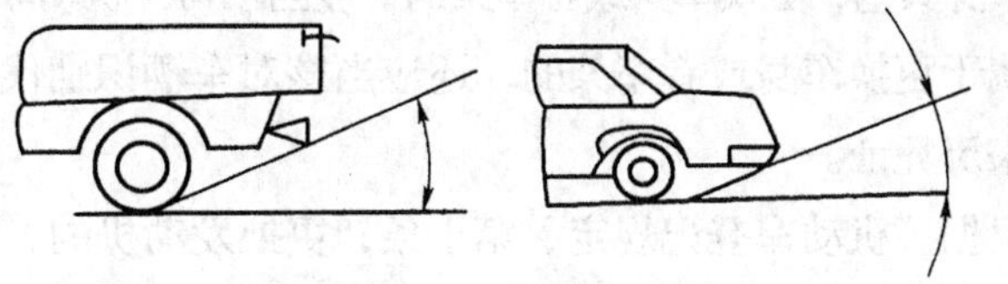

图2-22　汽车离去角

三、实施与考核

（一）技能学习

1. 识伪检查

二手车的识伪检查有两个含义：对于进口汽车为判别是不是“水货”；对于国产小客车为判断车身是不是纯正的原厂货。

（1）水货汽车的鉴别。所谓“水货”汽车，是指那些通过走私或非合法渠道进口的汽车。这些汽车有的是整车走私，有的是散件走私境内组装，有的甚至是旧车拼装。

进口正品汽车，即习惯上称大贸进口的汽车，是指通过正常的贸易渠道进口的汽车。此类车的前风窗玻璃上有黄色的商检标志（图 2-23），符合中国产品质量法。进口正品汽车都附有中文使用手册和维修手册，有的还有零部件目录，而“水货”汽车则没有。

对于“水货”汽车还可以从以下几个方面进行识别。

① 查勘汽车型号，看其是否在我国进口汽车产品目录上。多年从事评估工作的业内人士，对大多数汽车从外观就能看出是否是我国进口汽车产品目录上的车型。

图2-23　进口汽车商检标志

② 看外观是否有重新做过油漆的痕迹，尤其是风窗玻璃下框处要特别注意，因为有一种最常见的走私车就是所谓的“割顶”车。走私者在境外通过将轿车的车顶从车顶风窗玻璃下框处将汽车切成两部分，分别作为汽车配件走私或进口，然后在境内再将两部分焊接起来，通过这种方法来达到走私整车的目的。要注意曲线部分的线条是否流畅，大面是否平整，在现有的技术条件下，“割顶”车要想做得天衣无缝还不可能，一般用肉眼仔细观察，用手从车顶部向下触摸，还是能够发现走私者留下的痕迹。

③ 打开发动机盖，观察发动机室内线路、管路布置是否有条理，是否有重新装配和改装的痕迹。

④ 我国现有“水货”车中日本车较多，右驾改左驾的较多，自动变速器的多。根据经验，自动变速器的车右驾改左驾是很容易识别的。为了适应我国的交通管理，走私者将右驾改为左驾，而为了降低改装成本，走私者不可能更换变速器。自动变速器的车右驾改左驾通过变速杆就可以识别，因为自动变速器变速杆的保险按钮仍在右侧，通过这一点可识别不少“水货”车。

（2）小客车车身防伪检查。现代小客车车身基本上是承载式车身，车架号在车身上。车身是小客车最重要的基础件，同时又是小客车上最贵的一个零部件。根据《机动车登记规定》第九条，申请改变机动车车身颜色、更换车身或者车架的，应当填写《机动车变更登记申请表》，提交法定证明、凭证。

属于更换车身或者车架的，还应当核对车辆识别代号（车架号码）的拓印膜，收存车身或者车架的来历凭证。

根据《机动车登记规定》第十条，更换发动机的，机动车所有人应当于变更后十日内向车辆管理所申请变更登记，填写《机动车变更登记申请表》，提交法定证明、凭证，并交验机动车。

车辆管理所应当自受理之日起一日内确认机动车，收回原行驶证，重新核发行驶证，收存发动机的来历凭证。

① 国产车。由于许多汽车制造厂为了防止不法分子造假，对汽车车身实行专营，只对特约维修站供应，一般的汽车修理厂是购不到汽车车身的，并且正厂的汽车车身比仿制的汽车车身价格要贵得多。一些修理厂的“高手”采用将原车上的车架号割下，再焊在假车身上的方法，试图混过汽车检验关。二手车评估鉴定人员只要通过仔细地观察和触摸，就能发现造假者留下的痕迹，识别假汽车车身。

② 进口车。进口汽车的车身如果要进口，它的手续同进口一辆汽车的手续一样。对于老旧车型，一些进口汽车配件供应商采用将报废车的车身拆下后翻新，再卖给汽车修理厂，从中牟取暴利。汽车修理厂同样采用上述办法制假。二手车鉴定估价人员必须高度重视和警惕，识别假汽车车身。

2. 外观检查

外观检查是了解二手车整体技术状况和故障情况的重要手段之一。

外观检查项目，基本上可分为两大类：一类是仅做定性规定的检查项目，可用直观检测，即目测检查；一类是做定量规定的检查项目，须采用仪器设备和客观检查方法做定量分析。外观检查项目中，须在底盘下面进行的项目，最好在设有检测地沟及千斤顶或汽车举升器的工位上进行。

二手车在进行外观检查前，应进行外部清洗。

汽车在使用过程中，随着汽车行驶里程的不断增加，有关零部件将会产生磨损、腐蚀、变形、老化或受到意外损伤等，结果导致汽车技术状况不断变坏、动力性降低、油耗增加、工作可靠性及安全性降低，并会以种种外观征状表现出来，如车体不周正、油漆剥落、驾驶室的覆盖件开裂，有些外观征状如前后桥、传动轴、车架和悬架等装置有明显的弯、扭、裂、断等损伤，以及相关部件连接螺栓松动或脱落、球销磨损松旷等。这些征状，小则影响车容车貌，大则影响汽车性能和人身安全。尽管现在检测诊断技术非常发达，检测仪器非常先进，但影响汽车性能的很多外部征状仍难以用仪器设备检测出来，而需要用人工进行观察检验，或辅以简单仪表进行直观性的检测。通过外观检查可以帮助检测人员确定检测重点，其检验结果也有助于对汽车各部的真实技术状况、故障部位及其原因做出正确的判断。

汽车外观检查各项目中，有些可以依靠检验人员的技能和经验，用感官进行感受和观察进行定性的直观检测，比如车辆外部损伤、漏水、漏气、渗油和连接件松动、脱落等；有些项目却需要用仪表进行检测。随着检测技术的发展，人们开始运用仪器设备进行车辆的一些外观检测诊断，如方向盘自由转动量、踏板行程，以及漆层厚度、硬度和光泽度等。因此汽车外观检查有人工经验法、仪器仪表测量法以及两种方法的综合运用。

（1）目测检查

二手车鉴定评估中目测检查的内容大致如下。

① 车辆标志检查。车辆标志包括车辆的商标、铭牌、发动机型号和出厂编号、底盘型号及出厂编号。

车辆的商标、型号标记必须装设在车身前部的外表面上，通常人们一眼就能看出来。车辆铭牌应置于车辆前部易于观看之处，客车铭牌应置于车内前门的上方。车辆的铭牌（图 2-24）应标明厂牌、型号、发动机功率、总质量、载重质量或载客人数、出厂编号、出厂年月日及厂名等。发动机的型号和出厂编号应打印在发动机气缸体侧平面上，而底盘的型号和出厂编号应打印在金属车架的易见部位。相关法规条款如下。

图2-24 汽车铭牌式样

a.《机动车登记规定》第十七条。发动机号码、车辆识别代号因磨损、锈蚀、事故等原因辨认不清或者损坏的，可以向登记地车辆管理所申请备案。机动车所有人应当提交身份证明、机动车登记证书、行驶证。车辆管理所应当自受理之日起一日内，在发动机、车身或者车架上打刻原发动机号码或者原车辆识别代号，在机动车登记证书上签注备案事项。

b.《机动车登记规定》第四十八条。机动车在被盗抢期间，发动机号码、车辆识别代号或者车身颜色被改变的，车辆管理所应当凭有关技术鉴定证明办理变更备案。

② 车身的技术状况检查。轿车和客车的车身在整车中价值权重最大，维修费用也高，故检查车身是技术状况鉴定的重要一环。检查顺序从车的前部开始，一般按以下方法进行。

a. 检查车身是否发生碰撞受损。站在车的前部一角往尾部观察车身各接缝，如出现不直、缝隙大小不一、线条弯曲、装饰条有脱落或新旧不一，说明该车可能出现过事故或修理过。

b. 检查车门。

- 观察 A、B 和 C 柱处的车门边缘是否为平直流畅的线条，若无波浪的情形发生，表示此车无大问题。
- 在未打开车门时，可先看车门接缝处是否平整，如果接合的密合度自然平整，表示此车无大毛病，但不能就此断定此车没问题，可以再打开车门来详细查看 A、B、C 柱，也就是观看车门框线条是否规整流畅，如果有类似波浪的情形，表示此车经过钣金修理。
- 将车门洞密封条揭开，观察门框周边线条是否流畅、平整，车门附近是否留有原车接合时的铆钉（焊点）痕迹，如果留有痕迹则表示此车为原厂车，没有痕迹则表示此车做过油漆修补。
- 来回开关车门，检视车门开启的顺畅度，无杂音或开启时极为顺手，表示此车框架无大问题。

c. 检查保险杠有无明显变形、损坏，有无校正、重新补漆的痕迹。道路交通事故中，汽车保险杠是最容易损坏的零部件，通过对保险杠的认真检查，能够判定被检查车辆是否有过碰撞或发生过交通事故。

d. 检查车窗。车窗应启闭灵活、关闭严密、锁止可靠、缝隙均匀不松旷；密封胶条应无破损、老化，否则车门、车窗处会漏水。

e. 检查车身金属零部件锈蚀情况。主要检查车门、车窗、排水槽、底板、各接缝等处，如锈蚀严重，说明该车使用状况恶劣，使用年限长。注意检查挡泥板、减震器、车灯周围、车门底下和轮舱内是否生锈。

f. 检查车身油漆。

- 察看密封胶条、窗框四周、轮胎和排气管等处是否有多余油漆，如果有，说明该车车身做过油漆修补。
- 用一块磁铁沿钢板件表面移动，如果遇到磁力减小，表明该处局部做过油漆修补。
- 用手敲击车身时，如果遇到敲击声明显比其他部位沉闷，表明该处做过油漆修补。
- 查看油漆表面情况。如果漆膜丰满度不足，油漆表面有流痕，表面有不规则的小麻坑，表面有小麻点，表面凹凸不平，有明显色差等，均表示做过油漆修补。

通过上述检查，可以判断一辆车以前被撞面积有多大，车身可能受过多大的损伤。购车者假如发现油漆表面有龟裂现象，如果车未发生过事故，则说明此车使用时间较长。

g. 检查后视镜、下视镜、车窗玻璃。汽车必须在左、右各设置一面后视镜，安装、调节及视野范围应符合规定。车长大于 6 m 的平头客车、平头货车车前应设置一面下视镜，下视镜应完好。车窗玻璃应完好，前风窗玻璃应使用安全玻璃。当检查前风窗玻璃没有国家安全玻璃认证标志时，表明该车前风窗玻璃曾经更换。

h. 检察灯光是否齐全、有效，光色、光强是否符合国家标准有关规定。二手车的配光性能好坏，能反映车主对车辆的维护认真程度。

③ 驾驶室和车厢内部检查。

a. 驾驶员座椅、乘员座椅安装应牢固可靠。驾驶员座椅、副驾驶员座椅的调节功能是否有效。各座椅配备的安全带应齐全、有效。

b. 查看座椅的新旧程度，座椅表面应平整、清洁、无破损。座椅松动和严重磨损、凹陷，说明车常常载人，可推断该车经常行驶在高负荷的工况下。

c. 车顶的内篷是否破裂，车辆内部是否污秽发霉。车内如有发霉的味道，表明车子可能有泄漏的情况。

d. 检查地毡或地板胶是否残旧，从地毯磨痕可推断该车使用频繁程度。

e. 揭开地毡或地板胶，查看车厢底板是否有潮湿或生锈的痕迹，是否有焊接的痕迹。

f. 检查行李箱。检查箱盖防水胶条是否完好，检查行李箱是否锈蚀；查看行李箱开口处左右两边的钣金件与后保险杠的接合处时，可先翻开行李箱下的地毯，检视该处有无焊接过痕迹。

g. 查看仪表盘是否原装，检查仪表盘底部有没有更改线束的痕迹。要求安装汽车行驶记录仪的车辆有无按要求安装，能否正常工作。

h. 检查里程表。已经行驶的千米数是车辆行驶年龄的参照，一般的家用车每年约行 1 900～24 000km。

i. 检查离合器踏板、制动踏板、加速踏板有无弯曲变形及干涉现象。离合器踏板和制动踏板的踏脚胶是否磨损过度，通常一块踏脚胶寿命是 30 000km 左右，如果换了新的，则此车已行驶 30 000km 以上。

j. 坐在车上试试所有踏板有没有弹性，离合器踏板应该有少许空间，同时留心听听踏下踏板有没有异声发出。

④ 发动机舱的检查。

a. 检查发动机罩。仔细查看发动机罩与翼子板的密合度或缝隙是否一致（不要有大小不一的情形），发动机罩与挡风玻璃之间的间隙是否一致或留有原车的胶漆，这些都是检查的重点。发动机罩内的检查更是重点中的重点。打开发动机罩时，先检查一下其内侧，如果有修补油漆的痕迹，表示这片盖板碰撞过。然后可从发动机上方横梁（散热器安装上横梁）及发动机本体下方的两条纵梁或俗称“内归”的两内侧副梁等处查看，这些地方如无意外，都应留有圆形点焊的痕迹；若点焊形状大小不一，有可能遭受过撞击而经过钣金修理。另外，防水胶条是否平顺，亦是判断此车有无受伤的依据。

b. 检查发动机。

● 检查发动机外部清洁状况。发动机外部有少量油迹和灰尘是正常的，如果灰尘过多，表明车主对车辆维护不认真和车辆使用环境恶劣；如果一尘不染，说明发动机刚刚经过清洁处理。

● 检查发动机是否有漏油、漏水之处。重点检查部位包括：气门室罩盖垫、曲轴前后油封、凸轮轴前后油封、油底壳垫等部位。

● 检查机油油平面高度。一般机油尺上都有高、低油位的显示标记（见图 2-25），如果机油平面在这两个油位之间，则表示正常。如果油位过低，应了解上次更换机油的时间和间隔里程，通常发动机机油的换油间隔为 5 000km 或 3 个月，正常的机油消耗是在换油间隔内消耗量小于 1 L。如果时间和间隔里程正常，说明发动机烧机油；如果机油平面过高，说明发动机严重窜气或漏水。

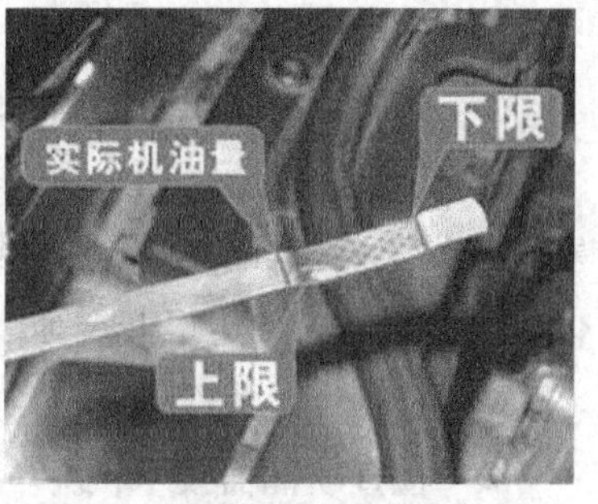

图2-25　机油尺的高、低油位标记

● 检查机油颜色。可以拿出一张白纸，拔出机油尺在纸上擦拭，观察机油颜色和杂质的情况。一般在换过机油后，车辆使用一段时间后机油颜色会变黑，这是正常的；而如果机油显现其他颜色都是不正常的现象。如果发现机油的颜色变灰、变白或有乳化现象，说明机油中混入水，可能是发动机冷却系统和燃烧系统有连通泄漏情况。

● 检查机油盖口。拧下加油盖，将它翻过来观察底部，这样可以在加油盖底部看到旧油甚至脏油的痕迹。如果加油盖底面有一层具有黏稠度的深色乳状物，还有与油污混合的小水滴，这就是不正常的情况了，可能是缸垫、缸盖或缸体有损坏，导致防冻液渗入机油中造成的。如果有这种情况发生，被污染的机油有可能对发动机内部造成损害，发动机可能是需要大修的。

● 检查发动机冷却液及水箱。打开发动机盖，首先检查水箱部分，但检查的前提是冷车状态，否则很容易被溅出的水烫伤。打开水箱盖后，注意观察冷却水面上是否有其他的异物飘浮，例如锈蚀的粉屑、不明的油污等。如果发现有油污浮起，表示可能有机油渗入到冷却水内；如果发现浮起的异物是锈蚀的粉屑，表示水箱内的锈蚀情况已经很严重。一旦发现有上述情况，都表示该车的发动机状况不是很好，需特别注意。现代汽车发动机常年使用防冻液作为发动机冷却液，如果冷却液已水化严重，首先应了解其原因，并分析二手车可能存在的事故，如发动机温度高、发动机漏水、发动机烧水等；如果冷却液内有油污，一般可认为气缸垫处漏气；如果冷却液混浊，要向车主询问原因，并特别注意发动机温度。

● 检查蓄电池。现代汽车蓄电池一般为免维护蓄电池，仍以硫酸蓄电池为主，其寿命一般为两年多一点。蓄电池两接线柱不应有大量白色粉末（硫酸盐）附贴在上面，蓄电池各单格液面高度应一致，并在规定的上下线之间。电池身应干爽，没有裂痕。如果液面过底，一般为发动机充电电流过大。液面经常处于过低状态，将大大降低蓄电池的寿命。如果有个别格液面过低，一般为个别格漏液。从蓄电池托盘上能够观察到漏液的痕迹。

● 检查空气滤清器。打开空气滤清器的盒盖，看看里面的清洁程度如何。如果灰尘很多，滤芯很脏，则表示这辆车的使用程度较高，而且该车的车主对车的保养也较差，没有定期更换滤芯。由此可设想，一辆车的保养差，车况也不会太好。

● 检查发电机主要附件是否完好。包括发电机、起动机、分电器、化油器、空调压缩机、转向助力泵等外观是否正常，是否有漏油、漏水、漏气、漏电现象，是否有松动现象。

● 检查发电机传动带、空调传动带。检查其是否有撕裂、磨光、浸油、裂缝、缺齿及老化现象；检查传动带的张紧度；检查正时传动带的张紧装置、支架等是否松动、螺栓是否丢失或有裂纹、运转时是否有噪声等现象。

● 检查发动机冷却液软管、进气软管及真空软管等是否有老化现象。

● 检查点火高压线。高压线应清洁、布线整齐、无切割口、无擦伤部位、无裂纹和烧焦处。

● 检查火花塞。用火花塞套筒扳手任意拆下一个火花塞，检查火花塞的技术状况。如果火花塞电极呈灰色，且没有积炭，则表示火花塞工作正常；如果火花塞严重积炭、电极严重烧蚀、绝缘体破裂、漏气、侧电极开裂等，表明点火性能下降，一旦买回此车，需成组更换火花塞。

● 检查点火线圈。观察点火线圈外壳有无破裂、漏油、发热等现象。

● 检查喷油器技术状况。检查喷油器插头安装、喷油器密封圈、油压调节器及真空管路是否良好。

c. 检查蓄电池。

● 蓄电池表面应清洁，无裂纹及电解液渗漏现象。接线柱表面无严重磨损，无明显酸蚀现象。

● 检查蓄电池标牌。通常标牌固定在蓄电池上部，标牌上标有首次售出日期、品牌、型号等信息。售出日期以编号打点的形式标注，前面部分表示年，后面部分表示售出的月份。将售出日期与电池寿命（一般为2～3年）进行比较，可算出蓄电池剩余寿命。

● 检查蓄电池电解液液面高度。对于透明的蓄电池，可以观察到蓄电池内电解液液面位置，应在壳体上的上、下标线之间。对于免维护蓄电池，可以直接通过观察孔观看孔中的颜色。如果为黄色，说明电解液过少；如果为绿色，表示电解液合适；如果为黑色，表明电解液合适，但电量不足，需充电。

d. 检查前纵梁。如图2-26所示，检查前纵梁是否有新喷漆的痕迹，前纵梁与挡泥板、减振器支座等处的焊点是否规则、均匀。如果有新喷漆的痕迹或焊点不均匀或大小不一，说明出过较严重的事故。

⑤ 检查变速箱油。变速箱油的检查大多是通过油尺来进行，油尺标有最高油位和最低油位刻度，如果油量在这两个刻度之间就是正常的。如果油位过低，则表示应该加油了，但也可能表示这辆车已有漏油的情况产生。检查变速箱油最重要的是查看油是否变色。一般来说，变速箱油呈现红色，如果发现变成棕色，则表示该车的变速箱可能发生了故障。如果闻到焦味，表示变速箱磨损情况严重，一旦买回此类车，可能需花一笔不小的大修费用。

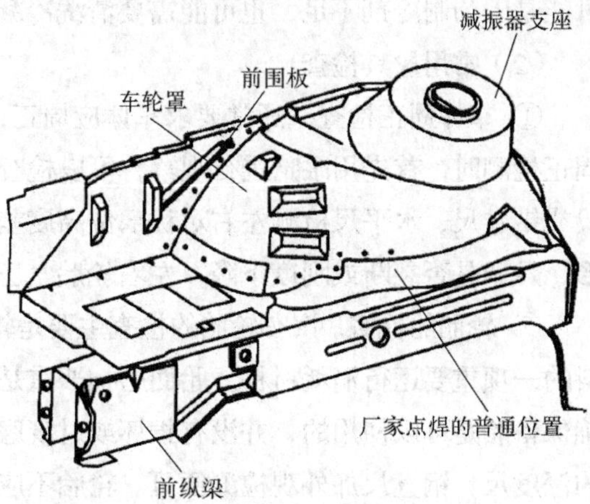

图2-26　前纵梁部位

⑥ 附属装置检查。如雨刮器、收音机、仪表、反光镜、加热器、灯具、转向信号灯、喷水装置、空调设备等是否破损、残缺，并对附属装置进行动态检验。例如雨刮器动作、喷水装置喷水、空调器制冷、各灯光和仪表是否正常工作等。

⑦ 车辆底盘检查。车辆底盘检查要将车辆开进地沟或上举升器的工位进行。

a. 检查发动机固定是否可靠，检查发动机与传动系的连接情况；燃油箱及燃油管路应固定可靠，不得有渗、漏油现象；燃油管路与其他部件不应有磨蹭现象；软管不得老化开裂、有磨损等异常现象。

b. 检查传动轴中间支撑轴承及支架、万向节等有无裂纹和松旷现象。

c. 检查转向节臂、转向横直拉杆有无裂纹和损伤，有无拼焊现象。检查转向横直拉杆球销是否松旷、连接是否可靠；各运动部件在运动中有无干涉、摩擦现象。

d. 检查车架是否有裂纹和影响车辆正常行驶的变形，螺栓和铆钉不得缺少和松动，车架不得进行焊接加工。

e. 检查前、后桥是否有变形、裂纹。

f. 检查钢板弹簧有无裂纹、断片、缺片和多片现象，中心螺栓和 U 形螺栓是否紧固，减振器是否漏油，车架与悬架之间的各拉杆和导杆应无松旷和移位现象。

g. 检查排气管、消声器是否齐全及固定情况，有无破损和漏气现象。

h. 检查制动总泵、分泵、制动管路，不得漏气、漏油现象；软管不得有老化开裂、磨损异常等现象。

i. 检查电器线路，所有电器导线均应捆扎成束、布置整齐、固定卡紧、接头牢固并有绝缘套，在导线穿越孔洞时需装设绝缘套管。

j. 检查减震及悬架，可用手在汽车前后左右角分别用力下压，如放松后汽车车身能回弹，并能自由跳动 2～3 次，说明该系统正常。如出现异响或不能自动跳动，则说明该减震器或悬架系统的弹簧等部件工作不良，舒适性自然就会变差。

⑧ 车内电器设备状况检查。检查音响设备、仪表、空调设备等是否齐全、有效。高档客车、轿车电器设备在整车中价值权重较大，维修费用较高，因此，在检查过程中应认真慎重。冷气不好，

可能是因为制冷剂不足，也可能需要清洗冷凝器或更换压缩机。

（2）常用量具检查

① 车体周正检查。通常要求车体应周正，左右对称部位高度差不得大于 40 mm。在进行车体周正检测时，首先用眼睛进行观察，可以检查汽车是否有严重的横向或纵向歪斜现象；然后用高度尺或钢卷尺、水平尺检测左右对称部位高度差是否超过规定值；最后检查车架和车身是否有较大变形，悬架是否裂断或刚度下降，左右轮胎气压搭配是否正常等。

② 轮胎的检查。汽车轮胎的检查主要是轮胎磨损情况。轮胎在汽车的使用过程中，是仅次于燃料的一项重要运行消耗材料。胎面磨损严重是车辆需要调校的信号，否则很有可能损坏悬架系统。确保备胎是可以使用的，并没有损坏或过度磨损。轮胎的磨损、破裂和割伤无须仪器检测，凭简单的深度尺，钢直尺加外观检测便可。轮胎不应有异常磨损，当轮胎出现非正常磨损时，表明该车的车轮定位参数不准确或是车辆长期超载运行。

测量轮胎花纹深度时，需要使用轮胎花纹深度尺。轮胎花纹深度尺有机械式和电子式两种。

机械式轮胎花纹深度尺如图 2-27 所示。外侧粗一点固定的标尺，是辅助测量尺；而中间细长可以移动的，就是主测量尺。当主尺的探头与尺身处于同一平面时，辅助尺与主尺的“0”刻度对齐，此时就是深度尺“归零”状态。

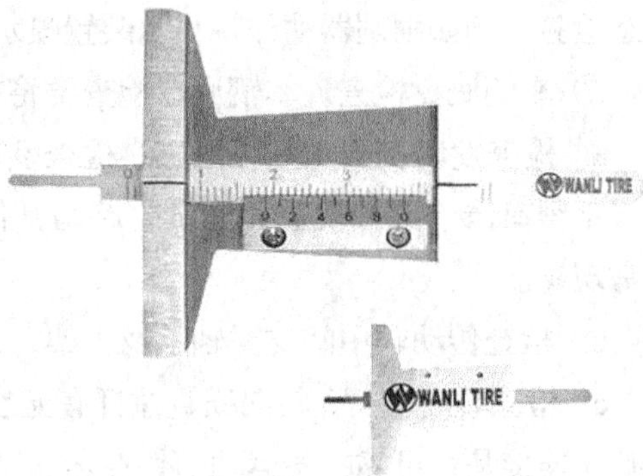

图2-27 机械式轮胎花纹深度尺

实际测量时，可将辅助尺“0”刻度所处位置的左侧主尺刻度读为整数；辅助尺的刻度与主尺对齐的那一刻度（或最接近对齐的那一刻度），则作为小数点后读数。例如：辅助尺的“0”刻度位于主尺“18 mm”与“21 mm”刻度之间，读为 18 mm。辅助尺的“9”刻度与主尺的某一刻度对齐，则读为 0.9 mm。主尺读数与辅助尺读数相加为总读数，即 18.9mm。

将它的尖端，伸入轮胎胎面的同一横截面几个主花纹沟中，测量它的深度，得出一组数值，从中得出平均数。

进行实际测量时，要注意几个细节：应测量轮胎的主花纹沟；使深度尺垂直于胎面；主尺探头避开花纹沟内的磨损极限标志；如果是新胎，注意尺身避开胎面上突起的胶瓣。

图2-28 电子式轮胎花纹深度尺

电子式轮胎花纹深度尺如图 2-28 所示。测量时从液晶显示窗上直接读数即可。

对在用车辆进行轮胎花纹深度测量时，应选在胎面中部的花纹进行测量，如图 2-29 所示。

需要说明一点，现在大多数轮胎设有磨损标记，一般以花纹中布置的凸点为标记，如图 2-30 所示。检查时，如果发现磨损标记已被磨损，则表明轮胎需要更换。

GB 7258—2012 规定，轮胎的磨损：轿车轮胎冠上花纹深度在磨损后应不少于 1.6 mm，其他车辆轮胎冠上花纹深度不得少于 3.2 mm；轮胎的胎面和胎壁上不得有长度超过 25 mm、深度足以暴露出轮胎帘布层的破裂和割伤。

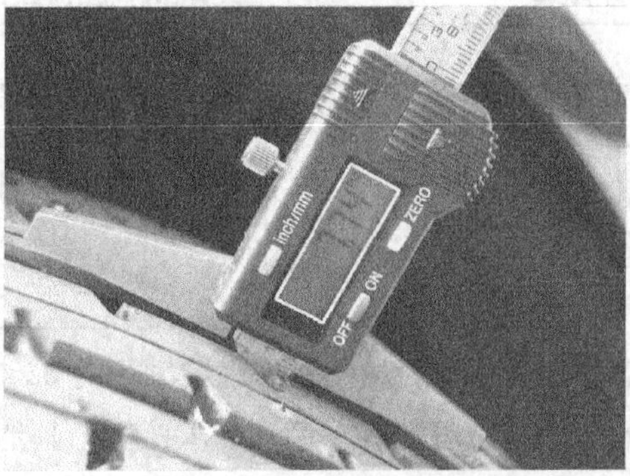

图2-29 轮胎花纹深度的测量

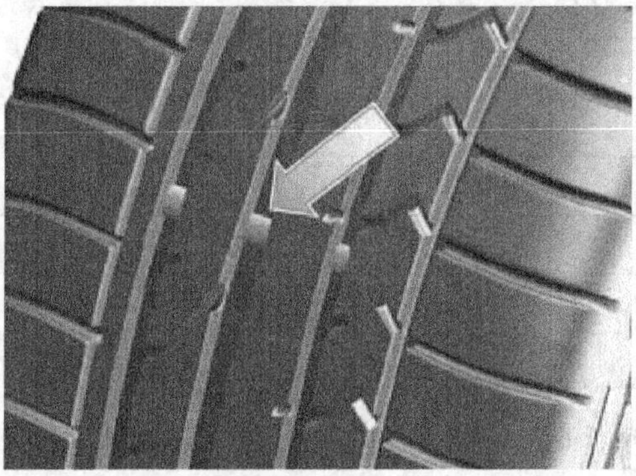

图2-30 轮胎表面的磨损标记

③ 车轮的横向和径向摆动量的检查。车轮横向和径向摆动量规定：总质量小于或等于 4.5 t 的汽车不得大于 5 mm；摩托车和轻便摩托车不得大于 3 mm；其他车辆不大于 8 mm。检测时用举升器或千斤顶等顶起前桥，用百分表测头水平触到轮胎前端胎冠外侧，用手前后摆动轮胎，测其横向摆动量；再将百分表移至轮胎上方，使测头触到胎冠中部，然后用撬杆往上撬动轮胎，测量其径向摆动量。汽车车轮横向和径向摆动量超过规定值时，汽车行驶时将会引起转向盘抖振，因此应及时进行检修和调整。

④ 轴距与轴距差检查。测量时车辆应处于直行状态，测量左右轴距差时应使用铅锤在地面找到轴头中心点，用钢卷尺测量各轴头中心之间的距离或用轴距尺测量。

a. 对二轴车可分别在左右两侧前后轴头中心测量其轴距，并取其差值，如图 2-31 所示。

b. 对于三轴车或多轴车，可依次测量相邻轴的轴距，其各段的轴距差都应符合标准限值的要求。

c. 对于半挂车和多轴车，其测量点为半挂牵引销轴线和半挂车车轮中心，又垂直于车辆纵向对称平面和水平平面的两平面之间的距离。

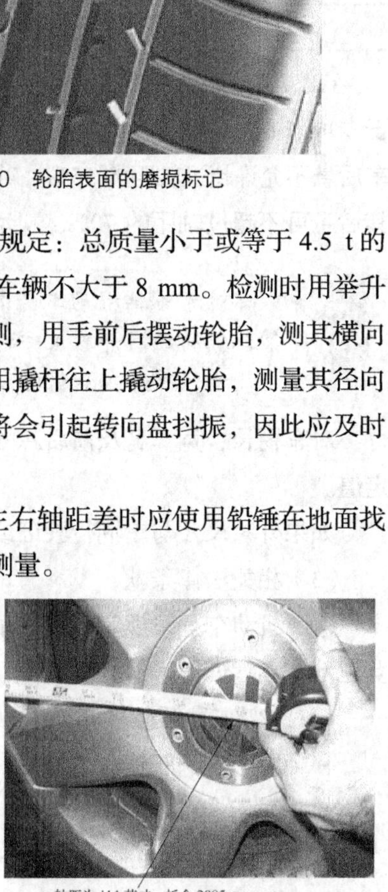

轴距为 114 英寸，折合 2895mm

图2-31 轴距差的测量

d. 左右轴距差值比（‰）的计算公式是：差值比（‰）=（左右绝对轴距差/左右平均轴距）×1000‰。左右轴距差的存在，意味着汽车各轴之间不平行或车轴对车架纵轴线不垂直，这样会引起车辆直线行驶时，前后轴中心的连线与行驶轨迹的中心线不一致，并造成直线行驶跑偏和制动跑偏。

GB 7258—2012 规定，左右轴距差值比不得大于轴距的 1.5‰。

将同一车轴左右两侧测得的轴距取平均值，即可作为所测两车轴的轴距。如果所测轴距与车辆行驶证或登记证记录不符，则说明车辆可能做过擅自改装。

⑤ 外廓尺寸检测。对车辆外廓尺寸的检测主要是检查车辆长、宽、高及后悬等不得超过规定的汽车外廓尺寸界限。

我国对汽车外廓尺寸界限规定，见表 2-6。

表 2-6 车辆外廓尺寸限值 （单位：m）

车辆类型	长	宽	高
载货汽车（包括载货越野汽车）	≤12	≤2.5	≤4
整体式客车	≤12		
半挂汽车列车	≤16.5		
全挂汽车列车	≤20		

GB 7258—2012 规定，客车及封闭式车厢（或罐体）的机动车后悬不允许超过轴距的 65%。对于专项作业车和轮式专用机械车，在保证安全的情况下，其后悬可按客车后悬要求核算，其他机动车后悬不允许超过轴距的 55%。对于车长小于 16m 的发动机后置的铰接客车，在确保安全的情况下，其后悬可不超过轴距的 70%。机动车的后悬均不应大于 3.5m。

注意

对于多轴机动车，其轴距按第一轴至最后轴的距离计算（对铰接客车按第一轴至第二轴的距离计算），后悬从最后一轴的中心线往后计算。对于客车，后悬以车身外蒙皮尺寸计算，如后保险杠突出于后背外蒙皮，则以后保险杠尺寸计算，不计后尾梯。

对车辆长、宽、高及前后悬的测量比较简单，采用高度尺或卷尺进行测量，然后看是否超过规定值。

如果外廓尺寸与车辆行驶证或登记证记录不符，则说明车辆可能做过擅自改装。

（3）相关法律条款

①《机动车登记规定》第十条。已注册登记的机动车有下列情形之一的，机动车所有人应当向登记地车辆管理所申请变更登记。

- 改变车身颜色的。
- 更换发动机的。
- 更换车身或者车架的。
- 因质量问题更换整车的。
- 营运机动车改为非营运机动车或者非营运机动车改为营运机动车等使用性质改变的。
- 机动车所有人的住所迁出或者迁入车辆管理所管辖区域的。

②《机动车登记规定》第十六条。有下列情形之一，在不影响安全和识别号牌的情况下，机动车所有人不需要办理变更登记。

- 小型、微型载客汽车加装前后防撞装置。
- 货运机动车加装防风罩、水箱、工具箱、备胎架等。
- 增加机动车车内装饰。

③《机动车登记规定》第五十六条。有下列情形之一的，由公安机关交通管理部门处警告或者二百元以下罚款。

- 重型、中型载货汽车及其挂车的车身或者车厢后部未按照规定喷涂放大的牌号或者放大的牌号不清晰的。

- 机动车喷涂、粘贴标识或者车身广告，影响安全驾驶的。
- 载货汽车、挂车未按照规定安装侧面及后下部防护装置、未粘贴车身反光标识的。
- 机动车未按照规定期限进行安全技术检验的。
- 改变车身颜色、更换发动机、车身或者车架，未按照本规定第十条规定的时限办理变更登记的。
- 机动车所有权转移后，现机动车所有人未按照本规定第十八条规定的时限办理转移登记的。
- 机动车所有人办理变更登记、转移登记，机动车档案转出登记地车辆管理所后，未按照本规定第十三条规定的时限到住所地车辆管理所申请机动车转入的。

④《机动车登记规定》第五十七条。除本规定第十条和第十六条规定的情形外，擅自改变机动车外形和已登记的有关技术数据的，由公安机关交通管理部门责令恢复原状，并处警告或者五百元以下罚款。

（二）任务实施与考核

（1）老师为每组学生准备一台二手车，钢卷尺（5 m），皮尺（20 m），铅垂，轴重台，磁铁，轮胎花纹深度尺，千分表及高度尺等。

（2）学生结合本任务的知识与技能学习，利用现有的工具、设备等，对指定的二手车进行静态检查，并完成如表 2-7 所示的工作单。

表 2-7　　技能学习工作单

实训项目：　静态检查

班级学号		姓 名	

1. 请描述你所检查的二手的基本情况。

① 二手车的类别：________________。

② 二手车名称：________________、型号________________。

③ 二手车生产厂家：________________、生产日期：________________。

④ 二手车初次注册登记日期：________________、行驶里程：________________。

⑤ 车辆的 VIN 码为：________________。

2. 识伪检查

（1）所检查的汽车是水货车吗？□是、□否。

你做出上述判断的理由是________________

____

________________。

（2）你所检查的汽车车身是否为更换件？□是、□否。

你做出上述判断的理由是________________

____

________________。

3. 目测检查

（1）你所检查的车辆的标志是否合格？□是、□否。

续表

你做出上述判断的理由是____。

（2）将你对车身技术状况检查的结果记录在下面。

____。

通过对记录结果的分析，你得出的结论是____。

（3）将你对驾驶室和车厢内部状况检查的结果记录在下面。

____。

通过对记录结果的分析，你得出的结论是____。

（4）将你对发动机状况检查的结果记录在下面。

____。

通过对记录结果的分析，你得出的结论是____。

（5）将你对附属装置检查的结果记录在下面。

____。

通过对记录结果的分析，你得出的结论是____。

（6）将你对车辆底盘检查的结果记录在下面。

____。

通过对记录结果的分析，你得出的结论是____。

（7）将你对电器设备检查的结果记录在下面。

____。

续表

通过对记录结果的分析，你得出的结论是____。

4. 常用量具检查

（1）将你对车身周正性检查的结果记录在下面。

____。

通过对记录结果的分析，你得出的结论是____。

（2）将你对轮胎检查的结果记录在下面。

____。

通过对记录结果的分析，你得出的结论是____。

（3）将你对车轮摆动量检查的结果记录在下面。

____。

通过对记录结果的分析，你得出的结论是____。

（4）将你对车辆外廓尺寸检查的结果记录在下面。

____。

通过对记录结果的分析，你得出的结论是____。

理由是____。

5. 请总结你对车辆静态检查的结论。

____。

6. 自我评价（个人技能掌握程度）：□非常熟练　□比较熟练　□一般熟练　□不熟练

教师评语：（包括工作单填写情况，检查方法，熟练程度等，并按等级制给出成绩）

实训记录成绩______　教师签字：__________　______年____月____日

任务三　二手车技术状况的动态检查

【学习目标】

1. 能够正确描述汽车整车各项性能及其评价指标。
2. 能够在无负荷状态下检查发动机的技术状况和转向系的技术状况。

3. 能够在路试状态下检查传动系、行驶系、转向系、制动系等有关系统、部件的技术状况。

一、任务分析

二手车动态检查是指汽车在工作状态下的检查。通过对汽车各种工况，如发动机起动、怠速、起步、加速、匀速、滑行、强制减速、紧急制动、从低速挡到高速挡、从高速挡到低速挡的行驶，检查汽车的操纵性能、制动性能、滑行性能、加速性能、噪声和废气排放情况，以鉴定二手车的技术状况。

在动态情况下，根据检查人员的经验和技能，辅之以简单的量器具，对二手车的技术状况进行动态检查鉴定。检查过程中，需起动发动机，需对二手车进行路试，故二手车的动态检查包括无负荷时的工况检查和路试检查。

二、相关知识

整车技术性能是衡量一辆汽车质量高低的重要依据。汽车技术性能评价指标包括动力性、燃油经济性、制动性、操纵稳定性、操纵轻便性、行驶平顺性、通过性、机动性、排放标准和容量等。

（一）汽车的动力性

汽车的动力性（power performance）是指汽车克服各种行驶阻力进行加速，以足够高的平均速度行驶的能力，它是汽车使用性能中最基本也是最重要的性能。汽车动力性指标一般由最高车速、加速性能和爬坡能力来表示。

1. 最高车速

最高车速（highest velocity）是指在无风条件下，在水平、良好的沥青或水泥路面上，汽车满载时所能达到的最大行驶速度。按我国的相关法规规定，以 1.6km 长的试验路段的最后 500 m 作为最高车速的测试区，共往返四次，取平均值。

2. 加速性能

加速性能（acceleration performance）是指汽车在各种使用条件下迅速增加汽车行驶速度的能力，通常用加速时间和加速距离来表示。增加速度时所用加速时间和加速距离越短的汽车，其加速性能就越好。汽车加速性能主要通过两个方面来表征，即原地起步加速性和超车加速性。

（1）原地起步加速性。原地起步加速性（starting acceleration performance）是指汽车由静止状态起步后，以最大加速强度连续换挡至最高挡，加速到一定距离或车速所需要的时间，它是反映汽车动力性的最重要参数。原地起步加速性能一般有以下两种表示方式。

① 汽车从静止状态（速度为零）加速到 100 km/h 的速度时所需要的秒数（s），中高级轿车所需的时间一般为 8～15 s，普通级轿车为 12～20 s。

② 汽车从静止状态（速度为零）加速行驶 400 m（或 1000 m）所需要的秒数（s）。所需时间越短，汽车的原地起步加速性就越好。

（2）超车加速性。超车加速性（overtaking acceleration performance）是指汽车以最高挡或

次高挡由最低稳定车速或预定车速（如 30 km/h 或 40 km/h）全力加速至某一高速度所需要的时间。所需加速时间越短，说明超车加速能力越强，从而可以减少超车期间的并行时间，确保超车安全。

实际中使用最多的是汽车的原地起步加速性参数，因其与超车加速性指标是一致的，原地起步加速性良好的汽车，超车加速性也同等程度地良好。需要指出的是，汽车加速时间与驾驶员的换挡技术、路面状况、行车环境、气候条件等密切相关，汽车使用手册上给出的参数往往是样车所能达到的最佳值，对于一般客户来说，此参数仅可作为参考。

3. 爬坡能力

爬坡能力（grade ability）是指汽车满载时，在坚硬路面上，以 1 挡等速行驶期间所能爬行的最大坡度，它反映汽车的最大牵引力。一般来说，越野汽车的爬坡能力最大，能够爬不小于 60° 的坡路；对载货汽车要求有 30%左右的爬坡能力；轿车的车速较高，且经常在状况较好的道路上行驶，所以不强调轿车的爬坡能力，一般爬坡能力在 20%左右。

（二）汽车燃油经济性

燃油经济性（fuel economy）是指在一定的使用条件下，汽车以最少的燃油消耗量完成单位运输工作量的能力。汽车的燃油经济性是衡量汽车性能的一个重要技术指标，在燃油越来越贵的高油价时代，它也是二手车消费者最关心的指标之一。评价汽车燃油经济性的指标为单位运输工作量的耗油量及单位量油耗的行程。

1. 耗油量

耗油量（specific fuel consumption）是指汽车满载行驶单位里程所消耗的燃油量。我国和欧洲都用等速百公里油耗来衡量汽车的耗油量，即汽车等速行驶百公里消耗的燃油量（L/100 km）。由于实际用车过程与“等速”要求有偏差，等速百公里油耗并不能准确反映实际的耗油量，因此人们还引入了循环油耗指标。耗油量数值越小，汽车的燃油经济性就越好。

（1）等速百公里油耗。等速百公里油耗（fuel consumption per 100 km in constant-speed）是指在平坦硬实的路面上，车以最高挡分别以不同车速等速行驶这段路程，往返一次取平均值，记录下耗油量，即可获得不同车速下汽车的等速百公里耗油量。以试验时的车速为横坐标，相应的耗油量为纵坐标，将各个车速下的等速百公里耗油量用点连起来，就发现是一条开口向上的抛物线，如图 2-32 所示。其中线最低点（最凹点）的横坐标即是耗油量最低的车速，也称为经济车速。厂家常以这个经济车速作为耗油量参数，因此就出现了 60 km/h 或 90 km/h 车速时的等速百公里耗油量参数。这个耗油量参数只能作为参考，客户一般是很难做到的，原因与前面所述加速性能的道理一样。另外，用经济车速行驶，虽然燃油消耗最少，但运输效率却可能因车速低而有所下降，因此往往采用比经济车速高的车速行驶。

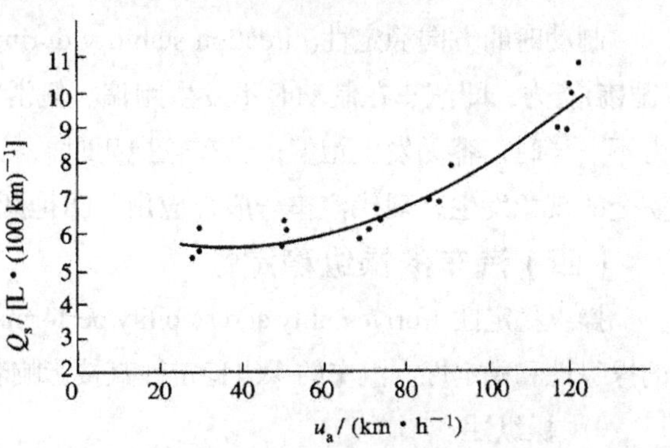

图2-32　汽车等速百公里油耗曲线

（2）循环油耗。循环油耗（circulation fuel consumption）是指在一段指定的典型路段内汽车以等速、加速和减速三种工况行驶时的耗油量。有些厂家还计入了起动和怠速等工况的耗油量，再折算成百公里耗油量。一般来说，将循环油耗与等速百公里油耗加权平均得到的综合油耗参数，更能比较准地反映汽车的实际耗油量。因此，欧洲车的耗油量测定分为3种情形，即模拟城市内行驶工况的城市行驶循环以及以90 km/h和120 km/h等速行驶的工况，前者常称作城市油耗，后二者称作等速油耗。在欧洲车耗油量指标中一般都列有这3个参数。

2. 每加仑/每升燃油可行驶英里/公里数

每加仑燃油可行驶英里数（miles per gallon，MPG）和每升燃油可行驶公里数（kilometres per liter，KPL）是指汽车在特定环境下，每消耗单位体积燃油所能行驶的里程。油行程是美国、加拿大等国采用的衡量汽车燃油经济性的指标，以mile/gal和km/L为单位表示。这一行程数值越大，汽车的燃油经济性就越好。

在实际使用过程中，汽车的燃油经济性与发动机的技术状况、汽车自重、车速、各种行驶阻力（如空气阻力、滚动阻力和爬坡阻力等）、传动效率、减速比等因素直接相关，因而实际的耗油量往往比使用手册上标称的大些。

（三）汽车的制动性

制动性(brake performance)是指汽车按驾驶人的操作意图安全地减速直至停车的能力。具有良好的制动性是汽车安全行驶的保证，也是汽车动力性得以充分发挥的前提。汽车的制动性主要由制动效能、制动效能的恒定性和制动时行驶方向稳定性3个方面来评价。

1. 制动效能

制动效能(brake efficiency)是指使汽车迅速减速直至停车的能力。制动效能是汽车制动性最基本的评价指标，常用制动过程中的制动时间、制动减速度和制动距离来评价。汽车的制动效能除了跟汽车技术状况有关外，还与制动时汽车的速度以及轮胎胎面和路面的状况有关。

2. 制动效能的恒定性

制动效能的恒定性（brake efficiency stability），又称为制动器的抗热衰退性，是指汽车高速时制动、在短时间内连续制动或下长坡连续制动后，制动器抵抗因温度升高而导致制动效能下降的能力。

3. 制动时的方向稳定性

制动时的方向稳定性(direction stability during braking)是指汽车在制动期间，按指定轨迹行驶的(循迹)能力，即汽车在制动时不发生跑偏、侧滑或者失去转向能力的性能。当左、右侧车轮的制动力不一样时，容易发生跑偏；当车轮抱死时，易发生侧滑或者失去转向能力。为防止上述危及行车安全的现象发生，现代汽车一般都应用了防抱死制动系统(ABS)。

（四）汽车的操纵稳定性

操纵稳定性（driveability and stability performance）反映汽车的两个相互紧密联系的性能，即汽车的操纵性和稳定性。汽车的操纵稳定性直接影响着汽车在转向或受到各种意外干扰时的行车安全性。

1. 操纵性

操纵性（driveability performance）是指汽车对驾驶人的转向指令能够及时且准确地响应的能力。轮胎的气压和弹性、悬挂装置的刚度以及汽车的重心位置都会对汽车的操纵性产生显著的正面或负面影响。

2. 稳定性

稳定性(stability performance)是指汽车在受到外界扰动(如路面碎石或突然阵风的扰动)后，不发生失控，自行迅速恢复原来的行驶状态和方向，抑制发生倾覆和侧滑的能力。汽车行驶稳定性又可分为纵向稳定性和横向稳定性，前者反映汽车受扰动后的方向保持能力，后者则反映汽车在横向坡道上行驶、转弯或受到其他侧向力作用时抵抗侧翻的能力。汽车的重心高度越低，稳定性越好。正确的前轮定位值使汽车具有自动回正和保持直线行驶的能力，提高了汽车直线行驶的稳定性。如果装载超高、超载，转弯时车速过快，横向坡道角过大以及偏载等，都容易造成汽车侧滑及侧翻。

（五）汽车的操纵轻便性

操纵轻便性（driveability handiness）是指对汽车进行操作或驾驶时的难易、方便程度，可以根据操作次数、操作时所需要的力、操作时的容易程度以及视野、照明、信号效果等来评价。具有良好操纵轻便性的汽车，不但可以减轻驾驶人的劳动强度和紧张程度，也是安全行驶的保证。采用动力转向、倒车雷达、电动门窗、中控门锁、制动助力装置和自动变速器等，都能够改善汽车的操纵轻便性。

（六）汽车的行驶平顺性

行驶平顺性(running ride)是指汽车在行驶过程中对路面不平度引起的振动的抑制能力。评价汽车行驶平顺性的主要指标为汽车的振动频率和幅值。由于路面不平整的冲击，汽车行驶时将发生振动，这会使乘员感到疲劳和不舒适，损坏运载的货物。振动引起的附加动载荷加剧零部件的磨损，影响汽车的使用寿命。车轮载荷的波动将会降低车轮的地面附着性，这对汽车的操纵稳定性十分不利。为防止上述现象发生，就不得不降低车速。

中高级轿车的行驶速度比较高，因此要求具有优良的行驶平顺性。轮胎的弹性、性能优越的悬挂装置、座椅的降振性能以及尽量小的非悬挂质量，都可以提高汽车的行驶平顺性。非悬挂质量的大部分来自车轮，轿车采用较轻的铝制轮辋，即是为提高其行驶平顺性和车轮地面附着性。与行驶平顺性紧密相关的是乘坐舒适性，包括身体上和心理上的舒适性。在良好行驶平顺性的基础上，座椅尺寸、形状及其空间与人体接触处的材料硬度和质感，车身振动频率，视野，内饰等都对乘员的身体、心理感受和乘坐安全感发挥着重要影响。

（七）汽车的通过性

通过性(passing ability)是指汽车在一定的载荷质量下，能以较高的平均速度通过各种不平路段和无路地带，克服各种障碍(陡坡、侧坡、台阶、壕沟等)的运行能力。各种汽车的通过能力是不一样的。轿车和客车由于经常在市内行驶，通过能力比较差。而越野汽车、军用车辆、自卸汽车和载货汽车，就必须有较强的通过能力。

采用宽断面轮胎、多轮胎可以提高汽车在松软土壤、雪地、冰面、沙漠、光滑路面上的运行能力；较深的轮胎花纹可以增加附着系数而不容易打滑；全轮驱动方式可使汽车的动力性得以充分的发挥；结构参数的合理选择，可以使汽车具有良好的克服障碍运行能力，如较大的最小离地间隙、接近角、离去角和车轮半径等，都可提高汽车的通过性。

（八）汽车的机动性

机动性(maneuverability)是指汽车能够应对狭窄多弯的道路，“见缝插针”地停车并灵活地驶出的能力。机动性主要用最小转弯半径来评价。转弯半径越小，机动性越好。一般来说，汽车越小，机动性也越好，这也是经常在市区内用车的客户选择小型轿车的原因之一。

（九）汽车的污染物排放特性

污染物排放特性(emission performance)反映汽车控制有害污染物向大气中排放的能力。汽车有三个主要污染物排放源：排气管排出的废气、曲轴箱的排放物、从化油器和燃油箱盖漏出的蒸气。

（十）汽车的安全性

安全性（safety）是指汽车防止交通事故发生或发生事故后保护乘员和货物不受损害的能力。其中，汽车防止事故发生的能力又称为汽车的主动安全性；而不幸发生事故后，汽车保护乘员和货物不受损害或将损害降低到最小的能力，则称为汽车的被动安全性。典型主动安全装置包括照明和信号灯、防炫目后视镜、ABS、ASR、EBD、ESP、横向和纵向测距雷达等。良好的主动安全性要求汽车具有宽阔的视野，可靠灵敏的转向、加速和制动性，具有除霜和除雾功能的风窗玻璃，各种操纵件、指示器和信号装置的标志要醒目统一，避免驾驶人错误识别或错误操作而导致车祸。被动安全装置主要有安全带、安全气囊（SRS）、安全玻璃、卡车和挂车侧面及后下部防护装置、可溃缩转向柱以及碰撞吸能区域等。

轿车碰撞吸能区域一般由发动机舱肩负。当轿车发生意外的正面碰撞时，发动机舱会折曲变形以吸收碰撞产生的巨大能量，减少碰撞对车内乘员的猛烈冲击，起到保护车内乘员的作用。与发动机舱相反，车身乘员厢结构应坚固、刚性大，遇到碰撞或翻滚的冲击时车厢变形小，以防止车门在运动中自行打开甩出乘员，减小乘员因车厢变形挤压致伤的危险，并有利于车祸后乘员顺利地打开车门逃生。另外，现代轿车也设置有侧门防撞杆(钢梁)，其平时可减少路面引起的振动和噪声，在发生侧面撞击或翻车事故时，则可防止异物侵入乘员厢。行李箱也肩负着降低后车追尾所致伤害的功能。

防火安全性的结构措施包括：内饰选用阻燃材料制作；燃油箱与排气管出口端之间的距离应不小于 300 mm 或设置有效的隔热装置，燃油箱的加油口和通气口距裸露电气接头或电气开关的距离应大于 200mm，燃油箱的通气口应保持畅通，且不能导向乘员厢内，安装应足够牢靠，不致由于晃动和冲击而发生损坏及漏油现象；燃油箱应有足够的刚度和强度，防止汽车发生碰撞后燃油箱漏油引起燃烧，造成碰撞的二次危害。

（十一）汽车的噪声

噪声(noise)是指汽车行驶或怠速时产生的杂乱声音。城市噪声的主要来源之一是汽车。汽车噪声的大小是衡量汽车质量水平的一个重要指标。汽车的噪声源有多种，如发动机、变速器、驱动桥、传动轴、车厢、玻璃窗、轮胎、继电器、喇叭、音响等都会产生噪声，但最主要的噪声源有两个，一个是发动机，另一个是轮胎，它们都是被动发生的，而且只要汽车行驶或怠速运转时就会产生。

发动机产生的噪声主要为表面辐射噪声，是发动机内各运动零部件如活塞、连杆、曲轴、齿轮、配气机构、气缸体等之间的机械撞击产生的振动噪声。因此，减少发动机的振动是降低噪声的根本措施。轮胎噪声来自泵气效应和轮胎振动。所谓泵气效应是指当轮胎高速滚动时，负荷使轮胎胎冠在与路面接触时发生快速的挤压变形，同时胎面上凹凸花纹中的空气也受压挤，随着轮胎滚动，空气又在轮胎离开接触面时被释放，这样连续的压挤释放，空气就迸发出噪声，而且车速越快噪声越大，车辆越重噪声越大。为了抑制发动机和轮胎噪声窜入乘员厢，除了尽量减少噪声源外，良好的车厢密封结构，尤其是前围板和地板的密封隔音性能十分重要。

（十二）汽车的其他使用性能

1. 乘员上下车的方便性

乘员上下车的方便性(passenger get-in and get-off convenience)反映轿车和客车适应乘员上下车的能力，它取决于车门的布置形式和车门踏板的结构参数，如踏板的高度、深度、级数和能见度以及车门的宽度。公交车的上下方便性还影响着线路停车时间和乘员安全。

2. 装卸方便性

装卸方便性(1oad and unload facility)反映汽车对装卸货物的适应能力，装卸操作的容易和便利程度。汽车的装卸方便性与车厢的高度、可翻倒的栏板数目以及车门的数量和尺寸有关。

3. 容量

容量(capacity)是指汽车一次允许运载的最大货物量或乘员人数。货车用装载质量、容积比（车厢容积和货物重量比）表示，客车用座位数和乘员站立地板面积表示。

4. 耐久性

耐久性(endurance)是指汽车在到达需要进行大修的极限技术状态之前，只是通过预防性维护保养措施维持其继续工作的能力。主要评价指标包括第一次大修前的平均行驶里程、大修平均间隔里程和技术使用寿命。新车的质保里程或时间期限是评价汽车耐久性的一个实用指标。

5. 易维护性

易维护性（service convenience）是指进行维修检测保养工作时，接触、拆卸、装配和更换汽车各总成和零部件的方便性。一般来说，经市场长期考验，保有量大的品牌汽车具有良好的易维护性。

6. 维修性

维修性（maintainab ility）是指在规定的条件下，按规定的程序和操作步骤诊断并排除汽车故障，使其保持或恢复规定功能的能力。一般来说，经市场长期考验，客户口碑良好的汽车都具有较好的维修性。

7. 质量利用系数

质量利用系数（ratio of kerb mass to pay mass）等于汽车装载质量与整备质量的比值，反映单位整备质量的承载能力。汽车质量利用系数越高，说明设计和制造水平高，使用经济性好，它是反映汽车技术水平的一个重要指标。我国轻型汽车质量利用系数一般为1.1左右，中型车在1.35左右，重型车在1.3～1.7。

三、实施与考核

（一）技能学习

1. 无负荷工况检查

（1）发动机起动状况的检查。在正常情况下，用起动机起动发动机时，应在3次内起动成功。

若发动机不能正常起动，说明发动机的起动性能不好。

如果由于发动机曲轴不能转动而导致发动机无法起动，其原因主要可能是蓄电池电量不足或起动机工作不良，也可能是发动机运转阻力过大。检查发动机起动阻力时，应拆下全部火花塞或喷油器，人工运转曲轴，检查转动阻力。

如果起动时曲轴能正常转动，但发动机启动仍很困难，对于汽油发动机，其原因主要可能是点火系统点火正时不准确、火花塞火弱或无火；燃油系统工作不良，使混合气过稀或过浓；气缸压缩压力过低等。对于柴油发动机，除气缸压缩压力过低外，燃油中有水或空气，输油泵、喷油泵、喷油器工作不良，燃油系统管路堵塞等，都可能导致发动机起动困难。

（2）检查发动机怠速运转情况。怠速工况下，发动机应在规定的转速范围内稳定地运转。如果怠速转速过高或运转不稳定，说明发动机怠速不良。对于汽油发动机，怠速不良的原因主要有点火正时、气门间隙、配气正时或怠速调整不当；真空漏气；曲轴箱通风单向阀不密封或卡阻，怠速时不能关闭；废气再循环装置或燃油蒸发排放装置(如果安装)的误动作；点火系统或供油系统工作不良；气缸压缩压力过低或各缸压缩压力不一致等。

对于柴油发动机，怠速不良的原因主要有供油正时、气门间隙、配气正时或怠速调整不当；燃油中有水、气或黏度不符合要求；各缸柱塞、出油阀偶件及喷油器工况不一致，或是调速器锈蚀、松旷、弹簧疲劳、供油拉杆对应的拨叉或齿扇松动等，导致各缸喷油量或喷油压力不一致；气缸压缩压力过低或各缸压缩压力不一致等。

发动机怠速运转时，检查各仪表工作状况，检查电源系统充电情况。

（3）检查急加速性。待水温、油温正常后，通过改变节气门开度，检查发动机在各种转速下运转是否平稳，改变转速时过渡应圆滑。迅速踏下加速踏板，发动机由怠速状态猛加速，观察发动机转速是否能迅速由低速到高速灵活反应，发动机应无“回火”、“放炮”现象。当加速踏板踩到底时，迅速释放加速踏板，发动机转速是否能迅速由高速到低速灵活反应，发动机不能怠速熄火。发动机加速运转过程中，检查发动机有无“敲缸”和气门运动噪声。在规定转速下，发动机机油压力应符合有关规定。

（4）检查发动机窜油、窜气。打开润滑油加油盖，缓缓踩下加速踏板，如果窜气严重，肉眼可以观察到油雾气。若窜气不严重，可用一张白纸，放在离润滑油加注口 50 mm 左右处，然后加速，若窜油、窜气，白纸上会有油迹，严重时油迹面积大。

（5）检查排气颜色。正常的汽油发动机排出的气体应该是无色的，在严寒的冬季可见白色的水汽；柴油发动机带负荷工作时排出的气体一般是淡灰色的，当负荷较大时，为深灰色。无论是汽油机还是柴油机，如果排气颜色发蓝，说明机油窜入燃烧室。若机油油面不高，最常见的是气缸与活塞密封出现问题，即活塞、活塞环因磨损与气缸的间隙过大。无论汽油发动机还是柴油发动机，如果排气管冒黑烟，说明混合气过浓，汽油发动机点火时刻过迟等。

（6）检查发动机熄火情况。对于汽油机，关闭点火开关后，发动机正常熄火；对于柴油机，停机装置应灵活有效。

（7）检查转向系。

① 转向盘自由行程检查。将车辆停放在平坦路面上，使车辆处于直线行驶方向，左右转动转向

盘，从中间位置向左或向右时，转向盘游动间隙不应该超过 15°。如果是带转向助力的车辆，最好在起动发动机后做检查。如果转向盘的间隙过大，就需要对转向系统各部分间隙进行调整，这是需要到修理厂进行的工作。

② 转向系传动间隙检查。可以用两手握住转向盘，采用上、下、左、右方向摇动，此时应该没有很松旷之感，如果很松，就需要调整转向轴承、横拉杆、直拉杆等，看有无松旷或螺母脱落现象。

2. 路试检查

汽车路试一般在 20 km 左右。通过一定里程的路试检查汽车的工况。路试检查的内容如下。

（1）传动系检查。

① 检查离合器。正常的离合器应该是接合平稳，分离彻底，工作时不得有异响、抖动和不正常打滑现象。踏板自由行程应符合机动车技术条件的有关规定。自由行程过小，一般说明离合器摩擦片磨损严重。踏板力应与该型号车辆的踏板力相适应。各种车辆的踏板力应不大于 300 N。

离合器常出现的故障为打滑和分离不彻底，有的还有异响。这些故障会导致像起步困难、行驶无力、爬坡困难、变速器齿轮发出刺耳的撞击声、起步时车身发抖等现象。

- 离合器分离不彻底检查。在发动机怠速状态时，踩下离合器踏板几乎触底时，才能切断离合器；或是踩下离合器踏板，感到挂挡困难或变速器齿轮出现刺耳的撞击声；或挂挡后不抬离合器踏板，车子开始行进，表明该车的离合器分离不彻底。其原因是：离合器踏板自由行程过大、离合器压盘限位螺钉调整不当，或是更换了过厚的离合器摩擦片、离合器分离杠杆不在同一平面上等。

- 离合器打滑检查。如果离合器打滑，会出现起步困难、加速无力、重载上坡时有明显打滑甚至发出难闻气味等现象。比如在挂上 1 挡后，慢抬离合器车子没反应，发动机也不熄火，就是离合器打滑的表现。其原因是：离合器踏板自由行程太小、分离轴承经常压在膜片弹簧上，使压盘总是处于半分离状态；离合器压盘弹簧过软或有折断；离合器与飞轮连接的螺丝松动等。

- 离合器异响检查。如果在使用离合器过程中出现异响也是不正常的。响声形成原因大部分都是离合器内部的零件有损坏，这肯定需要进修理厂了。其故障原因是：分离轴承磨损严重、轴承回位弹簧过软或折断、膜片弹簧支架有故障等。

- 离合器自由行程检查。当踩下离合器踏板到 3/4 时，离合器就应该彻底分离。检查其行程是否合适，可以用直尺在踏板处测量，先测出踏板最高位置高度，再测出踩下踏板到感到有阻力时的高度，两个数值的差就是该车离合器行程数值，如果不符合要求就需要及时调整。

② 检查变速器。从起步挡加速到高速挡，再由高速挡减至低速挡，检查变速器是否轻便灵活，是否有异响，互锁和自锁装置是否有效，是否有乱挡现象，加减车速是否有跳挡现象，同时，换挡时操纵杆不得与其他部件干涉。自动变速器的车辆在平坦的路面起步一般不要踩加速踏板，如果需要踩加速踏板才能起步，说明自动变速器保养不好，或已到保修里程；检查自动变速器是否有换挡迟滞现象，自动变速的车辆换挡时应该无明显的感觉，如果感觉车辆在加减速时有明显的发“冲”现象，说明自动变速器保养不好，或已到大修里程。

③ 检查传动轴。传动轴及中间轴承应正常工作，无松旷、异响。路试中，将汽车加速至 40～60 km/h 迅速抬起加速踏板，检查有无明显的金属撞击声。如果有，说明传动间隙大。

④ 检查驱动桥。差速器、主减速器应工作正常、无异响。

（2）检查制动性能。

① 制动性能检测的技术要求。GB 7258—2012 规定，汽车制动性能和应急制动性能的路试检测在平坦、硬实、清洁、干燥且轮胎与地面间附着系数不小 0.7 的水泥或沥青路面上进行，检验时发动机与传动系分离。

汽车在规定初速度下的制动距离和制动稳定性要求应符合的规定见表 2-8。紧急制动性能要求应符合的规定见表 2-9。

表 2-8　制动距离和制动稳定性要求

汽车类型	制动初速度/（km·h^{-1}）	满载检验制动距离要求/m	空载检验制动距离要求/m	试验通道宽度/m
三轮汽车	20	≤5.0		2.5
乘用车	50	≤20.0	≤19.0	2.5
总质量不大于 3 500 kg 的低速汽车	30	≤9.0	≤8.0	2.5
其他质量不大于 3 500 kg 的低速汽车	50	≤22.0	≤21.0	2.5
其他汽车、汽车列车	30	≤10.0	≤9.0	3.0
两轮摩托车	30	≤7.0		—
边三轮摩托车	30	≤8.0		2.5
正三轮摩托车	30	≤7.5		2.3
轻便摩托车	20	≤4.0		—
轮式拖拉机运输机组	20	≤6.5	≤6.0	3.0
手扶变型运输机	20	≤6.5		2.3

表 2-9　紧急制动性能要求

汽车类型	制动初速度/（km·h^{-1}）	制动距离/m	充分发出的平均减速度/（m·s^{-2}）	允许操纵力不应大于/N	
				手操纵	脚操纵
三轮汽车	50	≤38.0	≥2.9	400	500
乘用车	30	≤18.0	≥2.5	600	700
其他汽车（三轮汽车除外）	30	≤20.0	≥2.2	600	700

② 制动性能检查内容。

- 检查行车制动。如果制动跑偏，很可能是同一车桥上的两个车轮制动力不等；或者是制动力不能同时作用在两个车轮上导致的。其原因可能由于轮胎气压不一致；或是制动鼓(盘)与摩擦片间隙不均匀；或是摩擦片有油污；或是制动蹄片弹簧损坏等，应根据形成原因在修理厂加以维修。

汽车起步后，先做一下点制动，检查是否有制动能力；将车加速至 20 km/h 做一次紧急制动，检查制动是否可靠，有无跑偏、甩尾现象；再将车加速至 50 km/h，先用点制动的方法检查汽车是否立即减速、跑偏，再用紧急制动的方法检查制动距离和跑偏量。

● 检查制动效能。如果在行车时进行制动，减速度很小，制动距离又很长，说明该车的制动效能不佳。其原因可能是摩擦片与制动鼓(盘)的间隙很大；制动踏板自由行程过大；制动油管内有空气；制动总泵或分泵有故障；或是制动油管漏油等造成的，需要到修理厂维修。

试车时，发现踏下制动踏板的位置很低，连续踩几脚后，踏板才逐渐升高，但仍感觉比较软，这很可能是制动管路内有空气所导致的；当第一脚踩下踏板制动失灵，再继续踩踏板时制动良好，就说明是踏板自由行程过大，或是摩擦片与制动鼓(盘)的间隙过大。总之，凡是制动效能不佳的车辆，都必须进修理厂了，也必然影响车辆的身价。

● 检查制动失效。就是在行车中出现制动失效，不能使车辆减速或停止。不用说，该车一定需要大修。其原因可能是制动液渗漏、制动总泵和分泵有严重故障造成的。

● 检查驻车制动(手刹车)。如果在坡路上拉紧手刹后出现溜车，说明驻车制动有故障。其原因可能是手制动器拉杆调整过长；或是摩擦片与制动鼓(盘)间隙过大或有油污；摩擦片磨损严重或打滑；制动鼓(盘)与摩擦片接触不良等造成的。这些故障也是需要在修理厂解决的。

施加于驻车制动操纵装置的力：手操纵时，座位数小于或等于 9 座的载客汽车应不大于 400 N，其他车辆应不大于 600 N。脚操纵时，座位数小于或等于 9 座的载客汽车应不大于 500 N，其他车辆应不大于 700 N。

驻车制动的控制装置的安装位置应适当，其操纵装置应有足够的储备行程(开关类操作装置除外)，一般应在操纵装置全行程的 2/3 以内产生规定的制动效能；驻车制动机构装有自动调节装置时，允许在全行程的 3/4 以内，达到规定的制动效能。棘轮式制动操纵装置，应保证在达到规定的驻车制动效能时，操纵杆往复拉动次数不允许超过 3 次。

● 检查制动系统辅助装置。对于气压制动系统的二手车，当制动系统的气压低于 400 kPa 时，气压报警装置应发出报警信号。对于装备有弹簧储能制动器的二手车，当制动系统的气压低于 400 kPa 时，弹簧储能制动器自锁装置应正常有效。

（3）转向操纵性检查。在宽敞路段，二手车行驶过程中检查车辆的操纵稳定性。在一宽敞的路段，以 15 km/h 的速度行驶，左、右转动转向盘，看转向是否灵活、轻便，有无回正力矩；手松开转向盘，看是否跑偏；高速行驶时，是否有跑偏、摆振现象。一般转向系的路试检查有以下几项。

① 转向盘沉重检查。在路试二手车时，做几次转弯测试，检查在转动转向盘时是否感到很沉重。如果有，则可能是横拉杆、前车轴、车架有弯曲变形；前轮的定位不准确；轮胎气压不足；转向节轴承缺油。对于有助力的二手车，在行进中如果感到转向沉重就可能是有故障了。其原因有可能是油路中有空气；或是油泵压力不足；或是驱动皮带打滑；或是动力缸、安全阀等漏油导致。

② 摆振检查。路试二手车时，发现前轮摆动、方向盘抖动，这种现象称为摆振，可能的原因是转向系的轴承过松；横拉杆球头磨损松旷；轮毂轴承松旷；车架变形；或者是前束过大了。

③ 跑偏检查。如果在路试中，挂空挡松开方向盘，出现跑偏问题，有可能是以下原因导致的：悬架系统故障，其中一侧的减振器漏油，或是螺旋弹簧故障；前轮定位不好，或是两边的轴距不准确；还可能是车架受过碰撞事故而变形；或是车轮胎压不等。

④ 转向噪声检查。转向时如果动力转向系统出现噪声，很可能是以下故障造成的：油路中有空气；储油罐油面过低需要补充；油路堵塞；或是油泵噪声。

（4）汽车的动力性检查。通过道路试验分析汽车动力性能，其结果接近于实际情况。汽车动力性在道路试验中的检测项目一般有高挡加速时间、起步加速时间、最高车速、陡坡爬坡车速、长坡爬坡车速等，有时为了评价汽车的拖挂能力，也进行汽车牵引力检测。另外，有时为了分析汽车动力的平衡问题，采用高速滑行试验测定滚动阻力系数和空气阻力系数。道路试验会受到道路条件、风向、风速、驾驶技术等因素的影响，且这些因素可控性差，同时还需要按规定条件选用和建造专门的道路等。

小客车动力性能最常见的指标是从静止状态加速至100 km/h所需时间和最高车速，其中前者是最具意义的动力性能指标和国际流行的小客车动力性能指标。

汽车起步后，作加速行驶，猛踩加速踏板，检查汽车的加速性能，各种汽车设计时的加速性能不尽相同。就轿车而言，一般发动机排量越大，加速性能就越好。有经验的二手车鉴定估价人员，能够了解各种常见车型的加速性能，通过路试能够检查出被检汽车的加速性能与正常的该型号汽车加速性能的差距。

检查汽车的爬坡性能。检查汽车在相应的坡道上，使用相应的挡位时的动力性能是否与经验值相近，感觉是否正常。

检查汽车是否能够达到原设计车速，如果达不到，估计一下差距大小。

（5）滑行性能检查。在平坦的路面上作滑行试验，将机动车运行到50 km/h时，踏下离合器，将变速器摘入空挡滑行，根据经验，通过滑行距离估计汽车底盘传动系统传动效率，以判定传动系统技术状况。

（6）检查传动系统与行驶系统的动平衡。汽车在任何车速下都不应抖动。如果汽车在某一车速范围内抖动，说明汽车的传动系统或行驶系统动平衡有问题，应检查轮胎、传动轴、悬架、间隙等。

3. 动态试验后的检查

（1）检查各部件温度。检查润滑油、冷却液温度，冷却液温度不应超过 90 ℃，发动机润滑油温度不应高于95 ℃，齿轮油温度不应高于 85 ℃；检查运动机件过热情况，查看轮毂、制动鼓、变速器壳、传动轴、中间轴承、驱动桥壳等的温度，不应有过热现象。

（2）检查渗漏现象。在发动机运转及停车时，水箱、水泵、缸体、缸盖、暖风装置及所有连接部位不得有明显渗、漏水现象。汽车连续行驶距离不小于10 km，停车5 min后观察，不得有明显渗、漏油现象。气压制动汽车，在气压升至600 kPa且不使用制动的情况下，停止空气压缩机3 min后，气压的降低值不应大于10 kPa。在气压为600 kPa的情况下，将制动踏板踩到底，待气压稳定后观察3 min，气压的降低值不应大于20 kPa。液压制动二手车，在保持踏板力700 N时达到1 min踏板不允许有缓慢向前移动的现象。

（二）任务实施与考核

（1）老师为每组学生准备一台二手车，钢板尺（300 mm），踏板力计，皮尺（100 m），转向参数测试仪等。

（2）学生结合本任务的知识与技能学习，利用现有的工具、设备等，对指定的二手车进行动态检查，并完成如表2-10所示的工作单。

表 2-10 技能学习工作单

实训项目：动态检查

班级学号		姓 名	

一、请描述委托评估二手车的基本情况

① 二手车的类别：＿＿＿＿＿＿＿＿＿＿＿＿＿＿。

② 二手车名称：＿＿＿＿＿＿＿＿、型号＿＿＿＿＿＿＿。

③ 二手车生产厂家：＿＿＿＿＿＿＿＿、生产日期：＿＿＿＿＿＿。

④ 二手车初次注册登记日期：＿＿＿＿＿＿、行驶里程：＿＿＿＿＿＿。

二、无负荷工况检查

1. 发动机起动状况检查

能否顺利起动？□能、□否。

如果不能顺利起动，请描述你的检查诊断过程及得出的结论

＿＿＿＿＿＿＿＿＿＿＿＿＿＿＿＿＿＿＿＿＿＿＿＿＿＿＿＿。

2. 发动机怠速运转检查

（1）怠速运转是否平稳？□是、□否。

如果如果不平稳，请说明现象，并分析可能存在的故障原因。

＿＿＿＿＿＿＿＿＿＿＿＿＿＿＿＿＿＿＿＿＿＿＿＿＿＿＿＿。

（2）怠速时，各仪表指示是否正常？□是、□否。

如果不正常，请说明故障仪表的名称，并分析可能存在的故障。

＿＿＿＿＿＿＿＿＿＿＿＿＿＿＿＿＿＿＿＿＿＿＿＿＿＿＿＿。

3. 发动机加、减速检查

故障现象描述及可能存在的故障分析。

＿＿＿＿＿＿＿＿＿＿＿＿＿＿＿＿＿＿＿＿＿＿＿＿＿＿＿＿。

4. 是否有发动机窜油、窜气的现象？□是、□否。

如果有窜油、窜气现象，请分析可能存在的故障。

＿＿＿＿＿＿＿＿＿＿＿＿＿＿＿＿＿＿＿＿＿＿＿＿＿＿＿＿。

5. 发动机排气烟色为＿＿＿色，说明＿＿＿＿＿＿＿＿＿＿＿＿＿＿。

6. 发动机熄火是否正常？□是、□否。

7. 转向系检查

（1）转向盘自由行程是否正常？□是、□否。

如果不正常，可能存在的故障有：

续表

班级学号		姓 名	

____

____

____。

（2）转向系统间隙是否正常？□是、□否。

如果不正常，可能存在的故障有：

____

____

____。

三、路试检查

1.离合器的检查

（1）记录离合器检查结果。

____

____

____。

（2）可能存在的故障____。

2. 变速器的检查

（1）记录变速器检查结果。

____

____

____。

（2）可能存在的故障____。

3. 传动轴及驱动桥的检查

（1）记录传动轴及驱动桥的检查结果。

____

____

____。

（2）可能存在的故障____。

4. 制动性的检查

（1）记录制动性的检查结果。

____

____

____。

（2）可能存在的故障____。

5. 转向操纵性的检查

（1）记录转向操纵的检查结果。

____

____

____。

（2）可能存在的故障____。

6. 动力性的检查

（1）记录动力的检查结果。

续表

班级学号		姓 名	

____

____

____。

（2）可能存在的故障____。

7. 其他检查

（1）记录检查结果。

____

____

____。

（2）可能存在的故障____。

自我评价（个人技能掌握程度）：□非常熟练 □比较熟练 □一般熟练 □不熟练

教师评语：（包括工作单填写情况，检查方法、检查全面性和判断的准确性等方面，并按等级制给出成绩）

实训记录成绩______ 教师签字：__________ ______年____月____日

任务四 二手车技术状况的仪器检查

【学习目标】

1. 能够正确描述汽车性能检测站的类型及各类型检测站的功能。
2. 能够正确描述汽车综合性能检测站的检车过程。
3. 能够根据检测站给出的汽车检测报告单提供的数据，对汽车的各项性能给出正确评价。

一、任务分析

二手车技术状况的仪器检查在二手车鉴定评估中主要用于对被评估二手车用动态检查性能把握不准和不熟悉，并且对评估准确性要求较高的情况，常用于较高档的车型和司法鉴定评估。

二手车的技术状况好坏是由汽车的各种性能参数决定的。这些性能参数反映了汽车在特定性能方面的情况。它们涉及汽车的行驶安全性、能源消耗情况、对环境的影响情况等，采用特定的检测仪器和特定的试验方法，获得这些参数的具体值，然后对比相应的国家法规和标准，评定二手车性能。

良好的技术状况是保障二手车行驶安全的根本，同时也是正确评估二手车价格的基本依据。如何获得二手车的技术状况，评判二手车的技术状况是否达到要求，是每一个二手车鉴定评估师必须掌握的知识。

由于二手车鉴定评估机构很难拥有自己的检测线，所以二手车技术状况的仪器检查一般需依托汽车综合性能检测站按规定的技术要求进行作业。二手车技术鉴定评估人员，并不需要对具体项目的检测设备和检测方法有十分清楚的了解，但必须能够对检测结果进行合理的技术分析，以给出车辆技术状况准确的评价。

二、相关知识

（一）汽车检测站的任务及类型

汽车检测站是综合运用现代检测技术，对汽车实施不解体检测诊断的机构。它具有现代的检测设备和检测方法，能在室内检测出车辆的各种性能参数，并能诊断出各种故障，为全面、准确评价汽车的使用性能和技术状况提供可靠依据。

1. 检测站任务

按中华人民共和国交通部令第29号《汽车运输业车辆综合性能检测站管理办法》的规定，汽车检测站的主要任务如下。

（1）对在用运输车辆的技术状况进行检测诊断。

（2）对汽车维修行业的维修车辆进行质量检测。

（3）接受委托，对车辆改装、改造、报废及其有关新工艺、新技术、新产品、科研成果等项目进行检测，提供检测结果。

（4）接受公安、环保、商检、计量和保险等部门的委托，为其进行有关项目的检测，提供检测结果。

2. 检测站类型

按不同的分类方法，汽车检测站可以分为不同的类型。

（1）按服务功能分类。按服务功能检测站可分为安全检测站、维修检测站和综合检测站三种类型。

安全检测站是国家的执法机构，不是营利性企业。它按照国家规定的车检法规，定期检测车辆中与安全和环保有关的项目，以保证汽车安全行驶，并将污染降低到允许的限度。这种检测站对检测结果往往只显示“合格”“不合格”两种，而不做具体数据显示和故障分析，因而检测速度快，检测效率高。如果自动化程度比较高，其年度检车量可达数万辆次。检测合格的车辆凭检测结果报告单办理年审签证，在有效期内准予车辆行驶。这种检测站一般由车辆管理机关直接建立，或由车辆管理机关认可的汽车运输企业、汽车维修企业等企业单位或事业单位建立，也可多方联合建立。

维修检测站主要是从车辆使用和维修的角度，担负车辆维修前、后的技术状况检测。它能检测出车辆的主要使用性能，并能进行故障分析与诊断。它一般由汽车运输企业或汽车维修企业建立。

综合检测站既能担负交通运输管理部门的综合性能检测、公安机关交通管理部门的安全性检测及环保部门的环保性能检测，又能担负车辆使用、维修企业的技术状况检测与诊断，还能承接科研或教学方面的性能试验和参数测试。这种检测站检测设备多，自动化程度高，数据处理迅速准确，因而功能齐全，检测项目广且深度大，可为合理制定诊断参数标准、诊断周期以及为科研、教学、设计、制造和维修等部门或单位提供可靠依据，并能担负对检测设备的精度测试等工作。

（2）按规模大小分类。按规模检测站可分为大、中、小 3 种类型。其中，大型检测站检测线多，自动化程度高，年检能力大，且能检测多种车型。大型综合检测站可成为一定地区范围内的检测中心。

中型检测站至少有两条检测线，目前国内地市级及以上的城市建成或正在筹建的检测站多为这种类型。

小型检测站主要指那些服务对象单一的检测站。如规模不大的安全检测站和维修检测站就属于这种类型，它不能担负更多的检测任务。这种检测站设有一条或两条作用相同的检测线。如果是一条检测线时，它往往能兼顾大、小型汽车的检测；如果是两条检测线时，其中一条线往往是专检小型汽车，而另一条线则大小型汽车兼顾。这种规模的检测站，在国外较为常见。

有些检测站虽然服务对象单一，但站内设置的检测线较多，因而不应再称为小型检测站。如国外把拥有四条安全环保检测线的检测站视为中型检测站。

（3）按自动化程度分类。按检测线的自动化程度检测站可分为手动式、半自动式和全自动式 3 种类型。

手动式检测站的各检测设备，由人工手动控制检测过程，从各单机配备的指示装置上读数，笔录检测结果或由单机配备的打印机打印检测结果，因而占用人员多、检测效率低、读数误差大，多适用于维修检测站。

全自动式检测站利用微机控制系统将检测线上各检测设备连接起来，除车辆上部和下部的外观检查工位仍需人工检查外，能自动控制其他所有工位上的检测过程，使设备的起动与运转、数据采集、分析判断、存储、显示和集中打印报表等全过程实现自动化。检测线负责人可坐在主控制室内通过闭路电视观察各工位的检测情况，并通过检测程序向各工位受检车辆的引车员和检测员发出各种操作指令。每一项检测结果均能在主控制室内的微机显示器和各工位上的检验程序指示器上同时显示，因而检测线负责人、各工位检测员和引车员均能随时了解每一项检测结果。

由于全自动式检测站自动化程度高，检测效率高，能避免人为的判断错误，因而获得广泛应用，目前国内外的安全检测站和综合性能检测站几乎全部为这种形式。

半自动式检测站的自动化程度和范围介于手动式和全自动式检测站之间，一般是在原手动式检测站的基础上将部分检测设备（如侧滑检测台、制动检测台、车速表检测台等）与微机联网以实现自动控制，而另一部分检测设备（如烟度计、废气分析仪、前照灯检测仪、声级计等）仍然手动操作。当微机联网的检测设备因故不能进行自动控制时，各检测设备仍可手动使用。

（4）按站内检测线数分类。按站内检测线数检测站可分为单线检测站、双线检测站、三线检测站等多种类型。总之，站内有几条检测线，就可以称为几线检测站，例如，日本某陆运事务所的检测站有 8 条检测线，可称为八线检测站。

（5）按所有制分类。按所有制检测站可分为全民所有(国家经营)检测站、集体所有(集体经营)检测站和个体所有(私人经营)检测站三种类型。例如，日本就有国家车检场和民间车检场之分，我国也早已出现集体所有制企业建立的检测站和个体经营的检测站。

（6）综合检测站按职能分类。如果按职能分类，综合检测站可分为 A 级站、B 级站和 C 级站 3 种类型，其职能如下。

A 级站能全面承担检测站的任务，即能检测车辆的制动、侧滑、灯光、转向、前轮定位、车速表、车轮动平衡、底盘输出功率、燃料消耗、发动机功率和点火系状况以及异响、磨损、变形、裂纹、噪声、废气排放等状况。

B 级站能承担在用车辆技术状况和车辆维修质量的检测，即能检测车辆的制动、侧滑、灯光、转向、车轮动平衡、燃料消耗、发动机功率和点火系状况以及异响、变形、噪声、废气排放等状况。

C 级站能承担在用车辆技术状况的检测，即能检测车辆的制动、侧滑、灯光、转向、车轮动平衡、燃料消耗、发动机功率以及异响、噪声、废气排放等状况。

（二）汽车检测站的组成及工位布置

1. 检测站组成

检测站主要由一条至数条检测线组成。对于独立而完整的检测站，除检测线外，还应包括停车场、清洗站、泵气站、维修车间、办公区和生活区等设施。

（1）安全检测站。一般由一条至数条安全环保检测线组成。例如，从 20 世纪 80 年代始，日本陆运事务所的国家车检场，即使较小规模也有两条安全环保检测线。其中，一条为大、小型汽车通用自动检测线，另一条为小型汽车(轴质量 500kg 或以下)的专用自动检测线。除此以外，还配备一条新规检测线，以对新车登录、检测之用。日本中等规模的国家车检场，一般设有四条安全环保检测线，如东京沼律车检场就是如此。4 条自动检测线中，一条为大、小型汽车通用检测线，其余 3 条为小型汽车专用检测线。另外，还配备一条新规检测线和一条柴油车排烟检测线。

（2）维修检测站。一般由一条至数条综合检测线组成。

（3）综合检测站。一般由安全环保检测线和综合检测线组成，可以各为一条，也可以各为数条。

国内交通系统建成的检测站大多属于综合检测站，一般由一条安全环保检测线和一条综合检测线组成，如图 2-33 所示。

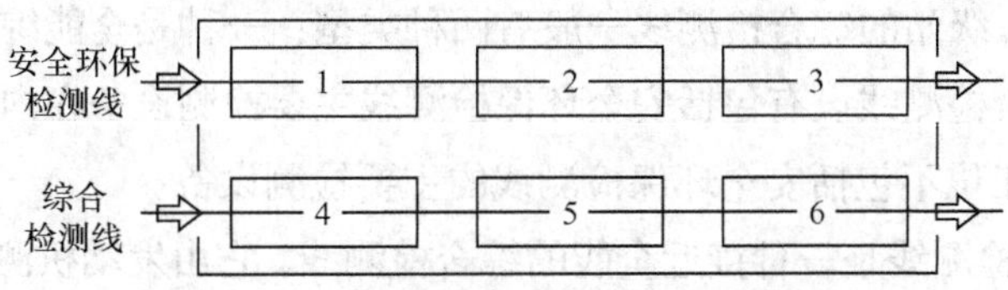

图2-33　双线综合检测线平面布置示意图

1—外观检查工位；2—侧滑制动车速表工位；3—灯光尾气工位；
4—外观检查及车轮定位工位；5—制动工位；6—底盘测功工位

由于对环境保护的日益重视，环保管理部门要求对机动车的排放性进行单独检测，所以一些综合性能检测站也单独设置了一条到数条环保检测线，主要用于机动车尾气排放性能的检测。此时，原安全环保检测线上的相应检测项目不应再进行检测。

2. 检测线组成和工位布置

不管是安全环保检测线，还是综合检测线，它们都由多个检测工位组成，布置形式多为直线通道式，检测工位则是按一定顺序分布在直线通道上。

（1）安全环保检测线。手动式和半自动式的安全环保检测线，一般由外观检查（人工检查）工位、侧滑制动车速表工位和灯光尾气（废气，下同）工位 3 个工位组成。其中，外观检查工位带有地沟。全自动式安全环保检测线既可以由上述三工位组成，也可以由四工位或五工位组成。五工位一般是汽车资料输入及安全装置检查工位、侧滑制动车速表工位、灯光尾气工位、车底检查工位（带有地沟）、综合判定及主控制室工位，如图 2-34 所示。

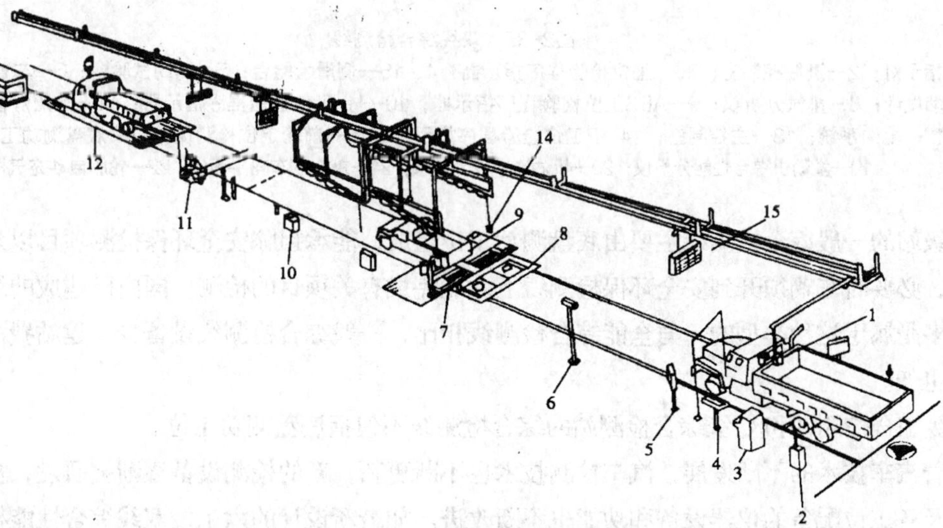

图2-34　国产五工位全自动安全环保检测线

1—进线指示灯；2—烟度计；3—汽车资料登录计算机；4—安全装置检查不合格项目输入键盘；
5—烟度计检验程序指示器；6—电视摄像机；7—制动试验台；8—侧滑检验台；
9—车速表试验台；10—废气分析仪；11—前照灯检测仪；12—车底检查工位；
13—主控制室；14—车速表检测申报开关；15—检验程序指示器

对于安全环保检测线，不管是三工位、四工位，还是五工位，也不管工位顺序如何编排，其检测项目是固定的，因而均布置成直线通道式，以利于进行流水作业。

（2）综合检测线。A级站的综合检测线一般有两种类型：一种是全能综合检测线，另一种是一般综合检测线。全能综合检测线设有包括安全环保检测线主要检测设备在内的比较齐全的工位，而一般综合检测线设置的工位不包括安全环保检测线的主要检测设备。

图2-35所示的综合检测线是一种接近全能的综合检测线。它由发动机测试及车轮平衡工位、底盘测功工位、车轮定位及车底检查工位组成，除路试制动性能不能检测外，安全环保检测线上的其他检测项目均能在该线上检测。

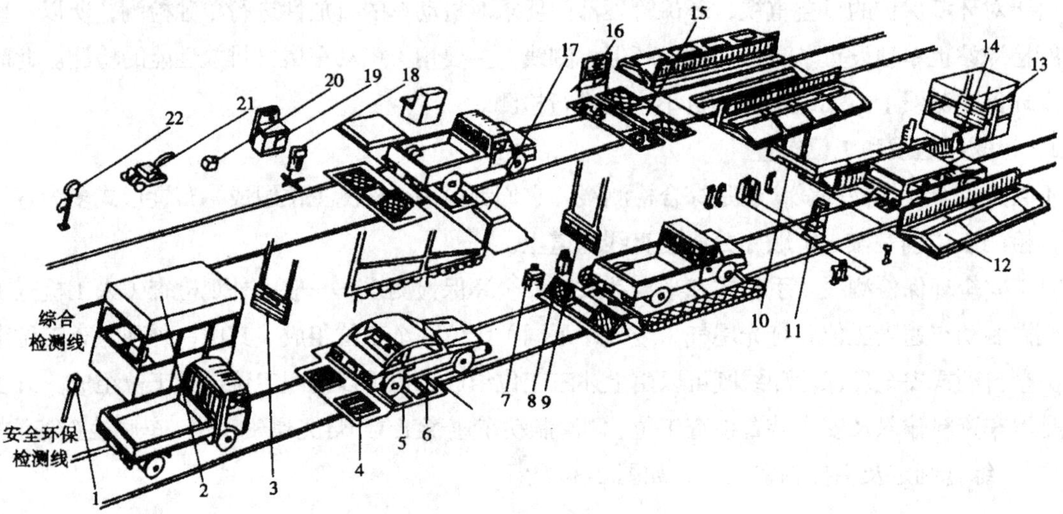

图2-35　双线综合检测线

1—进线指示灯；2—进线控制室；3—L工位检验程序指示器；4、15—侧滑检验台；5—制动试验台；6—车速表试验台；7—烟度计；8—排气分析仪；9—ABS工位检验程序指示器；10—HX工位检验程序指示器；11—前照灯检测仪；12—地沟系统；13—主控制室；14—P工位检验程序指示器；16—前轮定位检测仪；17—底盘测功工位；18、19—发动机综合性能分析仪；20—机油清净性分析仪；21—就车式车轮平衡仪；22—轮胎自动充气机

A级站的一般综合检测线主要由底盘测功工位组成，能承担除安全环保检测项目以外项目的检测诊断，必要时车辆须开到安全环保检测线上才能完成有关项目的检测，国内已建成的综合检测站有相当多是属于这种类型的，与全能综合检测线相比，一般综合检测线设备少，建站费用低，但检测效率也低。

B级综合检测站和C级综合检测站的综合检测线不包括底盘测功工位。

随着汽车技术的不断发展，汽车检测技术也不断更新，新的检测设备逐渐被研发，检测线的工位布置及各工位配备的仪器设备和功能也不断改进。如最新设计的六工位双线综合性能检测线设计如图2-36所示。

（三）检测站的工艺路线

对于一个独立而完整的检测站，汽车进站后的工艺路线流程如图2-37所示。

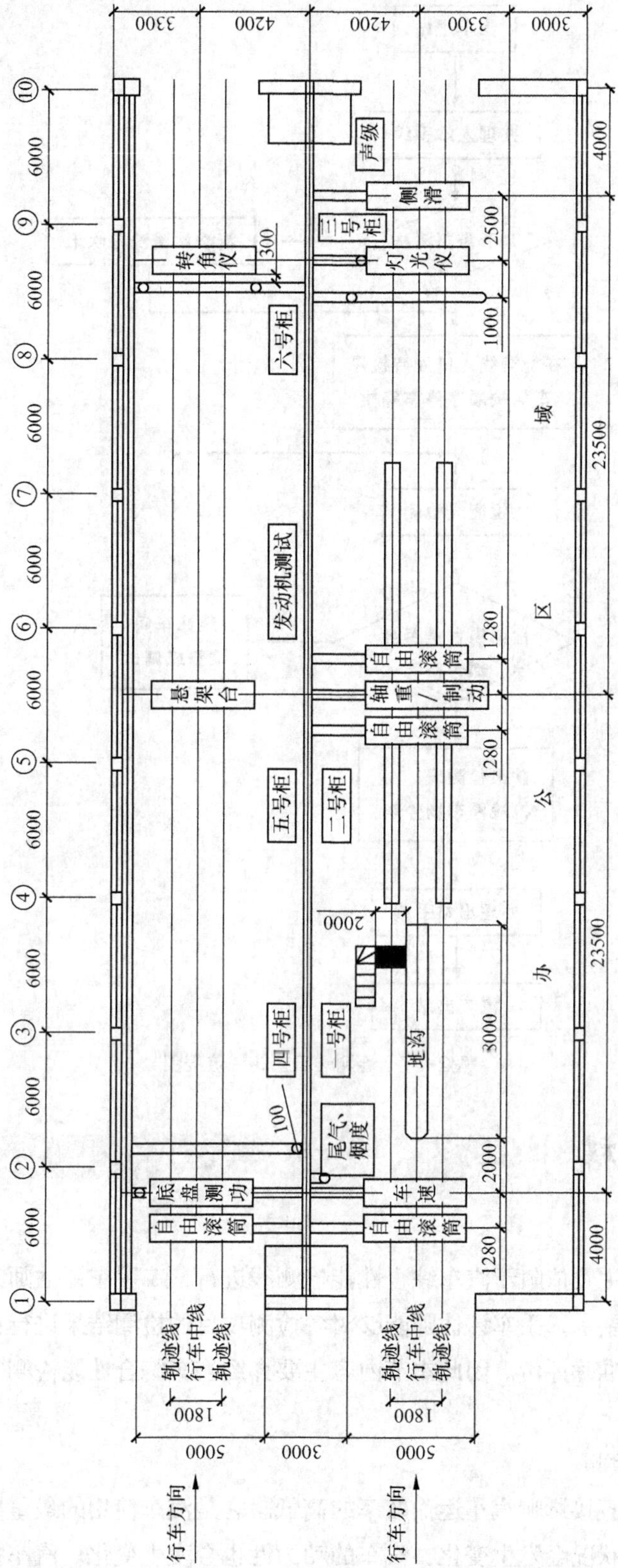

图2-36 新型双线综合检测线平面布置图

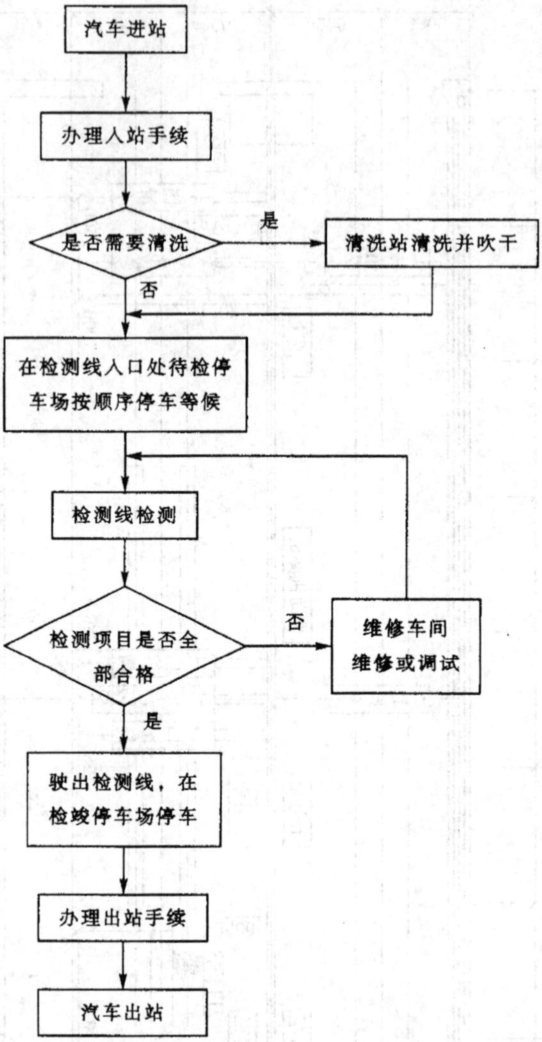

图2-37　检测站工艺路线流程图

三、实施与考核

（一）技能学习

由于整车性能检测主要依附于汽车综合性能检测线进行，二手车评估师只需对其检测方法有一定的了解即可，而关键要求二手车评估师能够对各检测项目的检测结果进行正确的分析，以便给出二手车现时技术状况的准确评价。因此本节内容主要介绍汽车综合性能检测中，各检测项目的检测标准及结果分析。

1. 汽车的动力性检测

汽车动力性的好坏直接影响汽车运输效率的高低。它是汽车使用的最重要的基本性能。汽车在使用一定时期后，技术状况会发生变化，汽车的动力性也会发生变化。汽车技术状况不良，首先表现为动力性不足，燃料消耗增大。汽车动力性的检测方法有道路试验和室内台架试验两大类。室内台架试验不受客观条件影响，测试条件易于控制，所以在汽车检测站得到广泛应用。

（1）驱动轮输出功率的检测。在室内检测在用汽车动力性时，采用驱动车轮输出功率或驱动力作为诊断参数，须在底盘测功台上进行（见图 2-38）。驱动车轮输出功率的检测，即通常所说的底盘测功。底盘测功的目的，一是为了获得驱动车轮的输出功率或驱动力，以便评价汽车的动力性；二是用获得的驱动车轮输出功率与发动机飞轮输出功率进行对比，求出传动效率，以便判定底盘传动系的技术状况。

图2-38 汽车底盘测功台

① 检测标准。GB 18565—2001《营运车辆综合性能要求和检验方法》规定，驱动轮输出功率的检测工况，采用汽车发动机额定扭矩和额定功率时的工况，即发动机全负荷与额定扭矩转速和额定功率转速相对应的直接挡（无直接挡时指传动比最接近 1 的挡）车速构成的工况。

标准规定整车动力性检测的判定限值是在用上述检测工况下，采用校正驱动轮输出功率与相应的发动机输出功率的百分比，作为驱动轮输出功率的限值。即：

$$\eta_{VM} = P_{VM0}/P_M$$

$$\eta_{VP} = P_{VP0}/P_e$$

式中：η_{VM}——汽车在额定扭矩工况下的校正驱动轮输出功率与发动机额定扭矩功率比值的百分比，%；

η_{VP}——汽车在额定功率工况下的校正驱动轮输出功率与发动机额定功率比值的百分比，%；

P_{VM0}——汽车在额定扭矩工况下的校正驱动轮输出功率，kW；

P_{VP0}——汽车在额定功率工况下的校正驱动轮输出功率，kW；

P_M——发动机在额定扭矩工况下的输出功率，kW；

P_e——发动机在额定功率工况下的输出功率，kW。

校正驱动轮输出功率即底盘测功台实测驱动轮输出功率，根据当时的大气压力、环境温度、相对湿度等修正后的驱动轮输出功率。

驱动轮输出功率合格的判定条件为

$$\eta_{VM} \geqslant \eta_{Ma}$$

$$\eta_{VP} \geqslant \eta_{Pa}$$

式中：η_{Ma}——汽车在额定扭矩工况下的校正驱动轮输出功率与发动机额定扭矩功率比值的百分比的允许值，%；

η_{Pa}——汽车在额定功率工况下的校正驱动轮输出功率与发动机额定功率比值的百分比的允许值，%。

驱动轮输出功率的限值，见表 2-11。

表 2-11　　汽车驱动轮输出功率的限值

汽车类别	汽车型号		额定扭矩工况			额定功率工况		
			直接挡检测速度 V_M（km/h）	校正驱动轮输出功率/额定扭矩功率 η_{VM}（%）		直接挡检测速度 V_P（km/h）	校正驱动轮输出功率/额定功率 η_{VP}（%）	
				额定值 η_{Pr}	允许值 η_{Mn}		额定值 η_{Pr}	允许值 η_{Pa}
载货汽车	1010 系列 1020 系列	汽油车	60	75	50	90	65	40
	1030 系列	汽油车	60	75	50	90	65	40
	1040 系列	柴油车	55	75	50	90	70	45
	1050 系列	汽油车	60	75	50	90	65	40
	1060 系列	柴油车	50	75	50	80	70	45
	1070 系列	汽油车	—	—	—	—	—	—
	1080 系列	柴油车	50	75	50	80	70	45
	1090 系列	汽油车	40	75	50	80	70	45
		柴油车	55	75	50	80	70	45
	1100，1110 系列	汽油车	—	—	—	—	—	—
	1120，1130 系列	柴油车	50	70	45	80	65	40
	1140 系列 1150 系列 1160 系列	柴油车	50	75	50	80	65	40
	1170 系列 1190 系列	柴油车	55	75	50	80	65	40
半[①]挂列车	10 t 半挂列车系列	汽油车	40	75	50	80	70	45
		柴油车	50	75	50	80	70	45
	15 t、20 t、半挂列车系列	柴油车	45	70	45	70	65	40
	25 t 半挂列车系列	柴油车	45	75	50	75	65	40
客车	6600 系列	汽油车	60	70	45	85	60	35
		柴油车	45	75	50	75	65	40
	6700 系列	汽油车	50	65	40	80	60	35
		柴油车	55	70	45	75	60	35
	6800 系列	汽油车	40	65	40	85	60	35
		柴油车	45	70	45	75	60	35

续表

汽车类别	汽车型号		额定扭矩工况			额定功率工况		
			直接挡检测速度 V_M（km/h）	校正驱动轮输出功率/额定扭矩功率 η_{VM}（%）		直接挡检测速度 V_P（km/h）	校正驱动轮输出功率/额定功率 η_{VP}（%）	
				额定值 η_{Pr}	允许值 η_{Mn}		额定值 η_{Pr}	允许值 η_{Pa}
客车	6900 系列	汽油车	40	65	40	85	60	35
		柴油车	60	70	45	85	65	35
	6110 系列	汽油车	40	65	40	85	60	35
		柴油车	55	70	45	80	60	35
	6120 系列	柴油车	60	65	40	90	60	35
轿车	夏利、富康		95/65②	65/60②	40/35②	—	—	—
	桑塔纳		95/65②	70/65②	45/40②	—	—	—

注：5010 系列～5040 系列厢式货车和罐式货车驱动轮输出功率的允许值按同系列普通货车的允许值下调 2%，其他系列厢式货车驱动轮输出功率的允许值按同系列普通货车的允许值下调 4%。

① 半挂列车是按载质量分类。

② 为汽车变速器使用三挡时的参数值。

允许值的限值是对一般营运车辆动力性的最基本的合格要求，如果动力性达不到允许值的要求，则说明该车动力性不合格，应对该发动机或传动系进行检查维修后，再重新检测，一定要合格后才能投入营运工作。根据 JT/T 198—2004《营运车辆技术等级划分和评定要求》的规定，凡从事危险品货物运输、高速公路客运、旅游客运和 800 km 以上超长线公路客运的车辆，其技术等级必须为一级，上述车辆的校正驱动轮输出功率与相应的发动机输出功率的比值的百分数，必须要大于或等于表 2-11 中额定值的限值才能为合格。对于二、三级车，只要达到合格即符合要求。

② 检测报告单分析。汽车驱动轮输出功率的检测报告单式样，见表 2-12。即在实际综检报告单中，隶属于动力性、燃料经济性检测项目下的第一个小项。

表 2-12 汽车动力性、燃料经济性部分报告单式样

动力性、燃料经济性	序号	检测项目		检测结果								评价
	1	校正驱动轮输出功率	额定扭矩工况	kW 144.8 %								○
			额定功率工况	kW %								
	2	等速百公里燃料油耗量		L/100 km%								
	序号	发动机技术状况	检测项目	1	2	3	4	5	6	7	8	评价
	3		相对气缸压力（%）	100	98	101	101					○
	4		点火电压（汽油）/kV									—

续表

<table>
<tr><td rowspan="7">动力性、燃料经济性</td><td>序号</td><td></td><td>检测项目</td><td>检测结果</td><td>评价</td><td>序号</td><td>检测项目</td><td>检测结果</td><td>评价</td></tr>
<tr><td>5*</td><td rowspan="6">发动机技术状况</td><td>最低稳定转速</td><td>532 r/min</td><td>○</td><td>11</td><td>蓄电池电压</td><td>11.7 V</td><td>○</td></tr>
<tr><td>6</td><td>最高转速（柴油）</td><td>r/min</td><td></td><td>12</td><td>润滑油污染指数</td><td>2.5</td><td>○</td></tr>
<tr><td>7*</td><td>起动电压</td><td>9.4 V</td><td>×</td><td>13</td><td>润滑油水份含量</td><td>0.2</td><td>○</td></tr>
<tr><td>8*</td><td>起动电流</td><td>197.3 A</td><td>○</td><td>14</td><td colspan="2">机油压力</td><td>○</td></tr>
<tr><td>9</td><td>充电电压</td><td>13.2 V</td><td>○</td><td>15*</td><td colspan="2">停机装置（柴油）</td><td>○</td></tr>
<tr><td>10</td><td>充电电流</td><td>13.2 A</td><td>○</td><td>16*</td><td colspan="2">异响</td><td>○</td></tr>
</table>

在表中的“检测结果”栏内，应该在“kW”前打印出实测驱动轮输出校正功率值，单位为 kW；在“%”前打印出校正驱动轮输出功率与相应的发动机输出功率的百分比。上例中“kW”前没有数据，而“%”前的数据大于 100%，说明有错误，原因可能是应用程序设计的问题。

③ 整车动力性不合格的原因分析。

- 发动机功率不足。可能的原因有：气缸压缩压力低；个别气缸工作不正常；点火正时（或喷油正时）不准；空气滤清器堵塞等。
- 底盘传动系技术状况不良。可能的原因有：离合器打滑；制动器间隙偏小；传动轴变形弯曲，中间轴承支架松旷，传动轴不平衡；驱动轿装配不良或有故障；轮胎气压不标准，轮辋变形，轮胎花纹规格不符合要求；传动系、行驶系润滑不良等。

（2）滑行距离的检测。利用底盘测功机还可测出汽车的滑行距离。汽车滑行距离的长短，主要取决于汽车传动系的技术状况，因此，滑行距离这一评价指标实际上是间接评价汽车传动系的技术状况。

① 检测标准。汽车滑行距离的标准，见表 2-13。

表 2-13　汽车滑行距离限值

汽车整备质量（kg）	双轴驱动车辆滑行距离（m）	单轴驱动车辆滑行距离（m）
m＜1000	≥104	≥130
1000≤m≤4000	≥120	≥160
4000≤m≤5000	≥144	≥180
5000≤m≤8000	≥184	≥230
8000≤m≤11000	≥200	≥250
m＞11000	≥214	≥270

② 检测结果分析。当被检汽车的滑行距离低于表中值时，说明消耗于离合器、变速器、分动器、万向传动装置、主减速器、差速器和轮毂轴承等处的功率增加。损耗的功率主要集中在各运动件的摩擦损耗和搅油损耗上。因此，通过正确的调整和合理的润滑，机械传动效率会得到提高。值得指出的是，新车和大修车的机械传动效率并不是最高，只有传动系完全走合后，由于配合情况变好，摩擦力减小，才使得机械传动效率达到最高。此后，随着车辆继续使用，由于磨损逐渐增大，配合情况逐渐恶化，造成摩擦损失不断增加，因而机械传动效率也就降低。

2. 汽车的燃料消耗量检测

汽车燃料消耗量除了与燃料供给系的技术状况有直接关系外，还与曲柄连杆机构、配气机构、点火系、润滑系、冷却系、传动系、行驶系、转向系和制动系等有关，是一个综合性评价参数。检测汽车燃料消耗量在使用中的变化，不仅可以诊断燃料供给系的技术状况，而且可以诊断发动机及整车的技术状况。

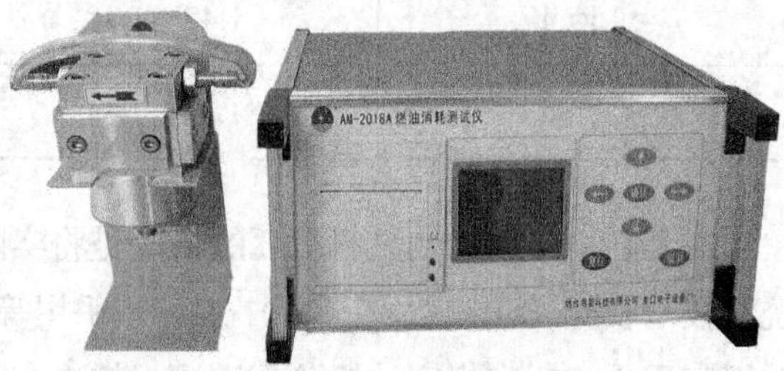

图2-39 车用油耗仪

在检测线上，燃料消耗量的检测需借助底盘测功台并配合油耗仪（见图 2-39）来完成的。检测项目为等速行驶百公里油耗。

（1）检测标准。为了节约能源，国家对现生产及计划投产的载货汽车的规定了燃料消耗量限值，考核指标为比燃料消耗量 q（吨百公里燃料消耗量）。

$$q=\frac{Q_s}{G} \qquad (\mathrm{L/100t\cdot km})$$

式中：Q_s——百公里的燃料消耗量；

G——汽车质量。

被考核车型要求在满足动力性的前提下，比燃料消耗量应符合“载货汽车燃料消耗量限值表”的规定，见表 2-14、表 2-15 和表 2-16。

表 2-14 汽油载货汽车燃料消耗量限值

汽车总质量（t）	比燃料消耗量（L/100 t · km）	汽车总质量（t）	比燃料消耗量（L/100 t · km）
2.5～4.0	4.05～3.17	9.0～12.0	2.64～2.50
> 4.0～6.0	3.15～2.83	> 12.0～15.0	2.48～2.39
> 6.0～9.0	2.82～2.65		

表 2-15 柴油载货汽车燃料消耗量限值

汽车总质量（t）	比燃料消耗量（L/100 t · km）	汽车总质量（t）	比燃料消耗量（L/100 t · km）
2.5～4.0	2.82～2.16	9.0～12.0	1.68～1.55

续表

汽车总质量（t）	比燃料消耗量（L/100 t·km）	汽车总质量（t）	比燃料消耗量（L/100 t·km）
＞4.0～6.0	2.14～1.88	＞12.0～15.0	1.53～1.43
＞6.0～9.0	1.86～1.76		

表 2-16　　重型载货汽车燃料消耗量限值

汽车总质量（t）	比燃料消耗量（L/100 t·km）	汽车总质量（t）	比燃料消耗量（L/100 t·km）
＞15～17	1.42～1.40	＞22～26	1.37～1.33
＞17～22	1.39～1.37	＞26～32	1.32～1.30

对于在用车，检测燃料消耗的目的是将实际油耗与车辆标准油耗相对照，以判断发动机燃油系统的技术状况。GB 18565—2001 规定，采用等速百公里燃料消耗量作为车辆燃料经济性评价指标，并规定采用本标准规定的检验方法测得的汽车百公里燃料消耗量不得大于该车型原厂规定的相应车速等速百公里燃料消耗量的 110%。

营运车辆评级时，JT/T 198—2004《营动车辆技术等级划分和评定要求》标准规定：一级车：不大于该车型制造厂规定的相应车速等速百公里油耗的 103%；二、三级车：不大于该车型制造厂规定的相应车速等速百公里油耗的 110%。

（2）检测报告单分析。汽车燃料经济性检测在综检报告单的中位置，见表 2-12。即在实际综检报告单中，隶属于动力性、燃料经济性检测项目下的第二个小项。

在表中的“检测结果”栏内，应该在“L/100 km”前打印出实测等速百公里燃料消耗量数值，单位为 L/100 km；在“%”前打印出实测百公里燃料消耗量与车辆制造厂给出的相应车速等速百公里燃料消耗量的百分比。表 2-12 中“L/100 km”和“%”前均没有数据，说明没有进行该项目的检测。

（3）检测结果不合格的原因分析。影响汽车燃料经济性的因素很多，就车辆本身而言，主要分为两个方面：其一是发动机、汽车结构方面的因素；其二是汽车使用方面的因素。在汽车的使用因素中，其技术状况的变化对汽车燃料经济性影响很大。

汽车的燃料经济性能否正常发挥，在很大程度上取决于汽车发动机的技术状况，其中包括发动机各组合件的技术状况。

① 发动机的技术状况不良。可能的原因有：机气缸的压缩压力低；气门间隙不正确；配气相位不准确；化油器技术状况不良（或喷油泵、喷油器技术状况不良）；点火正时（或喷油正时）不准确；个别气缸工作不正常；发动机工作温度不正确；电喷发动机的各传感器、执行器及电脑有故障等。

② 汽车底盘技术状况不良。可能的原因有：底盘传动系各配合副若配合不良或润滑不良；轮胎气压过低；车轮定位参数失准等。

3. 发动机技术状况的检测

发动机是汽车的“心脏”，综合性能好坏直接影响汽车的动力性和燃料经济性。

气缸相对压缩压力、汽油车点火电压、发动机最低稳定转速、柴油机最高转速、启动电流（电压）、充电电压（电流）、蓄电池电压、润滑油污染指数、润滑油水含量、机油压力、柴油机停机装置技术状况及发动机异响等均能从某一方面评价发动机（包括蓄电池）的技术状况。在现行的综合性能检测报告单上，已将上述项目列为必检项。

检测发动机技术状况通常使用发动机综检仪（见图 2-40）。

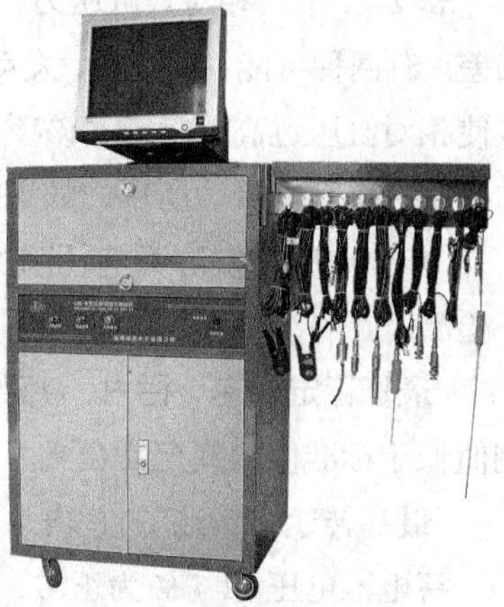

图2-40 发动机综检仪

（1）检测标准。

① 气缸压缩压力标准值。一般由汽车厂商提供，按照 GB 18565—2001 的规定，在用汽车发动机各气缸压力应不小于原设计值的 85%，每缸压力与各缸平均压力的差：汽油机应不大于 8%，柴油机应不大于 10%。常见几种车型发动机气缸压缩压力的标准，见表 2-17。

表 2-17 常见几种车型发动机气缸压缩压力的标准值

发动机型号	压缩比	气缸压缩压力标准值（kPa）
奥迪 100 1.8L	8.5	800～1000
捷达 EA827	8.5	900～1100
桑塔纳 AJR 1.8L	9.3	1000～1350
富康 TU3	8.8	1200
解放 CA6102	7.4	930
东风 EQ6100	6.75	833
五十铃 4JB1	18.2	3100

② 汽油机的点火电压一般在 10～20 kV。

③ 发动机最低稳定转速应符合汽车生产厂商的规定，对于车用汽油机一般在 800r/min 左右；车用柴油机一般在 520～650r/min。

④ 柴油机最高转速应符合汽车生产厂商的规定，一般在 2500～3000 r/min。

⑤ 启动电压、启动电流、充电电压、充电电流、蓄电池电压及机油压力均应符合汽车生产厂商的规定。

⑥ 润滑油污染指数标准，使用 SRZ-重型发动机油质量测定仪，污染指数小于 23；使用 RZJ-2 型发动机油质量测定仪，污染指数小于 4.7。

⑦ 润滑油水含量。按在用汽油机和柴油机换油指标标准，为不大于 0.2%。

（2）检测结果分析。汽车发动机技术状况的检测报告单式样，见表 2-12。在实际综检报告单中，隶属于动力性、燃料经济性检测项目下的第 3 个小项，其中又包括 16 个具体参数。

表 2-12 中“相对气缸压力”栏内，显示 4 个气缸的相对缸压均在 100%左右，表明数据有较大误差。有两种可能性：第一，发动机气缸内确实积炭较多或大修时对气缸盖、气缸体表面磨削过多，致使相对缸压过高；第二，该项目根本没有实际检测，是电脑程序设计而打印上去的，而设计打印的数据又不合常规。所以，如果打印了上述数据，应判定为不合格。

“点火电压（汽油）”项目是针对汽油机而设的项目，由于样表的实测车型为柴油车，故此项目不检测。

“最低稳定转速”栏内，实测数据“532 r/min”，通常汽车的最低稳定转速在 800 r/min 左右，实测值低于标准值故判定为合格。但实测数据有些偏低，可能有人为因素存在。

“最高转速（柴油）”栏内，没有检测数据，说明此项目没有检测。

蓄电池电压 11.7 V 为正常，但启动电压值低说明电池内部有故障。

4. 转向操纵性检测

汽车综检报告单上的转向操纵性实际上是指汽车的操纵稳定性。汽车的操纵稳定性包含着互相联系的两部分内容，一个是操纵性，一个是稳定性。

综检线的转向操纵性检测工位一般为第 3 个工位。在该工位一般设置转角仪，同时配备四轮定位仪、车轮平衡仪等可进行转向轮最大偏摆角、车轮定位参数、车轮平衡度等相关项目的检测。有的检测线在该工位还配备转向参数测试仪，用以检测转向盘自由行程及转向力。考虑该工位检测项目较多，大多数检测线将侧滑量检测置于其他工位。

现行的汽车综合性能检测中，对于转向操纵性检测的具体项目有前轴转向轮侧滑量、前束、车轮外倾角、转向盘最大自由转动量、转向盘操纵力及前轴转向轮最大转角等。

（1）车轮侧滑量的检测。检测前轮侧滑量的目的是为了确知前轮前束与前轮外倾的配合是否恰当。当二者配合恰到好处时，汽车前轮保持稳定的直线行驶状态。有些汽车(如上海桑塔纳等)的后轮也有前束和外倾，因此也应进行后轮侧滑量检测。

车轮侧滑量检测，须采用侧滑检验台。侧滑检验台是测量汽车车轮横向滑动量并判断是否合格的一种检测设备，有滑板式（见图 2-41）和滚筒式之分。其中，滑板式侧滑检验台(以下简称为侧滑检验台)在我国获得了广泛应用。

① 检测标准。按国家标准 GB 18565—2001 的规定，用侧滑检验台检测前轮侧滑量，其值应在 ± 5 m/km 范围内。

② 检测结果分析。如果前轮侧滑量检测值不符合要求，说明前束值与车轮外倾角配合失准，可能是前束值不正确，也可能是车轮外倾角发生变化。

如果检测值偏小（滑板向内移动），一般说明前束小，可调大前束。但个别情况下也可能是由于车轮外倾角过大引起的。所以最后是再做车轮定位。

同理，如果检测值偏大（滑板向外移动），一般说明前束过大，但也可能是由于车轮外倾角过小。

（2）车轮定位的检测。车轮定位指的是车轮外倾角、车轮前束值、主销内倾角和主销后倾角等。这些定位参数的变化会使汽车的操纵稳定性下降，同时增加轮胎的异常磨损和某些零部件的过早疲劳损坏。

在检测线上检测车轮定位常用四轮定位仪（见图 2-42）。四轮定位仪可检测的项目包括：前轮前束值/角(前轮前束角/前张角)、前轮外倾角、主销后倾角、主销内倾角、后轮前束值/角(后轮前束角/前张角)、后轮外倾角、车辆轮距、车辆轴距、转向 20° 时的前张角、推力角和左右轴距差等。

图2-41 汽车侧滑检测台

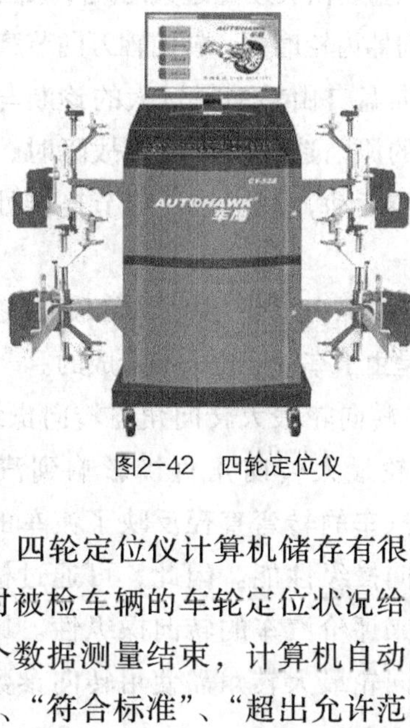

图2-42 四轮定位仪

① 检测标准。不同车辆的车轮定位参数值是不同的。四轮定位仪计算机储存有很多车型的车轮定位标准值，可以人工调取，与实测值相比较，对被检车辆的车轮定位状况给出正确的评价。另外，计算机本身也具有自动比较功能，当一个数据测量结束，计算机自动比较，并给出“合格（或显示绿色）”、“不合格（或显示红色）”、“符合标准”、“超出允许范围”等提示。

② 检测结果分析。车轮定位的失准原因比较复杂，除维修调整不当外，车架、车桥、车身的变形，连接部位（如独立悬架的纵、横摆臂的连接部位）的磨损及相关连接件的变形等均会导致车轮定位值的变化。

（3）转向盘最大自由行程及操纵力的检测。汽车的转向盘最大自由行程也称为转向盘最大自由转动量，其数值的大小反映了整个转向系统的间隙大小，设计该参数的目的是为驾驶人减轻驾驶疲劳，该数值的大小于最大设计车速相关，通常设计车速越高，自由行程越小。汽车转向操纵力大小直接影响驾驶人操纵汽车转向的轻便程度。检测转向盘最大自由行程及转向操纵力需使用转向参数测量仪（见图 2-43）。

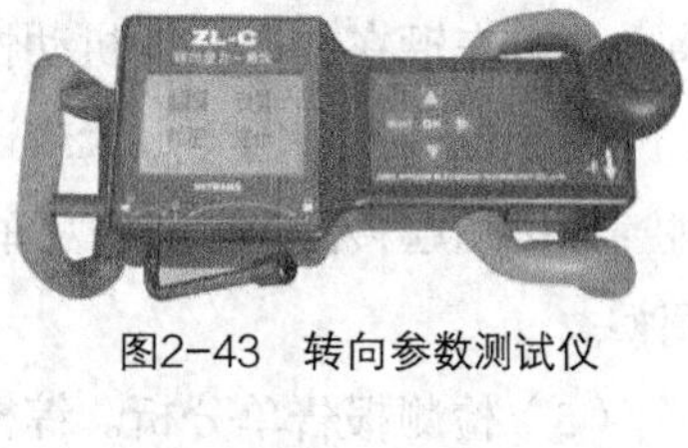

图2-43 转向参数测试仪

① 检测标准有以下几项。

- GB 18565—2001 规定。最大设计车速不小于 100 km/h 的机动车，其转向盘自由行程的最大转动量不允许大于 20°；其他机动车不允许大于 30°。机动车在平坦、硬实、干燥和清洁的水泥或沥青道路上行驶，以 10 km/h 的速度在 5 s 之内沿螺旋线从直线行驶过渡到直径为 24 m 的圆周行驶，施加于转向盘外缘的最大切向力应不大于 150 N。
- JT/T 198—2004 规定。最高设计车速不小于 100 km/h 的机动车，其转向盘自由行程的最大转动量一级车不允许大于 15°，二、三级车不允许大于 20°；其他机动车一级车不允许大于 20°，二、三级车不允许大于 30°。

② 检测结果分析。转向盘自由行程过大的故障现象是，转向轮保持直线行驶位置静止不动时，转向盘左右转动的游动角度过大。

转向盘自由转动量过大的故障原因是，转向系的齿轮啮合间隙调整不当；转向器齿轮箱安装不良；转向器齿轮磨损；转向轴万向节磨损；横拉杆连接处磨损等。

转向盘自由转动量过大的诊断与排除方法是，首先判明故障是由转向器，还是由拉杆球节磨损的原因造成的。检查故障时，架起汽车转向轮，左右转动转向盘，当用力转动时，拉杆才同步运动，说明拉杆球节连接处磨损间隙过大；若拉杆不动，则说明转向器齿轮的磨损过大。

转向操纵力过大，说明转向系统调整不当/系统润滑不良或使用中有关零部件磨损、变形引起的。也可能是由于车轮定位失准造成的。

（4）转向轮最大转向角与转向操纵力的检测。汽车的转向轮最大转向角直接影响到汽车转弯直径的大小，而汽车的转弯直径反映了汽车的机动性，影响汽车的转向操纵性能。因此，可通过检测转向轮的最大转向角来评价汽车的转向操纵性。原地检测转向操纵力及转向轮最大转角需使用转向参数测试仪和转角台（见图 2-44）。

图2-44 转角台

① 检测标准。GB 18565—2001 规定:转向轮最大转向角应符合原厂设计的规定值。原地检测转向盘操纵力，在转角台上转动转向盘使车轮达到原厂规定的最大转角时，在全过程中测得的转向力不得大于 120 N。

② 检测结果分析。如果转向轮最大转向角不符合要求，则需要查明故障原因，给予排除，否则，将会影响车辆在转向时的机动性能，危及行车安全。

转向轮最大转向角过大或过小的原因，一般是转向轮限位螺钉调整不正确造成的，也可能由于碰撞原因引起转向节、前桥及车身变形造成的。转向轮的最大转向角应在车辆二级维护时予以检查、调整。

（5）检测报告单分析。综检报告单中，转向操纵性检测部分式样，见表 2-18。

表 2-18　　　　转向操纵性检测部分式样

	序　号	检测项目		检测结果	评　价
转向操纵性	17*	前轴转向轮侧滑量		内 0.8m/km	○
	18*	前束		−0.49mm	
	19	车轮外倾角 *L*/*R*		−0.00° −0.01°	
	20*	转向盘最大自由转动量		12°	壹
	21	转向盘操纵力		96N	○
	22*	前轴转向轮最大转角	左转内/外	40.6°/36°	
			右转内/外	39°/36°	

对表中的各项检测结果分析如下。

前轴转向轮侧滑量实测数据为“内 0.8 m/km”，在标准规定的 ± 5m/km 之间，故判定合格。

前束实测值−0.49 mm，说明该车为负前束。但对于所检测车型（小型货车）应该是正前束，说明检测结果有误，可能根本没有检测，而程序自动打印的数据与标准值又相差太大。

左车轮外倾角实测值−0.00°，右车轮外倾角实测值−0.01°，说明两个车轮均为负外倾，而且角度太小，不符合实际情况。况且对于所检测车型，应该为正外倾。可能是根本没有检测，而程序自动打印的数据与标准值又相差太大。

从表中可以看出，在前束值和车轮外倾角栏目的“评价”栏内没有给出判定，说明软件系统内没有该车型的检测标准。

转向盘最大自由转动量实测值为 12°，该项目为营运车辆技术等级评定的分级项目，检测值符合一级车的标准（不大于 15°），所以评定为一级。

转向盘操纵力检测（原地检测）为 96 N，符合标准（不大于 120 N），故评定为合格。

转向轮最大转向角实测数据没有给出评价，说明软件系统内没有该车型的标准。

5. 汽车悬架装置性能的检测

汽车悬架装置最易发生故障的部件是减振器。减振器对汽车行驶平顺性、乘坐舒适性、操纵稳定性和行驶安全性的影响很大。研究表明，大约有四分之一的汽车上至少有一个减振器工作不正常。当减振器工作不正常时，出现汽车行驶中跳跃严重，车轮轮胎有 30%的路程接地力减少，汽车转向盘发飘，弯道行驶时车身晃动加剧，制动时易发生跑偏或侧滑，轮胎磨损异常，乘坐舒适性降低，有关机件磨损速度加快等不良后果。

图2-45　谐振式悬架装置检测台

GB 18565—2001 规定，最大设计车速≥100 km/h、轴载质量≤1500 kg 的载客车辆，应检测其悬架特性。

汽车悬架特性可通过谐振式悬架装置检测台（见图 2-45）或平板式检测台测得。

（1）悬架装置性能评价指标。由于使用的检测设备不同，其用以评价悬架系统性能的指标是不同的。

① 吸收率。吸收率是谐振式悬架装置检测台的评价指标。吸收率是指在悬架装置检测台上，受检车辆的车轮在受外界激励振动过程中，产生共振时的车轮最小垂直载荷与静止状态下车轮垂直载荷的百分比，即

$$P=\frac{F_{动}}{F_{静}}\times 100\%$$

式中：$F_{动}$——最小动态接地力，N；

$F_{静}$——静态接地力，N；

P——吸收率，%。

② 悬架效率。悬架效率是平板式检测台的评价指标。在利用平板式检测台的测试时，汽车以一定的初速度制动至停车，由于惯性力会引起车身前后振动，利用平板上安装的力传感器检测出整个过程中各车轮对平板的压力，即可绘出如图 2-46 所示的曲线，则悬架效率的定义为

$$\eta=1-\left|\frac{G_B-G_0}{G_A-G_0}\right|$$

式中：η——悬架效率

G_0——车轮处静态负荷值，kg；

G_A——车轮处负荷变化曲线上 A 点的绝对坐标值，kg；

G_B——车轮处负荷变化曲线上 B 点的绝对坐标值，kg。

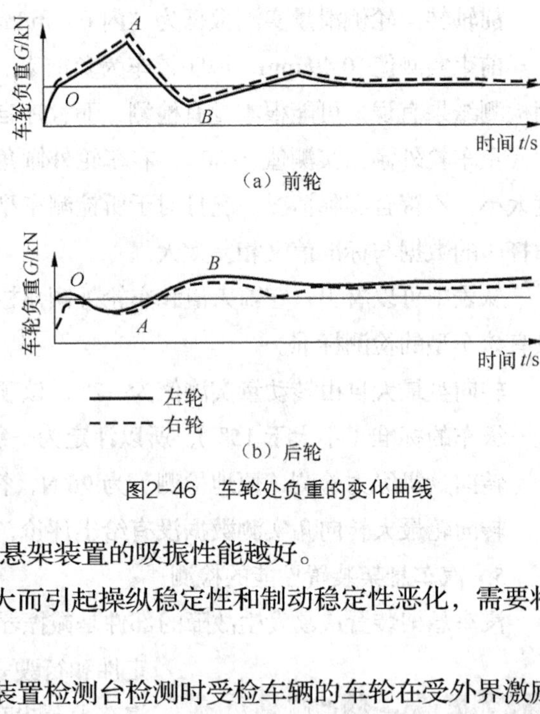

图2-46 车轮处负重的变化曲线

从上面公式中可以分析出，G_B值越大，则该轮悬架装置的吸振性能越好。

同样，为了防止因同轴左右悬架效率的差异过大而引起操纵稳定性和制动稳定性恶化，需要将同轴左右轮悬架效率差控制在一定的范围之内。

（2）评价标准。GB 18565—2001 规定，用悬架装置检测台检测时受检车辆的车轮在受外界激励振动下测得的吸收率(被测汽车共振时的最小动态车轮垂直载荷与静态车轮垂直载荷的百分比值)应不小于 40%，同轴左右轮吸收率之差不得大于 15%。用平板式检测台检测时，受检车辆制动时测得的悬架效率应不小于 45%，同轴左右轮悬架效率之差不得大于 20%。

（3）检测结果分析。在悬架系统中，起主要作用的部件是减振器。对在悬架装置检测中不合格的车辆，可能存在以下故障原因。

① 减振器内部的轴磨损，内部阀片损坏，各密封处漏油，导致减振功能失效。

② 减振器外部的紧固螺栓磨损，松动，脱落。

③ 减振用螺旋弹簧弹性降低，疲劳或折断，造成早期损坏。

④ 悬架系统各连接部件磨损，松动。

（4）检测报告单分析。在综检报告单中汽车悬架特性的检测部分报告单式样见表 2-19。

表 2-19　　汽车悬架特性检测部分报告单式样

	序　号	检 测 项 目		检 测 结 果	评　价
悬架特性	23	悬架吸收率	前左	%	—
			前右	%	—
			差值	%	—
			后左	%	—
			后右	%	—
			差值	%	—

表中“前左、前右、后左、后右”分别表示左前轮、右前轮、左后轮和右后轮。“检测结果”栏内，分别为实测悬架的吸收率值，用百分比表示。“差值”表示同轴左右轮悬架吸收率的差，用百分比表示。

6. 汽车制动性能的检测

汽车的制动性能是汽车重要的使用性能之一。制动性能的好坏直接关系到行车安全，性能良好和可靠的制动系统可保证行车安全，避免交通事故。反之，很容易造成车毁人亡的恶性事故，同时，制动性能的好坏还影响到汽车动力性的发挥。由此，汽车制动装置的齐全、可靠，及符合国家制动标准的良好制动性能是非常重要的。制动性能检测是安全性检测的重点项目之一。

GB 18565—2001 和 GB 7258—2012 均规定，机动车可以通过路试或台试来检测制动距离、制动减速度或制动力等制动性能评价参数。

在检测线通常利用反力滚筒式制动检测台（组合轴重台，见图 2-47）或平板式制动检测台（见图 2-48）来检测汽车制动性能。其检测参数为制动力，并根据实测各车轮的制动力计算轴制动力与轴荷的百分比，整车制动力与整车重量的百分比，左右轮制动力的差（制动力平衡）。

图2-47　用滚筒式制动检测台检测制动性能

图2-48　用平板式制动检测台检测制动性能

（1）检测标准。GB 18565—2001 对汽车行车制动性能提出如下要求。

① 汽车、汽车列车、无轨电车和农用运输车在制动检测台上测出的制动力应符合表 2-20 的要求。对空载检验制动力有质疑时，可用表中规定的满载检验制动力要求进行检验。

表 2-20 检测台检测制动力要求

车辆类型	制动力总和与整车重量的百分比/%		轴制动力与轴荷的百分比/%	
	空载	满载	前轴	后轴
汽车、汽车列车、无轨电车和四轮农用动输车	≥60	≥50	≥60①	—
三轮农用运输车	—	—	—	≥60①

注：① 空载和满载状态下测试均应满足此要求。

② 制动力平衡要求。在制动力增长全过程中同时测得的左右轮制动力差的最大值，与全过程中测得的该轴左右轮最大制动力大者之比，对前轴不应大于 20%，对后轴(及其他轴)在轴制动力不小于该轴轴荷的 60%时不应大于 24%；对后轴(及其他轴)制动力小于该轴轴荷的 60%时，在制动力增长全过程中同时测得的左右轮制动力差的最大值不应大于该轴轴荷的 8%。

③ 制动协调时间。制动协调时间是指在急踩制动时，从脚接触制动踏板（或手触动制动手柄）时起至机动车减速度达到规定的充分发出的平均减速度（或规定的制动力）的 75%时所需的时间。

对液压制动的汽车制动协调时间不应大于 0.35 s，对气压制动的汽车制动协调时间不应大于 0.56 s；汽车列车和铰接客车、铰接式无轨电车的制动协调时间不应大于 0.80 s。

④ 车轮阻滞力要求。车轮阻滞力是指行车和驻车制动装置处于完全释放状态，变速器置空挡位置时，检测台驱动车轮所需的作用力。汽车各车轮的阻滞力不得大于该轴轴荷的 5%。

（2）驻车制动性能。当采用制动检测台检查车辆驻车制动力时，车辆空载，乘坐一名驾驶人，使用驻车制动装置，驻车制动力的总和不应小于该车在测试状态下整车重量的 20%；对总质量为整备质量 1.2 倍以下的机动车为不小于 15%。

（3）制动踏板力的要求。行车制动在产生最大制动作用时的踏板力，对于座位数小于或等于 9 的载客汽车应不大于 500 N，对于其他车辆不大于 700 N。驻车制动器用手操纵时，座位数小于或等于 9 的载客汽车应不大于 400 N，其他车辆不大于 600 N。驻车制动器用脚操纵时座位数小于或等于 9 的载客汽车应不大于 500 N，其他车辆不大于 700 N。

对于营运车辆等级评定的检测，只有制动力平衡、车轮阻滞力是分级的。JT/T 189—2004 有如下规定。

① 制动力平衡。一、二级车：在制动力增长全过程中同时测得的左右轮制动力差的最大值，与全过程中测得的该轴左右轮最大制动力大者之比，对前轴不应大于 16%，对后轴(及其他轴)在轴制动力不小于该轴轴荷的 60%时不应大于 20%；对后轴(及其他轴)制动力小于该轴轴荷的 60%时，在制动力增长全过程中同时测得的左右轮制动力差的最大值不应大于该轴轴荷的 5%。三级车的标准

为合格标准。

② 车轮阻滞力。一级车：汽车各车轮的阻滞力不得大于该轴轴荷的 2.5%。二、三级车为合格标准（5%）。其他不分级项目均为合格标准。

（4）检测报告单分析。在综检报告单中汽车制动性的检测部分报告单式见表 2-21。

表 2-21　　综检报告单中汽车制动性能检测部分报告单式样

	序号	检测项目	轴荷 10 N	最大制动力 10 N		和%	差%	过程差最大差值点 10 N		阻滞%		评价
				左轮	右轮			左轮	右轮	左轮	右轮	
制动性	24	一轴制动	1405	421	438	61.1	13.0	396	339	0.9	0.6	○壹壹壹
	25	二轴制动	1314	440	448	67.6	9.0	401	442	2.1	1.6	壹壹壹
	26	三轴制动										
	27	四轴制动										
	28	五轴制动										
	29	六轴制动										
	30	驻车制动	2719	284	405	29.0						○
	31	整车	2719	64.3								○
	32	踏板力（N）或气压（kPa）	制动型式：液压　384									○
	33	制动协调时间	0.00 s									○

对表 2-22 中的各项检测数据分析如下。

在表中的“一轴制动”表示车辆从前向后的第一轴，即前轴。“轴荷”即前轴同轴左右车轮轮荷之和，单位为 10 N。“最大制动力”表示左、右轮检测全过程中的制动力的最大值。“和%”表示左、右轮最大制动力的和除以轴荷而得到的百分数。“过程差最大差值点”表示在全过程中同时测得的左、右轮制动力差值的最大值。“差%”表示“过程差最大差值点”中左、右轮制动力的差值与“最大制动力”中左、右轮制动力最大值的比值。“阻滞力%”表示实测车轮阻滞力与该轴轴荷的百分比。

“二轴制动”“三轴制动”等各项的含义与上述相同。

“一轴制动”内，“和%”为 61.1，符合标准（大于等于 60%），故评定为合格；“差%”为 13.0，满足营运车辆等级评定中该项目一级车的要求（不大于 15%），故评定为一级；“车轮阻滞力”中左、右轮的数值分别为 0.9 和 0.8，满足营运车辆等级评定一级车的要求，故评定为一级。

“驻车制动”栏内，“轴荷”表示车辆的总重。“29.0”表示驻车制动力的和占整车重量的百分比。对实测车型，标准规定为大于等于 20%，故评定为合格。

“整车”栏内，“轴荷”表示车辆的总重。“64.3”表示整车制动力占整车重量的百分比。标准为大于等于 60%，故评定为合格。

“踏板力 N 或气压 kPa”栏内，该车型制动形式为液压式，“384”表示踏力为 384 N，标准为不大于 500N（空载），故评定为合格

“制动协调时间”栏内，“0.00”表示制动协调时间实测值为 0.00 s，标准规定对于液压制动系统为不大于 0.35 s。故评定为合格。但此数据有问题，因为任何车辆，制动协调时间不可能为“0”，可能检测系统（程序）设计有问题。GB 18565—2001 规定，用滚筒式制动检测台检测汽车的制动性能时，不检测制动协调时间，故此处不需要打印数据。

（5）制动性检测不合格原因分析。

① 液压制动系。

- 各车轮制动力均偏低，主要原因为制动踏板自由行程太大，制动液中有空气或变质，制动主缸故障，增压器或助力器效能不佳或失效。
- 个别车轮制动力偏小，主要原因是该车轮制动器故障，若同一制动回路两车轮制动力均偏小，则应检查该制动回路中有无空气或不密封处。
- 同轴左右轮制动力最大值差值过大故障原因同上面一条；若在制动力上升阶段左右轮差值过大应检查制动间隙是否适当，若在制动释放阶段左右轮差值过大，则应检查制动轮缸及制动蹄回位弹簧。
- 各车轮制动协调时间过长应主要检查制动踏板自由行程是否过大；若个别车轮制动协调时间过长，则主要检查该车轮制动间隙是否过大；若同一制动回路两车轮制动协调时间过长则可能是该制动回路中有空气。
- 各车轮阻滞力都超限，主要原因是制动主缸故障或制动踏板无自由行程；若个别车轮阻滞力超限则主要是该车轮制动间隙过小、制动轮缸故障、制动蹄回位弹簧故障或轮毂轴承松旷。

② 气压制动系。

- 各车轮制动力均偏低，主要原因是制动踏板自由行程太大，储气筒气压太低或制动阀故障。
- 个别车轮制动力偏低，主要原因是该车轮制动间隙过大或制动器故障。若同一制动回路两车轮制动力偏低，主要原因是制动管路漏气或某一制动气室膜片破裂。
- 同轴左右轮制动力最大值差值过大故障原因同上面一条；若在制动力上升阶段左右轮差值过大应检查制动间隙是否适当；若在制动释放阶段左右轮差值过大，则可能是制动蹄或制动气室回位弹簧故障。
- 各车轮制动协调时间过长应主要检查制动踏板自由行程是否过大；或个别车轮制动协调时间过长，则应主要检查该车轮制动间隙是否过大。
- 各车轮阻滞力均超限，主要原因是制动踏板无自由行程或制动控制阀故障；若个别车轮阻滞力超限，则主要是该车轮制动间隙过小、制动蹄回位弹簧故障或轮毂轴承松旷。

7. 前照灯技术状况的检测

汽车前照灯即汽车大灯，是保证汽车在夜间或在能见度较低的情况下安全行车并保持较高车速的照明装置。前照灯的技术状况主要是指发光强度的变化和光束照射位置是否偏斜。当发光强度不足或光束照射位置偏斜时，汽车驾驶人不易辨清前方的障碍物或给对方来车驾驶人造成炫目，因而导致交通事故。

前照灯检测仪（见图 2-49）是利用光电原理制成的专门用检测汽车前照灯技术状况的仪器。该仪器可同时检测到前照灯光束照射位置及发光强度，进而对前照灯的技术状况给出全面的评价。

发光强度表示光源在一定方向范围内发出的可见光辐射强弱的物理量，单位为坎德拉，简称“坎”，用符号 cd 表示。按国际单位制基本单位的定义，若一光源在给定方向上发出频率 540×10^{12}Hz 的单色辐射，且在此方向上的辐射强度为 1/683 W 每球面度时，则此光源在该方向上的发光强度为 1 cd。

如果把前照灯最亮的地方（或明暗截止线转角）看作光束的中心，则它对水平、垂直坐标轴交点的偏离，即表示它的照射方位的偏移，其偏移的尺寸就是光束照射位置的偏移值，也称为光轴的偏斜量。如图 2-50 所示。

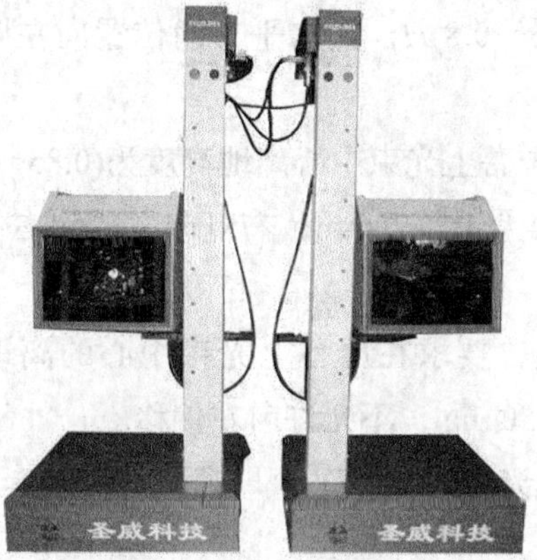

图2-49 汽车前照灯检验仪

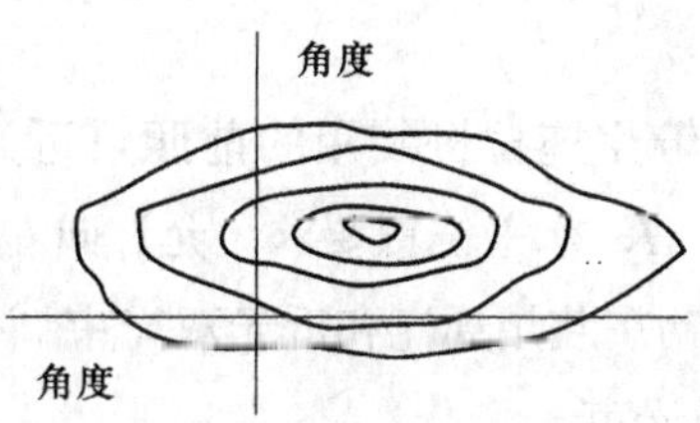

图2-50 光束照射方向

（1）检测标准。GB 18565—2001 对在用车辆的前照灯检测有如下规定。

① 前照灯发光强度标准。两灯制 12 000 cd，四灯制 10 000 cd。在营运车辆技术等级评定中，该项目为不分级项目。

国家标准对近光灯的发光强度没有做具体的规定。因为近光灯照明距离较近，一般在 40 m 左右，所以发光强度远比远光灯要低。

② 光束照射位置标准。前照灯光束照射位置如图 2-51 所示。图中屏幕上画有 3 条垂直线和 3 条水平线。中间垂直线 $V—V$ 与被检车辆的纵向中心垂直面对正，两侧的垂直线 $V_L—V_L$ 和 $V_R—V_R$ 分别为被检车辆左右前照灯基准中心的垂直线。3 条水平线中的 $h—h$ 线与被检车辆前照灯的基准中心等高，距地面高度为 H(mm)；中间水平线与被检车辆前照灯远光光束的中心等高，

距地面高度为 H_1(mm)，H_1 为(0.85～0.90)H；下边水平线与被检车辆前照灯近光光束的中心等高，距地面高度为 H_2(mm)，H_2 为(0.60～0.80)H。H 为被检车辆前照灯基准中心距地面的高度，其值视被检车型而定。

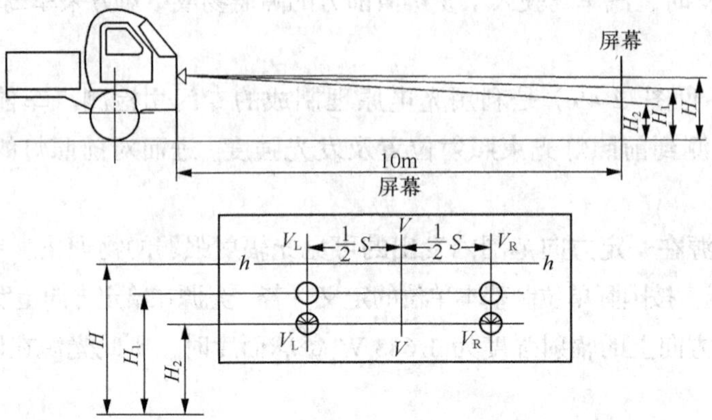

图2-51　汽车前照灯光束照射位置图

H—前照灯中心高度；H_1—远光照射高度；H_2—近光照射高度；V_L—左灯中心垂线；V_R—右灯中心垂线；V—车辆纵向对称线；S—左右灯中心距

- 机动车(运输用拖拉机除外)在检验前照灯的近光光束照射位置时，前照灯在距离屏幕10 m 处，光束明暗截止线转角或中心的高度应为(0.6～0.8)H，其水平方向位置向左向右偏均不得超过 100 mm。
- 四灯制前照灯其远光单光束灯的调整，要求在屏幕上光束中心离地高度为(0.85～0.90)H，水平位置要求左灯向左偏不得大于 100 mm，向右偏不得大于 170 mm；右灯向左或向右偏均不得大于 170 mm。
- 运输用拖拉机装用的前照灯近光光束的调整，要求在屏幕上光束中心的离地高度应为（0.5～0.7）H；水平位置要求，允许向右偏移不大于 350 mm，不允许向左偏移。
- 机动车装用远光和近光双光束灯时以调整近光光束为主。对于只能调整远光单光束的灯，调整远光单光束。

（2）检测结果分析。前照灯检验不合格有两种情况，一是前照灯发光强度偏低；二是前照灯照射位置偏斜。

左右前照灯发光强度均偏低时，应检查前照灯反光镜是否明亮，如昏暗或镀层剥落应更换。检查灯泡是否老化，质量是否符合要求，否则应更换。检查电池端电压是否符合要求。仅靠蓄电池供电，前照灯发光强度一般很难达到标准的规定，检测时发电机应供电。

左右前照灯发光强度不一致时，应检查发光强度偏低的前灯的反射镜是否符合要求，检查线路是否有接触不良的情况。

（3）检测报告单分析。综检报告单中汽车前照灯检测部分报告单式样见表 2-22。

表 2-22　　综检报告单中汽车前照灯检测部分报告单式样

	序　　号	检测项目	发光强度（cd）	上/下偏（H/10m）	左/右偏（mm/10m）	评　　价
前照灯	34	左灯	主：22 200　副：	近光： 远光：−1.00	近光： 远光：左^{1}	○-×-○
	35	右灯	主：23 000　副：	近光： 远光：−1.00	近光： 远光：左^{1}	○-×-○

在表 2-23 中的“发光强度”栏内，“主”、“副”表示四灯制的主灯和副灯。上表中因为是两灯制，所以只在“主”位置打印数据。因检测标准为大于等于 12 000 cd（按 GB 18565—2001 规定），故评定为合格。

“上/下偏（H/10 m）”表示光束照射位置的偏斜量相当于在距前照灯 10 m 处的位置是多少倍的 H（H 为实检车辆前照灯中心距地面高度）。“左/右偏（mm/10 m）”表示光束照射位置的偏斜量相当于在距前照灯 10 m 处的位置是多少 mm。按标准规定，对于两灯制前照灯，只检测近光照射位置，而上表中却在“远光”位置打印数据，说明有问题，可能原因是程序设计与表不配套，数据应该打印在“近光”位置。

在“上/下偏（H/10 m）”栏内的数据为“−1.00H”，此数据不对，数据前不应该有“−”号；而数据大小超过了标准规定［$(0.6\sim0.8)H$］，故评定为不合格。

“左/右偏（mm/10 m）”栏内的数据为“左 1”，表示光束向左偏斜了 1 mm，标准规定为向左偏不允许超过 170 mm、右偏斜不超过 350 mm，故评定为合格，但其数据与现实不符，因为对于在用车而言，偏斜量过小。

8. 汽车排气污染物的检测

（1）汽油车（装配点燃式发动机的车辆）排气污染物检测。GB 18285—2005《点燃式发动机汽车排气污染物排放限值及测量方法（双怠速法及简易工况法）》规定了点燃式发动机汽车双怠速工况排气污染物排放限值及测量方法，同时规定了稳态工况法、瞬态工况法和简易瞬态工况法等三种工况测量方法及对过量空气系数的要求。

目前，大多数车辆采用双怠速工况法检测。双怠速工况包含怠速和高怠速两个工况。怠速工况是反映发动机无负荷运转状态。即离合器处于接合位置，变速器处于空挡位置（对于自动变速器的汽车应处于“P”挡位）；采用化油器供油系统的车辆，阻风门应处于全开位置；油门踏板处于完全松开位置。高怠速工况是相当于 50%发动机额定转速时的工况。在 GB 18285—2005 标准中，将轻型汽车的高怠速转速规定为 2500 ± 100 r/min，重型汽车的高怠速转速规定为 1800 ± 100 r/min。如有特殊规定的，按照制造厂技术文件中规定的高怠速转速进行。

图2–52　不分光红外线气体分析仪

本检测项目可在安全性能检测线（安检线）上进行，对于设置独立环保检测线的检测站，此项目于环保检测线上进行。检测通常使用不分光红外线气体分析仪（见图 2-52），如果采用简易工况法，则还需要借助底盘测功台。用不分光红外线气体分析仪检测的参数为各类有害排放物的体积含量。

① 检测标准。点燃式发动机汽车双怠速试验排气污染物限值见表2-23。

表2-23 点燃式发动机汽车双怠速试验排气污染物限值

车型	类别			
	怠速		高怠速	
	CO（%）	HC（$\times 10^{-6}$）	CO（%）	HC（$\times 10^{-6}$）
1995年7月1日前生产的轻型汽车	4.5	1 200	2.0	900
1995年7月1日起生产的轻型汽车	14.5	900	3.0	900
2000年7月1日起生产的第一类轻型汽车	0.8	150	0.3	100
2000年10月1日起生产的第二类轻型汽车	1.0	200	0.5	150
1995年7月1日前生产的重型汽车	5.0	2 000	3.5	1 200
1995年7月1日起生产的重型汽车	4.5	1 200	3.0	900
2004年9月1日起生产的重型汽车	1.5	250	0.7	200

注：对于2001年5月31日以前生产的5座以下（含5座）的微型面包车，执行1995年7月1日起生产的轻型汽车的排放限值。

② 检测结果分析。不同工况下废气排放浓度值的范围见表2-24。废气检测值与发动机系统故障的关系见表2-25。从表2-25可知，汽车尾气排放不合格，反映汽车可能存在各种类型的故障。

表2-24 不同工况下废气排放浓度值范围

转速	CO（%）	HC（$\times 10^{-6}$）	CO_2（%）	O_2（%）
怠速	0.5～3	0～250	13～15	1～2
1 500r/min，空负荷	0～2.0	0～200	—	1～2
2 500r/min，空负荷	0～1.5	0～150	13～15	1～2

表2-25 废气检测值与系统故障的关系

CO	HC	CO_2	O_2	故障原因
低	很高	低	低	间歇性失火
低	很高	低	低	气缸压力低
很高	很高/高	低	低	混合气浓
很高	很高/高	低	很高/高	混合气稀
高	低	正常	正常	点火太迟
低	高	正常	正常	点火太早
变化	变化	低	正常	EGR阀漏气
很低	很低	很低	很高	空气喷射系统
低	低	低	高	排气管漏气

③ 检测报告单分析。综检报告单中汽油车排气污染物的检测部分报告单式样见表2-26。

表 2-26　　　　综检报告单中汽油车排气污染物检测部分报告单式样

排气污染物	序号	检测项目		检测结果			评价
				CO（%）	HC（$\times10^{-6}$）	λ	
	36	汽油	怠速				— —
			高怠速				— —

在表中的“检测项目”栏内，“怠速”是指在进行双怠速法测量时，从高怠速降至怠速后的测量值。在“检测结果”栏内，“CO（%）”表示 CO 的百分含量；“HC（$\times10^{-6}$）”表示 HC 的百万分比含量；“λ”表示检测的过量空气系数值。

由于该车为轻型柴油车，故此项目没有检测。

（2）柴油车（装配压燃式发动机的车辆）排气污染物检测。柴油车尾气排放污染物检测主要检测排气中的炭烟含量，需使用滤纸式烟度计（见图 2-53）或不透光烟度计（见图 2-54），如果采用加载减速工况法，则需借助底盘测功台。

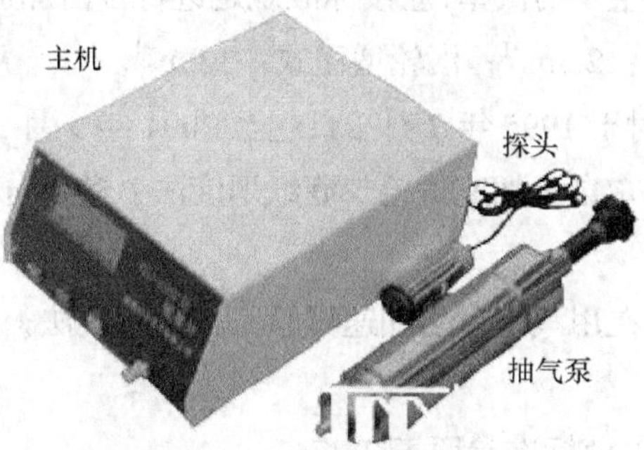

图2-53　滤纸式烟度计

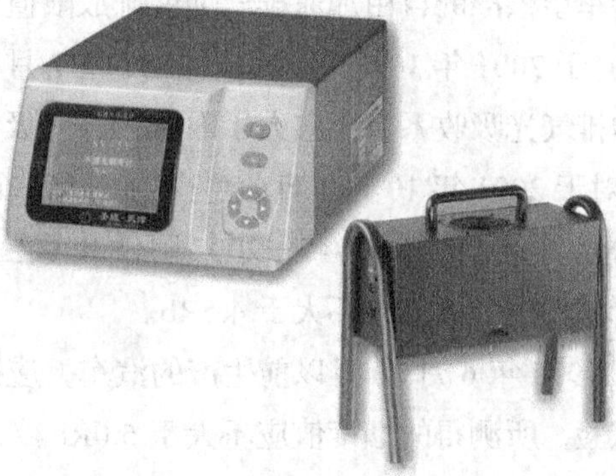
图2-54　不透光烟度计

用滤纸式烟度计检测的参数为烟度，即一定量尾气通过白色滤纸后，滤纸被染黑的程度，如图 2-55 所示，单位为 Rb（波许）。

用不透光烟度计检测有参数为光吸收系数。光吸收系数可用图 2-56 说明。烟度计的主要元器件有光源、充满排气并有一定长度的光通路及放置在光源对面将透光信号转变成电信号的光电元件。光电元件的输出电压与烟气所造成的光强度衰减成正比。

图2-55　被尾气染黑的滤纸

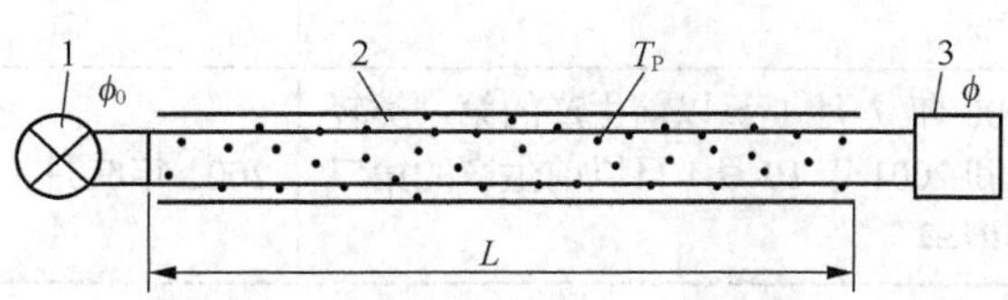

图2-56　不透光式烟度计测量原理

1—光源；2—烟气测量管；3—光电管检测器

通常，不透光法测得的不透光度（即烟度）N 用百分比表示，即：

$$N = 100\left(1-\frac{\phi}{\phi_0}\right)$$

式中：ϕ——有烟时的光强度；

ϕ_0——无烟时的光强度。

光吸收系数 K 与不透光度 N 之间的关系为

$$K = \left(-\frac{1}{L}\right)\ln\left(1-\frac{N}{100}\right)$$

式中：K——光吸收系数，m^{-1}；

L——烟所测量管长，m。

① 检测标准。

- 对于 GB 3847—2005 标准实施后生产的在用汽车。自 2005 年 7 月 1 日起，按标准规定经形式核准生产的在用汽车，应按在用汽车不透光烟度法进行自由加速试验，所测得的排气光吸收系数不应大于车型核准的自由加速排气烟度排放限值，再加 $0.5m^{-1}$。
- 对于 2001 年 10 月 1 日起至 2005 年 7 月 1 日生产的汽车，应按标准规定进行自由加速试验，所测得的排气光吸收系数不应大于限值：自然吸气式：$2.5m^{-1}$；涡轮增压式：$3.0m^{-1}$。
- 对于 2001 年 10 月 1 日前生产的在用汽车。对于 1995 年 7 月 1 日起至 2001 年 9 月 30 日期间生产的汽车，应按 GB 3847—2005 附件 K《在用汽车自由加速试验　滤纸烟度法》进行自由加速试验，所测得的烟度值应不大于 4.5Rb。

对于 1995 年 6 月 30 日以前生产的汽车，应按《在用汽车自由加速试验　滤纸烟度法》进行自由加速试验，所测得的烟度值应不大于 5.0Rb。

- 采用加载减速工况法检测柴油机排放时，其限值标准参照表 2-27。

表 2-27　　加载减速法排放限值范围

车型		光吸收系数（m^{-1}）
轻型车	重型车	
2005 年 7 月 1 日起生产的第一类轻型车和 2006 年 7 月 1 日起生产的第二类轻型车	2004 年 9 月 1 日起生产的重型车	1.00 至 1.39
2000 年 7 月 1 日起生产的第一类轻型车和 2001 年 10 月 1 日起生产的第二类轻型车	2001 年 9 月 1 日起生产的重型车	1.39 至 1.86
2000 年 7 月 1 日以前生产的第一类轻型车和 2001 年 10 月 1 日以前生产的第二类轻型车	2001 年 9 月 1 日以前生产的重型车	1.86 至 2.13

注：对于新车型或发动机机型排放达到 GB 17691—2005 第Ⅲ阶段排放标准的在用车，可参照表中的第一项，即限值为 1.00 至 $1.39m^{-1}$ 执行。

对于营运车辆分级评定，JT/T 198—2004 规定，在用柴油车自由加速排气污染物检测有两种方法，一种是滤纸烟度法，另一种是不透光烟度法。其标准限值见表 2-28。

表 2-28　　在用柴油车自由加速试验排气污染物限值

车辆分类＼技术等级	一级	二、三级	备注
1995 年 6 月 30 日前生产的	≤3.6Rb	≤5.0Rb	滤纸烟度法
1995 年 7 月 1 日起生产的	≤3.6Rb	4.5Rb	
2001 年 10 月 1 日起生产的	≤2.2m^{-1}	≤2.5m^{-1}（自然吸气）	不透光烟度法
2001 年 10 月 1 日起生产的	≤2.2m^{-1}	≤3.0m^{-1}≤（涡轮增压）	
2005 年 7 月 1 日起生产的		≤车型核准限值 +0.5m^{-1}	
注：空缺的限值为 JT/T 198—2004 目前尚没有的规定值			

② 汽车的排气烟度检测结果的分析。在压燃式发动机的烟气排放中，微粒和碳烟的生成机理还未完全研究清楚。目前，一般都认为燃烧时的一段高温范围和局部存在特别浓的混合气，是产生微粒炭烟的必要条件。

装配压燃式发动机的在用汽车的排气烟度检测结果超标，主要原因是柴油机供油系调整不当所致。此外，柴油机气缸活塞组和曲柄连杆机构的技术状况及柴油的质量等对排放烟度也有影响。柴油机供油系统调整不当和相关系统技术状况的变化，主要表现在柴油机出现冒黑烟、蓝烟及白烟故障。其黑烟对排放烟气检测结果的影响最大。柴油机工作时黑烟浓重，其故障多属于喷油量过大，雾化不良，各缸喷油量不均匀，喷油时刻过早，调速器失调和空气滤清器堵塞等因素引起。

此外，柴油机冒黑烟还与柴油质量有关，为使着火性能良好，一般柴油机选用十六烷值为 40～45 的柴油为宜。若十六烷值超过 65，则柴油蒸发性变差，致使燃烧不彻底，工作时也可发生冒黑烟现象。

③ 检测报告单分析。综检报告单中，柴油车尾气排放污染物的检测部分报告单式样，见表 2-29。

表 2-29　　综检报告单中，柴油车尾气排放污染物检测部分报告单式样

	序号	检测项目		检测结果	评价
排气污染物	37	柴油	烟度	Rb	—
			光吸收系数	3.2m^{-1}	×
	38	曲轴箱窜气			○

表中“检测项目”栏分为“烟度”和“光吸收系数”两个具体检测参数。在“烟度”的“检测结果”栏内，“Rb”表示用滤纸式烟度计检测的烟度值，单位为 Rb。因该车没有检测该项目，故表中为空白。“光吸收系数”项目中，打印有“3.2”m^{-1}，表示实测结果为 3.2m^{-1}，检测标准为小于等于 2.2m^{-1}，故判定为不合格。

表中序号 38 为曲轴箱窜气量检测。检测曲轴箱的窜气量，也是检测气缸密封性的方法之一，特别是在发动机不解体的情况下，使用该方法诊断气缸活塞配合副的工作状况是有显著作用的。随着

气缸活塞配合副的磨损，窜入曲轴箱的气体量将有所增加，所以，发动机工作时单位时间内窜入曲轴箱的气体量的多少，可作为衡量气缸活塞配合副密封性的评价指标。曲轴箱窜气量也称为曲轴箱漏气量。

曲轴箱窜气量的检测需要使用专用的气体流量计。因检测时间较长，而且其评价的也是发动机气缸组的密封性，与“发动机技术状况”检测项目中的“气缸相对压力”检测的评价目的相同，属于重复性检测（综检报告单设计问题）。故该项目在检测线上是不检测的。但在上述实测报告单中，确有合格评价，只能说明是由程序自动打印的。

9. 车辆人工检验

车辆人工检验通常分为车辆外观检查、底盘动态检查和车辆底盘检查（地沟检查）三部分。如果在外检工位设有检验地沟并配有车辆底盘间隙观察台，则上述三部分内容均在外检工位进行。但大多数检测站，将检验地沟及底盘间隙观察仪设置在检测线上，此时外检工位只进行车辆外观检查和底盘动态检查。

车辆人工检验按人工检验记录单规定的项目逐一进行检验。汽车综合性能检测线使用的“外观检视及人工测量记录单”式样，见表2-30。

表2-30　　外观检视及人工测量记录单

CMA
2012060305P

外观检视及人工测量记录单

检测站名称：　　　　检测时间：　　　　No：SQC

车牌号码		厂牌型号		车辆类别		燃料种类	
挂车牌照号		检测类别			经营范围		
分类	序号	检验内容	评价	分类	序号	检验内容	评价
唯一性认定	1	车辆号牌		驾驶室（区）	38*	车身、驾驶室及固定	
	2	车辆类型、厂牌型号			39	驾驶员座椅	
	3	车身颜色			40*	刮水器、洗涤器	
	4	VIN（车架号）、发动机号码			41	安全带	
	5	主要特征参数			42	灭火器	
	6	车辆结构			43	汽车行驶记录仪、GPS	
车身外观	7*	车门、车窗		客车	44	座椅、卧铺位数及固定	
	8*	车辆整洁*			45	内饰、客车地板	
	9*	车身、漆面*			46	通道、安全出口	
	10	整车装备及标识			47	扶手、行李架和卧铺护栏	
	11*	螺栓、螺母紧固			48	车厢灯、门灯	

续表

分类	序号	检验内容	评价	分类	序号	检验内容	评价
车身外观	12	保险杠		客车	49	击碎安全出口玻璃专用手锤	
	13	后悬			50	车外顶行李架	
	14*	后视镜、下视镜			51	行李舱及门	
	15*	车体周正、尖锐凸出物			52	采暖方式	
	16*	货箱栏板、底板		危险品货车	53	排气管位置	
	17	侧面、后下部防护装置			54	排气管熄灭火星装置	
	18	集装箱运输车辆的锁止装置			55	泄压阀等安全装置	
	19	挡泥板、牵引连接装置			56	电源总开关	
照明和电气信号装置	20*	前位灯/后位灯、示廓灯			57	接地装置	
	21*	制动灯、前后雾灯			58	标志	
	22*	挂车标志灯、侧标志灯			59	危货罐体检验合格证	
	23*	转向信号灯		运行检查	60	点火开关	
	24*	前照灯（远光、近光）			61*	怠速起动性能、电源充电	
	25*	危险报警信号灯			62*	水温、油压	
	26*	倒车灯、后牌照灯			63*	柴油车停机装置	
	27*	后、侧反射器，车身反光标识			64	各类报警装置	
	28*	仪表和指示器			65	其他仪表指示	
发动机舱	29*	发动机各系统机件			66*	加速踏板控制	
	30*	蓄电池桩头，联线及蓄电池架			67*	离合器分离、结合	
	31*	电器导线连接、固定及绝缘			68	变速器操纵	
	32*	液压制动储液器液面			69	制动装置（行车、驻车、应急）	
车轮轮胎	33*	轮胎型号/规格			70	制动气压	
	34*	轮胎花纹、胎面破损			71	低气压报警装置	
	35	轮胎螺栓			72	弹簧储能制动器	
	36	半轴螺栓			73*	发动机异响、底盘异响	
	37	备胎			74*	转向操纵、自动回正能力	
测量记录	75	汽车（挂车）外廓尺寸 mm（长×宽×高）					
	76	货箱栏板高度 mm					
	77*	轮胎气压 kPa		前：		后：	
	78*	离合器自由行程 mm					
	79*	制动踏板自由行程 mm					

续表

分类	序号	检验内容	评价	分类	序号	检验内容	评价
分级项目	80*	左右对称部位高度差 mm	左侧高度		右侧高度		高度差
	81*	左右轴距差 mm	左侧轴距		右侧轴距		差值比（%）
	82	轮胎花纹深度 mm	转向轮		其余轮		
	83*	车架、车身、驾驶室表面	无锈蚀		无脱漆		
	84	车门、车窗玻璃	完好		无缺损		
检测情况：							
检测员（签字）：							

说明：1. 合格的在评价栏记“√”，不合格的记“×”，未涉及的记“//”。

2. 带*号的项目为二级维护竣工质量检验项目。　　辽宁省交通厅动输管理局监制

表2-30中的有些项目将根据具体检测车型，有选择性的检验。例如，如果检测车型为货车，则“客车内部”项将不检验。

当车辆在外检工位检测结束后，工位检测员将不合格项目录入电脑，即可自动生成综检报告单中汽车整车外观检验部分检验结果，见表2-31。

表2-31　车辆外观检验部分报告单式样

	序号	检测项目		评价
外观检视	39	唯一性认定		○
	40*	车身外观		○
	41*	照明和电气信号装置		○
	42*	发动机舱		○
	43*	驾驶室（区）		○
	44*	车轮轮胎		○
	45	客车/危险品货车		—
	46*	运行检查		○
	47*	轮胎气压 kPa	前：500	○
			后：500	
	48	汽车（挂车）外廓尺寸 mm	长：5 995	○
			宽：1 885	
			高：2 140	
	49*	车身外缘左右对称部位高度差	16mm	壹
	50*	轮胎花纹深度（最小） mm	转向轮：7	壹
			其他轮：7	壹
	51*	左右轴距差	0mm　0.0‰	壹
	52	货箱栏板高度	400mm	○

当在检测线内，地沟检测项目结束后，工位检测员将不合格项目录入电脑，即可生成综检报告

单中，汽车底盘技术状况部分检测结果，见表 2-32。

表 2-32　　汽车底盘技术状况部分报告单式样

<table>
<tr><th></th><th>序　号</th><th>检 测 项 目</th><th>检 测 结 果</th><th>评　价</th></tr>
<tr><td rowspan="9">底盘技术状况</td><td>53*</td><td>滑行性能</td><td>74.1</td><td>○</td></tr>
<tr><td>54*</td><td>直接挡输出轴间隙</td><td>4</td><td>○</td></tr>
<tr><td>55*</td><td>传动轴间隙</td><td>5</td><td>○</td></tr>
<tr><td>56*</td><td>主减速器间隙</td><td>7</td><td></td></tr>
<tr><td>57*</td><td>转向系</td><td></td><td>○</td></tr>
<tr><td>58*</td><td>传动系</td><td></td><td>○</td></tr>
<tr><td>59*</td><td>行驶系</td><td></td><td>○</td></tr>
<tr><td>60*</td><td>制动系</td><td></td><td>○</td></tr>
<tr><td>61*</td><td>底盘件</td><td></td><td>○</td></tr>
</table>

注：表中“滑行性能”的检测结果数据是由底盘测功项目中的汽车滑行距离检测后自动生成的。

表中其余各项，在检测结果栏内均不需打印数据，只根据地沟检验员输入的结果自动生成判定。

因为对于二手车来说，人工检测项目并不需要像综检报告单中规定的项目那样多，通常只进行前述“静态检查”和“动态检查”规定的内容即可，故对于二手车评估，综检报告单中的“外观检视”及“底盘技术状况”两个大项目不再用来作为评价二手车技术状况的参考，所以本书对这两个大项目的具体要求也不再叙述。

10. 噪声及其他项目检测

在综检报告单中，通常将汽车喇叭噪声级、汽车定置噪声、驾驶员耳旁噪声、车速表示值误差和客车防雨密封性检测项目归类于“噪声与其他”。

（1）汽车噪声的检测。在汽车检测线上，对汽车噪声的检测一般只检测喇叭噪声级。而综检报告单上还要求检查车辆的定置噪声及驾驶员耳旁噪声。

汽车噪声检测的主要仪器为声级计（见图 2-57）。检测参数为噪声级，单位为 dB（分贝），其数值越大，说明噪声越强。

图2-57　声级计

① 检测标准。

- 汽车定置噪声的限值。GB 18565—2001 规定的汽车定置噪声的限值，见表 2-33。

表 2-33　　汽车定置噪声的限值

<table>
<tr><th rowspan="2">车辆类型</th><th rowspan="2" colspan="2">燃料种类</th><th colspan="2">出厂日期</th></tr>
<tr><th>1998 年 1 月 1 日以前</th><th>1998 年 1 月 1 日以后</th></tr>
<tr><td>轿车</td><td colspan="2">汽油</td><td>87</td><td>85</td></tr>
<tr><td>微型客车、货车</td><td colspan="2">汽油</td><td>90</td><td>88</td></tr>
<tr><td rowspan="2">轻型客车、货车</td><td rowspan="2">汽油</td><td>$n_r \leqslant 4\ 300$r/min</td><td>94</td><td>92</td></tr>
<tr><td>$n_r > 4\ 300$r/min</td><td>97</td><td>95</td></tr>
<tr><td>越野车</td><td colspan="2">柴油</td><td>100</td><td>98</td></tr>
</table>

续表

车辆类型	燃料种类	出厂日期	
		1998年1月1日以前	1998年1月1日以后
中座客车、货车 大型客车	汽油	97	95
	柴油	103	101
重型货车	$N\leqslant 145$kW	101	99
	$N>145$kW	105	103

注：N—汽车发动机额定功率；n_r—发动机额定转速。

- 驾驶人耳旁噪声限值。GB 18565—2001规定，汽车（三轮汽车和低速货车除外）驾驶人耳旁噪声声级不应大于90dB（A）。
- 喇叭噪声级的限值。GB 18565—2001规定，喇叭声级应在90dB（A）～115dB（A）的范围内。

② 汽车噪声检测不合格可能存在以下故障。

- 燃烧不正常，如产生工作粗暴或爆震燃烧等。
- 由于磨损或调整不当造成配合副间隙过大、润滑条件变差及连接件和紧固件松动等，工作中产生机械噪声。

③ 排气消声器不良，产生的排气噪声。

④ 风扇和导风罩松动，风扇叶片是否变形，风扇与导风罩及散热器之间的相对位置失准。

（2）汽车车速表指示误差的检测。为了保证行车安全，特别是在限速路段和限速车道上行驶时，驾驶员必须按照车速表的指示值，根据车辆、行人和道路状况，准确地控制车速。为此，车速表一定要准确可靠。如果车速表指示误差太大，驾驶员就难以正确控制车速，且极易因判断失误而造成交通事故。

图2-58 车速表的检测

在检测线上检测汽车车速表需利用车速表检测台（见图2-58）或底盘测功台。不管是利用哪种检测台，均是通过检测台检测到的车速 V_2 与车辆仪表盘上的车速表指示数 V_1 进行比较来评价车速表的性能的。

① 检测标准。

- GB 18565—2001规定，车速表允许误差范围为+20%～-5%。当该机动车车速表的指示值（V_1）为40km/h时，车速表检验台速度指示仪表的指示值（V_2）为32.8～40km/h范围内为合格。
- JT/T 198—2004规定，一级车：车速表允许误差范围为0～+15%。即当车速表示值为40km/h时，实际车速应为34.8～40km/h。

二、三级车：车速表允许误差范围为 $0\leqslant V_1-V_2\leqslant(V_2/10)+4$。其中 V_1 为车速表指示值，V_2 为实

际车速值。即当车速表示值为 40km/h 时，实际车速应为 32.8～40km/h。

② 检测结果分析。车速表有磁感应式和电子式等类型，往往与里程表组合在一起。磁感应式车速表是利用蜗轮蜗杆和软轴的传动作为传感器，利用磁电互感作用并通过指针的摆动来指示汽车行驶速度的。机件在使用过程中发生自然磨损、磁性元件的磁性发生变化和轮胎滚动半径发生变化等原因，都会造成车速表指示误差增大。不管是磁感应式车速表还是电子式车速表，在本身技术状况正常的情况下，轮胎滚动半径的变化是造成车速表误差的主要原因。轮胎滚动半径的变化主要是由于轮胎磨损、气压不足或气压过高等原因造成的。

（3）客车防雨密封性检测。汽车防雨密封性对驾驶人、乘客的舒适性、驾驶室及车厢内的装备的正常工作和内饰的清洁完好，甚至行车安全，都有十分重要的影响。GB 12481—90《客车防雨密封性限值》及 JT/T 198—2004《营运车辆技术等级划分和评定要求》对车辆各部位的密封性作了比较具体的规定，并以扣分后对各种客车的限值，以标准的形式给予实施。

图2-59 淋雨线

检测客车防雨密封性须利用淋雨线，如图 2-59 所示。

客车防雨密封性限值，见表 2-34。

表 2-34 客车防雨密封性限值

客车类型		限值（分）
轻型客车		≥93
中型客车	旅游客车	≥92
	团体客车	≥90
	城市客车	≥88
	长途客车	≥80
大型客车	旅游客车	≥90
	团体客车	≥88
	城市客车	≥87
	长途客车	≥87
特大型客车	铰接式客车	≥84

（4）实测报告单分析。综检报告单中，噪声与其他项目的检测部分报告单式样，见表 2-35。

表 2-35　　噪声与其他项目的检测部分报告单式样

噪声与其他	62	喇叭声级	110.9 dB（A）	○
	63	定置噪声	dB（A）	○
	64	驾驶员耳旁噪声	78.1 dB（A）	○
	65	车速表示值	39.3km/h　1.8%	壹
	66	客车防雨密封性		—

表 2-35 中，“喇叭声级”的实测数据为 110.9dB（A），在标准数据范围内（95～115dB（A）），故判定为合格。

“定置噪声”没有检测数据，只给出了合格的判定，显然不符合规范。

“驾驶员耳旁噪声”实测数据为 76.1 dB（A），没超过标准值（90 dB（A）），故判定为合格。

“车速表示值”实测值为 39.3km/h。即当车速表示值为 40km/h 时，检测台读数为 39.3km/h，该数据在 34.8～40km/h 范围内。计算得到的示值误差为 1.8%，该数值在 0～+15%范围内，故判定为一级。

“客车防雨密封性”的数据应由外检时输入的数据自动生成。因该车型为小型货车，故该项目不检测。

（二）任务实施与考核

（1）老师为每名学生准备一张综合性能检测实测报告单。

（2）学生结合本任务的知识与技能学习，对给定的二手车综合性能检测报告单进行分析，并完成如表 2-36 所示的工作单。

表 2-36　　技能学习工作单

实训项目：仪器检测

班级学号		姓 名	
项目	是否合格	不合格项目的具体检测数据	可能存在的故障
底盘测功			
燃料经济性			
发动机技术状况			
转向操纵性			
悬架性能			
制动性能			
前照灯			
排气污染性能			
人工检验			
噪声及其他项目			

自我评价（个人技能掌握程度）：□非常熟练　□比较熟练　□一般熟练　□不熟练

教师评语：（包括工作单填写情况，记录与分析的准确性等方面，并按等级制给出成绩）

实训记录成绩______　教师签字：________　______年____月____日

任务五 二手车拍照

【学习目标】

1. 能够熟练使用照相设备。
2. 能够根据二手车拍照的要求，进行各方位拍照。

一、任务分析

车辆拍照是评估人员根据车牌号或评估登记号，使用数码照相机拍摄被评估车辆照片，并存入系统存档。

二、相关知识

（一）二手车拍照的技术要求

1. 拍摄距离

拍摄距离是指拍摄立足点与被拍照二手车的远近，一般要求全车影像尽量充满整个像面。

2. 拍摄角度

拍摄角度是指拍摄立足点与被拍照二手车的方位关系。拍摄角度方位一般分为上下关系和左右关系。

（1）上下关系。拍摄角度的上下关系可分为俯拍、平拍和仰拍三种。俯拍是指在比被拍摄物高的位置向下拍摄；平拍是指拍摄点在物体的中间位置，镜头平置的拍摄，此种拍摄方法效果就是人两眼平视的效果；仰拍是指相机放置在较低部位，镜头由下向上仰置的拍摄，这种拍摄效果易发生变形。

（2）左右关系。拍摄角度的左右关系一般根据拍摄者确定的拍摄方位，分为正面拍摄和侧面拍摄两种。正面拍摄是指面对被拍摄的物体或部位的正面进行拍摄；侧面拍摄是指在被拍摄物体的正侧面所进行的拍摄。

3. 光照方向

光照方向是指光线与相机拍摄方向的关系，一般分为正面光、侧面光和逆光三种。对二手车拍照应尽量采用正面光拍照，以使二手车的轮廓分明、牌照号码清晰、车身颜色真实。

（二）二手车拍照的一般要求

1. 车身要擦洗干净。
2. 前挡风玻璃及仪表盘上无杂物。

3. 机动车号牌无遮挡。

4. 关闭各车门。

5. 方向盘回正，前轮处于直线行驶状态。

（三）二手车常见拍摄位置

对二手车拍照一般要拍摄前面、侧面和后面三个方向的整体外形照及发动机舱、驾驶室、后备箱等局部位置的照片。

（1）整体外形照。采用平拍，其中，前面照（也称为标准照）是在与车左前侧呈45°方向拍摄，如图2-60所示；侧面照是正侧面拍摄，如图2-61所示；后面照是在与车右后侧呈45°方向拍摄，如图2-62所示。

图2-60 二手车的标准照

图2-61 二手车的侧面照

（2）局部位置照。采用俯拍，如图2-63所示。

图2-62 二手车的后面照

图2-63 二手车的局部照

三、实施与考核

（一）技能学习

1. 检查车辆是否符合拍照的要求。视需要进行必要的处理。

2. 调整好照相机。

3. 拍摄二手车的标准、侧面、后面及局部照片。

4. 将拍摄的照片整理保存。

(二)任务实施与考核

(1)老师为每组学生准备一台二手车和一部照相机。

(2)学生结合本任务的知识与技能学习,利用准备的照相机对指定的二手车进行拍照,并完成如表2-37所示的工作单。

表2-37 技能学习工作单

实训项目: 二手车拍照

班级学号		姓 名	
将你所拍摄的二手车照片粘贴在下面:			
自我评价(个人技能掌握程度):□非常熟练 □比较熟练 □一般熟练 □不熟练			
教师评语:(包括照相机使用情况、拍摄技巧等方面,并按等级制给出成绩) 实训记录成绩______ 教师签字:________ ____年____月____日			

思考与练习

一、思考题

1. 机动车的法定证件都有哪些?各种税费单据有哪些?
2. 说明补办"机动车登记证书"的一般程序。
3. 请详细总结,在车身的外观检查时,通过哪些现象可判断车辆出过交通事故。
4. 请解释二手车技术状况的静态检查、动态检查和辅助仪器检查的内涵。
5. 请解释:整车装备质量、最大装载质量、最大总质量、最大轴荷质量。
6. 请正确描述车辆长、宽、高的准确定义。
7. 说明如何鉴别"水货"汽车。

8. 简单列举汽车发动机运转情况检查的项目。

9. 简单列举汽车技术状况辅助仪器检查的项目。

10. 如果汽车底盘输出功率检测结果不合格，说明车辆可能存在的问题。

11. 如果制动力平衡检测结果不合格，说明车辆可能存在的问题。

12. 如果汽车悬架性能检测结果不合格，说明车辆可能存在的问题。

二、单项选择题

1. 在核对二手车来历证明时，下列（　　）不需要《公证书》。

A. 中奖的　B. 经法院判决的 C. 赠予的　D. 继承的

2. 二手车的合法手续证明一般不包括（　　）。

A. 车辆来历证明、机动车行驶证　B. 机动车登记证、车辆号牌、车辆运输证

C. 车辆购置税、机动交强险标志　D. 交通事故处理意见书

3. 下列（　　）对判断车辆是否出过交通事故帮助最小。

A. 漆色　B. 车身平整度　C. 油漆质量　D. 玻璃

4. 下列关于二手车技术状况的一般检查叙述，（　　）不正确。

A. 水箱的检查重点是是否加注防冻液

B. 蓄电池的检查重点是生产日期

C. 空气滤清器的检查重点是滤芯脏污情况

D. 机油尺的检查重点是查看机油状况

5. 下列（　　）不是二手车交易必须具备的条件。

A. 车辆种类符合国家或者本地规定的安全技术性能要求，经公安交通部门检测合格

B. 二手车卖方应当拥有车辆的所有权或者处置权

C. 卖方具有合法、完整的车辆法定证明、凭证

D. 本单位或者上级单位出具的资产处理证明

6. 下列（　　）说明车辆有可能出过交通事故最不具有证据性。

A. 保险杠与车身其他部位色差较大　B. 车辆线条明显弯曲

C. 车辆后视镜少一个　D. 前风挡玻璃上没有国家安全玻璃认证

7. 下列（　　）不是发动机运转状况检查项目。

A. 发动机起动性和怠速运转检查　B. 加速踏板控制检查

C. 离合器技术状况检查　D. 排气烟色检查

8. 下列（　　）不是车辆路试检查项目。

A. 轮胎的技术状况　B. 传动系技术状况

C. 转向系技术状况　D. 制动系技术状况

9. 对正规进口汽车，下列叙述（　　）不正确。

A. 前风窗玻璃上有黄色的商检标志　B. 必须有右驾改左驾的痕迹

C. 附有中文使用手册和维修手册　D. 车型号必须在我国公布的进口汽车产品目录上

10. 在检查车体是否周正时，车体外缘左右对称部位的高度差不应大于（　　）mm。

A. 30　　B. 40　　C. 50　　D. 60

11. 如果前风窗密封胶条上沾有油漆，说明车辆可能（　　）。

A. 属于油漆厂　　B. 汽车制造质量较差

C. 前风挡玻璃可能破碎过　　D. 车辆可能出过交通事故

12. 揭开轿车地毯，发现底板有明显的焊接痕迹，说明车辆可能（　　）。

A. 出过交通事故　　B. 车辆使用年限较长

C. 车辆失过火　　D. 车辆被偷盗过

13. 下列（　　）不能用路试检查。

A. 传动系技术状况　　B. 转向系技术状况

C. 侧滑量　　D. 车辆制动性能

14. 下列（　　）是机动车的产权证明。

A. 机动车行驶证　　B. 机动车登记证

C. 车辆购置税完税凭证　　D. 车辆号牌

15.《机动车交通事故责任强制保险条例》是国务院（　　）年 3 月 28 日颁布的。

A. 2005　　B. 2006　　C. 2007　　D. 2008

16. 上道路行驶的机动车未放置保险标志的，公安机关交通管理部门应当扣留机动车，通知当事人提供保险标志或者补办相应手续，可以处警告或者 20 元以上（　　）元以下罚款。

A. 100　　B. 200　　C. 300　　D. 500

17. 伪造、变造或者使用伪造、变造的保险标志，或者使用其他机动车的保险标志，由公安机关交通管理部门予以收缴，扣留该机动车，处 200 元以上（　　）元以下罚款；构成犯罪的，依法追究刑事责任。

A. 500　　B. 800　　C. 1000　　D. 2000

18. 对小型汽车的号牌，标准形式为（　　）。

A. 黄底黑字黑线框　　B. 蓝底白字白线框

C. 黑底白字白线框　　D. 白底黑字黑线框

19. 以欺骗、贿赂等不正当手段办理补、换领机动车登记证书、号牌、行驶证和检验合格标志等业务的，由公安机关交通管理部门处警告或者（　　）元以下罚款。

A. 100　　B. 200　　C. 300　　D. 500

20. 机动车检验合格标志灭失、丢失或者损毁的，机动车所有人应当持行驶证向机动车登记地或者检验合格标志核发地车辆管理所申请补领或者换领。车辆管理所应当自受理之日起（　　）日内补发或者换发。

A. 1　　B. 2　　C. 3　　D. 5

21. 国家标准规定，机动车单车的外廓尺寸（长、宽、高）最大值为（　　）m。

A. 10、3、3　　B. 12、2.5　3　　C. 12、3、4　　D. 12、2.5、4

22. 如果发动机加油机盖底面有一层具有黏稠度的深色乳状物，还有与油污混合的小水滴，这很可能是（　　）。

A. 机油盖不密封　　B. 缸垫、缸盖或缸体有损坏

C. 气缸窜气过多　　D. 发动机罩不密封

23. 车辆在（　　）内能够顺利起动，说明起动性良好。

A. 1　　B. 2　　C. 3　　D. 4

24. 乘用车检查制动距离时，以 50km/h 的初速度紧急制动，制动距离应不大于（　　）m。

A. 15　　B. 19　　C. 20　　D. 25

25. 试车时，发现踏下制动踏板的位置很低，连续踩几脚后，踏板才逐渐升高，但仍感觉比较软，这很可能是（　　）。

A. 制动管路内有空气　　B. 踏板自由行程过大

C. 缺少制动液　　D. 制动主缸损坏

26. 下列（　　）叙述不正确。

A. 相对气缸压缩压力用来评价气缸密封性

B. 汽油机点火电压用来评价蓄电池技术状况

C. 柴油机的最高转速用来评价调速器的技术状况

D. 启动电压可评价蓄电池的技术状况

27. 能够评价柴油发动机高压泵技术状况的指标是（　　）。

A. 发动机最低稳定转速　　B. 发动机润滑系统油压

C. 柴油机的停机装置性能　　D. 柴油机的最高稳定转速

28. 前轴采用非独立悬架的汽车，其转向轮横向侧滑量的限值为 ±（　　）m/km。

A. 5　　B. 3　　C. 2　　D. 1

29. 当（　　）匹配不当时，车轮在直线行驶过程中就会产生侧向滑移现象。

A. 车轮前束值与车轮外倾角　　B. 车轮外倾角与主销倾角

C. 主销后倾角与主销内倾角　　D. 车轮前束与主销外倾角

30. 当车轮侧滑量值大于 +5mm/m 时，是下列哪种原因造成的（　　）。

A. 车轮前束角过大或车轮外倾角过小

B. 车轮前束角过小或车轮外倾角过大

C. 主销后倾角或主销内倾角变化

D. 车轮前束过大或车轮外倾角过大

31. 车辆悬架特性的“吸收率”，是指在检测过程中（　　）。

A. 最小动态车轮垂直载荷与静态车轮垂直载荷的百分比值

B. 最大动态车轮垂直载荷与静态车轮垂直载荷的百分比值

C. 静态车轮垂直载荷与最大动态车轮垂直载荷的百分比值

D. 最小动态车轮垂直载荷与最大车轮动态载荷的百分比值

32. 汽车喇叭声级应在（B）dB（　　）的范围内。

A. 90～105　　B. 90～115　　C. 90～125　　D. 95～115

33. 造成车速表失准的原因，主要有两个方面：一方面是车速表自身的问题；另一方面与（　　）。

A. 发动机有关　　B. 轮胎的状况有关

C. 主减速器有关　　D. 传动轴有关

三、多项选择题

1. 下列（　　）在车辆购置税的免税、减税范围内。

A. 外国驻华使馆、领事馆和国际组织驻华机构及其外交人员自用的车辆

B. 中国人民解放军的车辆

C. 设有固定装置的非运输车辆

D. 挖掘机、推土机

2. 下列（　　）免收车船税。

A. 拖拉机　　B. 捕捞、养殖渔船

C. 政府部门车辆　　D. 军队、武警专用的车船

3. 下列（　　）是要核查机动车行驶证时应做的检查项目。

A. 查验机动车行驶证上的号牌号码、车辆识别代号、发动机号、车架号与车辆实物是否一致

B. 发动机号、车架号是否有改动、凿痕、锉痕、重新打刻等情况

C. 车辆颜色与车身装置是否与行驶证一致

D. 行驶证是的车主信息是否真实

4. 下列（　　）是要核查机动车登记驶证时应做的检查项目。

A. 对比判断真伪，如发现登记证为伪造的，应报告公安机关

B. 确认登记证上记录的有关车辆的信息与被评估车辆完全一致

C. 核查登记证的有效日期

D. 核查登记证上的车主信息

5. 目前的机动车检验合格标志有（　　）。

A. 机动车安全技术检测合格标志　　B. 机动车环保检验合格标志

C. 车辆综合性能检测合格标志　　D. 特殊检验合格标志

6. 二手车卖方应当向买方提供车辆的使用、修理、事故、检验以及是否办理抵押登记、交纳税费、报废期等真实情况和信息。买方购买的车辆如因卖方隐瞒和欺诈不能办理转移登记，卖方应当（　　）。

A. 协助办理　　B. 要求卖方自行解决

C. 无条件接受退车　　D. 退还购车款等费用。

7. 机动车技术状况的变化的主要原因有（　　）。

A. 零件之间相互摩擦而产生的磨损　B. 零件与有害物质接触而产生的腐蚀

C. 零件在交变载荷作用下产生疲劳　D. 由于偶然事件造成零件损伤

8. 下列（　　）对判断是否为“水货”车有较好的帮助。

A. 查勘汽车型号，看其是否在我国进口汽车产品目录上

B. 看是否有外文手册

C. 看自动变速器变速杆的保险按钮是否仍在右侧

D. 观察发动机室是否有重新装配和改装的痕迹

9. 关于车辆标志检查，下列叙述（　　）正确。

A. 车辆铭牌应置于车辆前部易于观看之处

B. 发动机的型号和出厂编号应打印在发动机气缸体侧平面上

C. 底盘的型号和出厂编号应打印在金属车架的易见部位

D. 车辆的 VIN 码应设置有前挡风玻璃下边沿处的易见部位

10. 下列（　　）属于车门检查项目。

A. 从车门框 B 柱来观察是否呈现为一直线

B. 在未打开车门时，可先看车门接缝处是否平整

C. 将车门洞密封条揭开，观察门框周边线条是否流畅、平整

D. 来回开关车门，检视车门开启的顺畅情况

11. 下列（　　）能够说明车身做过油漆修补。

A. 察看密封胶条、窗框四周、轮胎和排气管等处有多余油漆

B. 用一块磁铁沿钢板件表面移动，遇到磁力减小

C. 用手敲击车身时，遇到敲击声明显比其他部位沉闷

D. 漆膜丰满度不足，油漆表面有流痕等明显缺陷

12. 下列（　　）可以反映车辆的使用程度。

A. 机油的量　　B. 地毯或地板胶残旧程度

C. 座椅的新旧程度　　D. 内外的完好与清新程度

13. 如果车辆更换了仪表盘，说明很有可能（　　）。

A. 现过严重事故　　B. 车辆使用年限很长

C. 是走私车辆　　D. 是非法车辆

14. 如果发现车辆的钢板弹簧片数增多，说明（　　）。

A. 车辆的承载能力增强　　B. 车辆经过了非法改装

C. 车辆的使用强度较大　　D. 轮胎磨损严重

15. 下列（　　）需要有变更登记记载。

A. 改变车身颜色的　　B. 更换车身或者车架的

C. 营运机动车改为非营运机动车　　D. 小型、微型载客汽车加装前后防撞装置

16. 发动机曲轴不能转动而导致发动机无法起动，其原因主要可能是（　　）。

A. 蓄电池电量不足　　B. 起动机工作不良

C. 发动机运转阻力过大　　D. 燃油供给不良

17. 汽油发动机怠速不良，可能存在（　　）。

A. 点火正时不准 B. 真空漏气 C. 废气再循环装置工作不良 D. 缺缸

18. 对于排气烟色检查，下列（　　）描述正确。

A. 正常的汽油发动机排出的气体应该是无色的，在严寒的冬季可见白色的水汽

B. 如果排气颜色发蓝，说明机油窜入燃烧室

C. 如果排气管冒黑烟，说明可能混合气过浓

D. 如果排气管冒黑烟，说明可能汽油发动机点火时刻过迟

19. 下列对离合器分离是否彻底的检查，描述正确的是（　　）。

A. 在发动机怠速状态时，踩下离合器踏板几乎触底时，才能切断离合器

B. 踩下离合器踏板，感到挂挡困难或变速器齿轮出现刺耳的撞击声

C. 挂挡后不抬离合器踏板，车子开始行进

D. 起步困难、加速无力

20. 转向盘沉重，可能的故障有（　　）。

A. 横拉杆、前车轴、车架有弯曲变形

B. 前轮的定位不准确

C. 轮胎气压不足

D. 转向节助力装置工作不良

21. 下列（　　）是汽车检测站的职能。

A. 对在用运输车辆的技术状况进行检测诊断

B. 对汽车维修行业的维修车辆进行质量检测

C. 接受委托，对车辆改装、改造等项目进行检测，提供检测结果

D. 接受公安、环保等部门的委托，为其进行有关项目的检测，提供检测结果

22. 相对气缸压力低，可能是（　　）造成的。

A. 活塞磨损过度　　B. 气缸磨损严重

C. 曲轴轴颈磨损严重　　D. 气门不密封

23. 启动电压和启动电流可评价（　　）。

A. 蓄电池技术状况　　B. 发电机技术状况

C. 空调系统技术状况　　D. 发动机技术状况

24. 充电电压和充电电流可评价（　　）。

A. 蓄电池技术状况　　B. 发电机技术状况

C. 空调系统技术状况　　D. 发动机技术状况

25. 能够评价发动机技术状况的指标有（　　）。

A. 润滑油污染指数　　B. 发动机润滑系统油压

C. 相对气缸压力　　D. 启动电压

26. 对在悬架装置检测中不合格的车辆，其可能的故障原因有（　　）。

A. 减振器内部零件功能失效　　B. 减振器外部的紧固螺栓磨损、松动、脱落

C. 车架疲劳损坏　　D. 发动机动力变小

27. 车辆制动效能是指车辆在行驶中能强制地减速以致停车，或下长坡时维持一定速度的能力。评价制动效能的指标有（　　）。

A. 制动距离　　B. 制动减速度　　C. 制动力　　D. 制动时间

28. 前照灯的评价指标有（　　）。

A. 发光强度　　B. 光亮度　　C. 照度　　D. 光束照射位置

29. 经检测两只前照灯发光强度均偏低，其主要原因（　　）。

A. 发电机工作不良　　B. 前照灯搭铁不良

C. 灯泡老化　　D. 蓄电池端电压偏低

30. 前照灯远光或近光均不亮的原因是（　　）。

A. 变光开关或自动变光器损坏　　B. 远光或近光灯的导线有一根断路

C. 灯泡老化　　D. 灯光继电器损坏

31. 汽车车速表指示误差产生的主要原因有（　　）。

A. 转速传感器性能下降　　B. 车速表性能下降

C. 轮胎磨损　　D. 轮胎气压偏低

32. 下列对二手车拍照的一般要求的描述（　　）正确。

A. 车身要擦洗干净　　B. 前挡风玻璃及仪表盘上无杂物

C. 机动车号牌无遮挡　　D. 前轮处于向右偏驶状态

33. 下列对二手车整体外形照的描述（　　）正确。

A. 采用平拍，其中，前面照（也称为标准照）是在与车左前侧呈 45° 方向拍摄

B. 侧面照是正侧面拍摄

C. 后面照是在与车右后侧呈 15° 方向拍摄

D. 顶部照是在与车顶成向下 45° 方向拍摄

四、判断题

（　　）1. 在国外购买的机动车，必须有该车销售单位开具的销售发票及其翻译文本。

（　　）2. 如果没有机动车登记证书，则不能进行鉴定评估。

（　　）3. 二手车来历证明专指新车或二手车购置发票。

（　　）4. 如果车身有焊接的痕迹，说明车辆有可能出过交通事故。

（　　）5. 如果车辆排气带较重的蓝色，可能是气缸磨损较重。

（　　）6. 发动机机油检查的重点是机油的质量。

（　　）7. 蓄电池检查的重点是看使用年限。

（　　）8. 修理单位开具的发票也可以作为机动车的来历证明。

（　　）9. 机动车所有人为自然人办理补领“机动车登记证书”业务的，应本人到场申请，不

能委托他人代理。机动车所有人因死亡、出境、重病残和不可抗力等原因不能到场补领“机动车登记证书”的，应当出具有关证明。

(　　) 10. 机动车号牌、行驶证灭失、丢失或者损毁的，机动车所有人应当向登记地车辆管理所申请补领、换领。

(　　) 11. 发动机号码、车辆识别代号因磨损、锈蚀、事故等原因辨认不清或者损坏的，应当更换发动机或报废车辆。

(　　) 12. 目视检查灯光时，重点是看所有的灯光是否齐全、有效。

(　　) 13. 变速器换挡困难，很有可能与离合器有关。

(　　) 14. 如果要对二手车进行整车性能检测，应该借助安全环保检测线进行。

(　　) 15. 在检测线上，汽车动力性检测项目是发动机功率。

(　　) 16. 在检测线上，汽车燃料经济性检测项目是汽车等速行驶百公里耗油量。

(　　) 17. 检测前轮侧滑量的目的是为了确知前轮前束与前轮外倾的配合是否恰当。

(　　) 18. 充电电压可评价发电机技术状况。

(　　) 19. 蓄电池电压可评价蓄电池技术状况。

(　　) 20. 润滑油污染指数可评价发动机技术状况。

(　　) 21. 润滑油水分含量可评价冷却系技术状况。

(　　) 22. 停机装置用来评价汽油车点火开关（钥匙门开关）的技术状况。

(　　) 23. 汽车综合性能检测线检测悬架装置性能时，主要是检测减振器性能的好坏。

(　　) 24. 前照灯的发光强度和光束的照射方向被列为机动车运行安全检测的必检项目，前照灯发光强度和照射方向必须符合国家标准的有关规定。

Chapter 3

项目三 评定估算

评定估算工作就是对被评估车辆所收集的数据资料、技术鉴定资料进行整理，根据评估目的选择适用的估价标准和评估方法，本着客观、公正的原则对车辆进行评定估算，确定评估结果。

任务一 确定二手车成新率

【学习目标】

1. 能够正确描述二手车估价的四种基本方法的原理及适用范围。
2. 能够根据根据具体评估任务，选择合适的评估方法。
3. 能够根据具体评估的条件，选择合适的方法计算二手车的成新率。

一、任务分析

成新率是反映二手车新旧程度的指标。二手车成新率是表示二手车的功能或使用价值占全新机动车的功能或使用价值的比率，也可以理解为二手车的现时状态与机动车全新状态的比率。它与有形损耗一起反映了同一车辆的两个方面。车辆的有形损耗也称为车辆的实体性贬值，它是由于使用磨损和自然损耗形成的。成新率和有形损耗率的关系是：

$$成新率 = 1-有形损耗率$$

成新率是重置成本法的一项重要指标，如何科学、准确地确定该项指标是二手车评估中的重点和难点。

二、相关知识

（一）二手车评估的基本方法

1. 重置成本法

（1）重置成本法的基本原理。

① 重置成本法的概念。重置成本法是指在现时市场条件下重新购置一辆全新状态的被评估车辆所需的全部成本，减去该被评估车辆的各种陈旧贬值后的差额作为被评估车辆现时价格的一种评估方法。其评估思路可用数学式概括为

二手车评估值＝重置成本−实体损耗−功能性贬值−经济性贬值

重置成本法既充分考虑了被评估二手车的重置全价，又考虑了该二手车已使用年限内的磨损以及功能性、经济性贬值，因而是一种适应性较强，并在实践中被广泛采用的基本评估方法。

② 重置成本法的基本要素。重置成本法的概念中涉及四个基本要素，即二手车的重置成本、二手车实体有形损耗、二手车功能性贬值和二手车经济性贬值。

- 二手车的重置成本。二手车重置成本是按在现行市场条件下重新购置一辆与被评估二手车功能相同或相近的全新车辆所支付的全部货币总额。简单地说，二手车重置成本就是当前再取得该车新车的成本。具体来说，重置成本又分为复原重置成本和更新重置成本两种。

复原重置成本是指用与被评估车辆相同的材料、制造标准、结构设计及技术水平等以现时市场价格重新购建与被评估车辆相同的全新车辆所发生的全部成本。汽车不同于一般机器设备，技术性很强，又有很强的法规限制，一般用户是很难复原一辆已经停产很久的车辆。

更新重置成本是指利用新型材料、新技术标准和新型设计等，以现时市场价格购置具有相同或相似功能的全新车辆所支付的全部成本。

应该注意的是，无论复原重置成本还是更新重置成本，车辆本身的功能不变。

一般情况下，在选择重置成本时，如果同时取得复原重置成本和更新重置成本，应优选择更新重置成本。在不存在更新重置成本时，再考虑采用复原重置成本。由此可见，重置成本法主要立足于二手车的新车现行市价，与二手车的原购置价并无多大的关系。新车现行市价高，重置成本也越高。

- 二手车实体有形损耗。二手车实体有形损耗也称实体性贬值，是指二手车在存放和使用过程中，由于物理和化学原因（如机件磨损、锈蚀和老化等）而导致的车辆实体发生的价值损耗，即由于自然力的作用而发生的损耗。计量二手车实体有形损耗时主要根据已使用年限进行分摊，即实体性损耗的主要计算依据是已使用年限。

- 二手车功能性贬值。二手车功能性贬值是由于技术进步引起的二手车功能相对落后而导致的贬值。这是无形损耗。功能性贬值可分为一次性功能贬值和营运性功能贬值。

一次性功能贬值是由于技术进步引起劳动生产率的提高，现在再生产制造与原功能相同的车辆的社会必要劳动时间减少、成本降低而造成原车辆的价值贬值。

营运性功能贬值是由于技术进步，出现了新的、性能更优的车辆，致使原有车辆的功能相对新

车型已经落后而引起其价值贬值。具体表现为原有车辆在完成相同工作任务的前提下，在燃料、人力、配件材料等方面的消耗增加，形成了一部分超额运营成本。

- 二手车经济性贬值。二手车经济性贬值是指由于外部经济环境变化所造成的车辆贬值。它也是一种无形损耗。外部经济环境包括宏观经济政策、市场需求、通货膨胀和环境保护等。如国家提高对汽车排放标准的要求，实施欧Ⅴ排放标准，原来执行欧Ⅳ排放标准的在用车就会因此而贬值。经济性贬值是由于外部环境而不是车辆本身或内部因素所引起的达不到原有设计的获利能力而造成的贬值。外界因素对车辆价值的影响不仅是客观存在的，而且对车辆价值影响还相当大，所以在二手车的评估中不可忽视。

（2）重置成本法应用的理论依据。任何一个精明的投资者在购买某项资产时，他所愿意支付的价格，绝不会超过现时在市场上能够购买到与该项资产具有同等效用的全新资产所需的最低成本，而不管这项资产的原拥有者当初在购买这项资产时的购置价（历史成本）是多少。这就是重置成本法的理论依据。可见重置成本是现时购买一辆全新的与被评估二手车相同的车辆所支付的最低金额。

（3）重置成本法的应用前提和适用范围。重置成本法作为一种二手车评估的方法，是从能够重新取得被评估二手车的角度来反映二手车的交换价值的，即通过被评估二手车的重置成本反映二手车的交换价值。只有当被评估的二手车处于继续使用状态下，再取得被评估二手车的全部费用才能构成其交换价值的内容。二手车继续使用包含着其使用有效性的经济意义，只有当二手车能够继续使用并且在持续使用中为潜在投资者带来经济利益，二手车的重置成本才能为潜在投资者和市场承认及接受。从这个意义上讲，重置成本法主要适用于继续使用前提下的二手车评估。

（4）重置成本法的优、缺点。

① 重置成本法的优点。

- 比较充分地考虑了车辆的各方面损耗，反映了车辆市场价格的变化，评估结果更趋于公平合理，在不易估算车辆未来收益，或难以在市场上找到可类比对象的情况下可广泛应用。
- 可采用综合分析法确定成新率，将车况和配置以及车辆使用情况用适当的调整系数表征出来，比较清晰地解析了车辆残值的构成，使整个评估过程显得有理有据，有助于增强交易双方对评估结果的信任，可广泛应用于价值较高的中高档车辆评估。

② 重置成本法的缺点。

- 评估工作量较大，确定成新率时主观因素影响较大。
- 对极少数的进口车辆，不易查询到现时新车市场报价，一些已停产或是国内自然淘汰的车型，由于不可能查询到相同车型新车的市场报价，因此难于准确地确定出它们的重置成本或重置成本全价。

2. 收益现值法

（1）收益现值法的基本原理。

① 收益现值法的概念。收益现值法是通过估算被评估二手车在剩余寿命期内的预期收益，并折现为评估基准日的现值，借此来确定二手车价值的一种评估方法。也就是说，现值在这里被视为二

手车的评估值，而且现值的确定依赖于未来预期收益。

② 收益现值法的基本原理。收益现值法是基于这样的假设，即人们之所以购买某辆二手车，主要是考虑这辆车能为自己带来一定的收益。任何一个理智的投资者在决定投资购买这辆二手车时，他所愿意支付的货币金额不会高于评估时求得的该车未来预期收益的折现值。

（2）收益现值法的应用前提和适用范围。

① 收益现值法应用的前提。

- 被评估二手车必须是经营性车辆，且具有继续经营和获利的能。
- 继续经营的预期收益可以预测而且必须能够用货币金额来表示。
- 二手车购买者获得预期收益所承担的风险也可以预测，并可以用货币衡量。
- 被评估二手车预期获利年限可以预测。

② 收益现值法的适用范围。

由以上应用的前提条件可见，运用收益现值法进行评估时，是以车辆投入使用后连续获利为基础的。在机动车的交易中，人们购买的目的往往不是在于车辆本身，而是车辆获利的能力。因此，收益现值法适用投资营运的车辆。

（3）收益现值法的优缺点。

① 收益现值法的优点。

- 与投资决策相结合，容易被交易双方接受。
- 能真实和较准确地反映车辆本金化的价格。

② 收益现值法的缺点。

- 预期收益额和折现率以及风险报酬率的预测难度大。
- 受主观判断和未来不可预见因素的影较大。

3. 现行市价法

（1）现行市价法的概念。现行市价法又称市场法、市场价格比较法，是指通过比较被评估车辆与最近售出类似车辆的异同，并将类似车辆的市场价格进行调整，从而确定被评估车辆价值的一种评估方法。其基本思路是，通过市场调查，选择一个或几个与被评估车辆相同或类似的车辆作参照车辆，分析参照车辆的构造、功能、性能、新旧程度、地区差别、交易条件及成交价格等，并与被评估车辆进行比较，找出两者的差别及其在价格上所反映的差额，经过适当调整，最终计算出被评估车辆的价格。

现行市价法是采用比较和类比的方法，根据替代原则，从二手车可能进行交易角度来判断二手车价值的。

（2）现行市价法的基本原理。现行市价法是基于这样的原理：任何一个正常的投资者在购置某项资产时，他所愿意支付的价格不会高于市场上具有相同用途的替代品的现行市价。

运用现行市价法要求充分利用类似二手车成交价格信息，并以此为基础判断和估测被评估二手车的价值。运用已被市场检验了的结论来评估被评估二手车，显然是容易被买卖双方当事人接受的。因此，现行市价法是二手车评估中最为直接，最具说服力的评估方法之一。

用现行市价法评估二手车包含了被评估二手车的各种贬值因素，如有形损耗的贬值、功能性贬值和经济性贬值。因为市场价格是综合反映车辆的各种因素的体现，由于车辆的有形损耗及功能陈旧而造成的贬值，自然会在市场价格中有所体现。经济性贬值则是反映社会上对各类产品综合的经济性贬值的大小，突出表现为供求关系的变化对市场价格的影响，因而，用现行市价法评估不再专门计算功能性贬值和经济性贬值。

（3）现行市价法的应用前提。由于现行市价法是以同类二手车销售价格相比较的方式来确定被评估二手车价值的，因此，运用这一方法时一般应具备两个基本的前提条件。

① 要有一个发展成熟、交易活跃的二手车交易公开市场，经常有相同或类似二手车的交易，有充分的参照车辆，市场成交的二手车价格反映市场行情，这是应用现行市价法评估二手车的关键。在二手车交易市场上二手车交易越频繁，与被评估相类似的二手车价格越容易获得。

② 市场上参照的二手车与被评估二手车有可比较的指标，并且这些指标的技术参数等资料是可收集到的，其价值影响因素明确，可以量化。

运用现行市价法，重要的是要在交易市场上能够找到与被评估二手车相同或相类似的已成交过的参照车辆，并且参照车辆是近期的、可比较的。所谓近期，是指参照车辆交易时间与被评估二手车评估基准日相差时间相近，一般在一个季度之内；所谓可比较，是指参照车辆在规格、型号、功能、性能、配置、内部结构、新旧程度及交易条件等方面与被评估二手车相近。

现行市价法要求二手车交易市场发育比较健全，并以能够相互比较的二手车交易在同一市场或地区经常出现为前提，而目前我国各地二手车交易市场完善程度、交易规模差异很大，有些地区的汽车保有量少，车型数少，二手车交易量少，寻找参照车辆较为困难，因此，现行市价法的实际运用在我国目前的二手车交易市场条件下将受到一定的限制。

（4）现行市价法的适用范围。现行市价法是从卖者的角度来考虑被评估二手车的变现值的，二手车评估价值的大小直接受市场的制约，因此，它特别适用于产权转让的畅销车型的评估，如二手车收购（尤其是成批收购）和典当等业务。畅销车型的数据充分可靠，市场交易活跃，评估人员熟悉其市场交易情况，采用现行市价法评估二手车时间会很短。

（5）现行市价法的优缺点。

① 现行市价法的优点。

- 能够客观反映二手车目前的市场情况，其评估的参数、指标，直接从市场获得，评估值能反映二手车市场现实价格。
- 结果易于被各方面理解和接受。

② 现行市价法的缺点。

- 需要公开及活跃的二手车市场作为基础，而在我国很多地方二手车市场建立时间短，发育不完善，寻找参照车辆有一定的困难。
- 可比因素多而复杂，即使是同一个生产厂家生产的同一型号的产品，同一天注册登记，但可能由于由不同的车主使用，其使用强度、使用条件、维护水平的不同而带来车辆技术状况不同，造成二手车评估价值存在较大差异。

4. 清算价格法

（1）清算价格法的概念。清算价格法是以清算价格为依据来估算二手车价格的一种方法。所谓清算价格，指企业在停业或破产后，在一定的期限内拍卖资产（如车辆）时可得到的变现价格。清算价格法的理论基础是清算价格标准。

（2）清算价格法的基本原理。清算价格法在原理上基本与现行市价法相同，所不同的是迫于停业或破产，清算价格往往低于现行市场价格。这是由于企业被迫停业或破产，急于将车辆拍卖、出售造成的。

（3）清算价格法的应用前提。以清算价格法评估车辆价格的前提条件有以下三点。

① 以具有法律效力的破产处理文件或抵押合同及其他有效文件为依据。

② 车辆在市场上可以快速出售变现。

③ 所卖收入足以补偿因出售车辆的附加支出费用总额。

（4）清算价格法的适用范围。清算价格法适用于企业破产、资产抵押和停业清理时要出售的车辆。

① 企业破产。当企业或个人因经营不善造成的严重亏损，到期不能清偿债务时，企业应依法宣告破产，法院以其全部财产依法清偿其所欠的债务，不足部分不再清偿。

② 资产抵押。资产抵押是以所有者的资产作抵押物进行融资的一种经济行为，是合同当事人一方用自己特定的财产（如机动车辆）向对方保证履行合同义务的担保形式。提供财产的一方为抵押人，接受抵押财产的一方为抵押权人。抵押人不履行合同时，抵押权人有权利将抵押财产在法律允许的范围内变卖，从变卖抵押物价款中优先受偿。

③ 停业清理。停业清理是指企业由于经营不善导致严重亏损，已临近破产的边缘或因其他原因将无法继续经营下去，为弄清企业财物现状，对全部财产进行清点、整理和查核，为经营决策（破产清算或继续经营）提供依据，以及因资产损毁、报废而进行清理、拆除等的经济行为。

（5）影响清算价格的主要因素。在二手车评估中，影响清算价格的主要因素包括破产形式、债权人处置车辆的方式、车辆清理费用、拍卖时限、公平市价和参照车辆价格等。

① 破产形式。如果企业丧失车辆处置权，出售的一方无讨价还价的可能，则以买方出价决定车辆售价；如果企业未丧失处置权，出售车辆一方尚有讨价还价余地，则以双方议价决定售价。

② 债权人处置车辆的方式。按抵押时的合同契约规定执行，如公开拍卖或收回己有。

③ 车辆清理费用。在企业破产等情况下评估车辆价格时，应对车辆清理费用及其他费用给予充分的考虑。如果这些费用太高，拍卖变现后所剩无几，则失去了拍卖还债的意义。

④ 拍卖时限。一般来说，规定的拍卖时限长，售价会高些；时限短，则售价会低些。这是由资产快速变现原则产生的特定买方市场所决定的。

⑤ 公平市价。公平市价是指车辆交易成交时，使交易双方都满意的价格。在清算价格中卖方满意的价格一般不易求得。

⑥ 参照车辆价格。参照车辆价格是指在市场上出售相同或类似车辆的价格。一般地说，市场参

照车辆价格高，车辆出售的价格就会高，反之则低。

（二）二手车评估方法的选择

估价方法的多样性，为鉴定估价人员提供了选择评估的途径。选择估价方法时应考虑以下因素。

① 必须严格与二手车评估的计价标准相适应。

② 要受收集数据和信息资料的制约。

③ 要充分考虑二手车鉴定估价工作的效率，选择简单易行的方法。

鉴于上述因素的考虑，在四种估价方法中，重置成本法、现行市价法、收益现值法和清算价格法均适用于鉴定估价。若采用现行市价法评估时，由于目前我国二手车交易市场发育不完全，很难寻找到与被评估车辆相同的使用日期、使用强度、使用条件等的车辆；采用收益现值法时，由于投资者对预期收益额预测难度大，易受较强的主观判断和未来不可预见因素的影响；采用清算价格法评估车辆时，又受其适用条件的局限。故上述三种评估方法在二手车鉴定估价中很少采用。而重置成本法，具有收集资料信息便捷、操作简单易行、评估理论性强、结合对车辆的技术鉴定而使评估结果有依有据、可信度高等优点，故成为鉴定评估中应用最广的一种评估方法。

（三）成新率的计算方法

二手车成新率的计算方法有使用年限法、行驶里程法、部件鉴定法、整车观测法、综合分析法、综合成新率法等。

1. 使用年限法

（1）计算方法。使用年限法是通过确定被评估二手车的尚可使用年限与规定使用年限的比值来确定二手车成新率的一种方法。其计算公式为

$$C_Y=\frac{Y_g-Y}{Y_g}\times 100\%$$

式中：C_Y——使用年限成新率；

Y——二手车实际已使用年限，年或月；

Y_g——车辆规定的使用年限，年或月。

使用年限法估算二手车的成新率是基于这样的假设：二手车在规定的使用寿命期间，实体性损耗与时间呈线性递增关系，二手车价值的降低与其损耗大小成正比。因此，可利用被评估二手车的实际已使用年限与该车型规定使用年限的比值来判断其实体贬值率（程度），进而估算被评估二手车成新率。

（2）已使用年限与规定使用年限。

① 已使用年限。使用年限是代表汽车运行量和工作量的一种计量。这种计量是以汽车正常使用为前提的，包括正常的使用时间和使用强度。对于汽车来说，它的经济使用寿命指标既有规定使用年限，同时也应以行驶里程数作为运行量的计量单位。从理论上讲，综合考虑已使用年限和行驶里程数要符合实际一些，即汽车的已使用年限应采用折算年限，即

折算年限＝总的累计行驶里程/年平均行驶里程

这种使用年限表示方法既反映了汽车的使用情况（包括管理水平、使用水平和维护保养水平）、使用强度，又包括了运行条件和某些停驶时间较长的汽车的自然损耗。但在实践操作中，很难找到总的累计行驶里程和年平均行驶里程这一组数据，所以已使用年限一般取该车从新车在公安交通管理机关注册登记日起至评估基准日所经历的时间。这个时间可以用年或月或日为单位计算。实际计算中，评估基准日并不恰好与注册登记日同日，如果以年为单位计算实际已使用年限，结果误差太大；如果以日为单位计算实际已使用年限，需要精确计算实际已使用天数，结果精确，但工作量较大，比较麻烦；一般以月为单位计算实际已使用年限，即将已使用年限和规定使用年限换算成月数，这样，计算简单、结果误差也较小，比较切合实际。

② 规定使用年限。车辆规定使用年限是指《机动车强制报废标准规定》中对被评估车辆规定的使用年限。各种类型汽车规定使用年限应按《机动车强制报废标准规定》的规定执行。对于标准中无报废年限规定的车辆，在进行成新率计算时，通常取15年。

（3）使用年限法的前提条件。使用年限法计算成新率的前提条件是车辆在正常使用条件下，按正常使用强度（年平均行驶里程）使用。我国各类汽车年平均行驶里程，见表3-1。

表3-1 我国各类汽车年平均行驶里程

汽 车 类 别	年平均行驶里程（万km）
微型、轻型货车	3～5
中型、重型货车	6～10
私家车	1～3
公务、商务用车	3～6
出租车	10～15
租赁车	5～8
旅游车	6～10
中、低档长途客运车	8～12
高档长途客运车	15～25

利用使用年限法计算得到的成新率实际上反映的是车辆的时间损耗及时间折旧率，与车辆的日常使用强度和车况无关。

如果车辆的日常使用强度较大，在运用已使用年限指标时，应适当乘以一定的系数。例如，对于某些以双班制运行的车辆，其实际使用时间为正常使用时间的两倍，因此该车辆的已使用年限，应是车辆从开始使用到评估基准日所经历时间的两倍。

2. 行驶里程法

在《机动车强制报废标准规定》中除了规定使用年限外，还规定了行驶里程，因此，也可以使用行驶里程法进行估算。

（1）计算方法。行驶里程法是通过确定被评估二手车的尚可行驶里程与规定行驶里程的比值来确定二手车成新率的一种方法。其计算公式为

$$C_S=\frac{S_g-S}{S_g}\times 100\%$$

式中：C_S——行驶里程成新率；

S——二手车实际累计行驶里程，km；

S_g——车辆规定的行驶里程，km。

（2）累计行驶里程与规定行驶里程的确定。

① 累计行驶里程。二手车累计行驶里程是指被评估二手车从开始使用到评估基准时点所行驶的总里程。

② 规定行驶里程。车辆规定行驶里程是指《机动车强制报废标准规定》中规定的该车型的行驶里程。

行驶里程较使用年限更真实地反映了二手车使用强度及使用过程中实际的物理损耗。它反映了二手车使用强度对其成新率的影响。总的行驶里程越大，车辆的实际有形损耗也越大。

（3）行驶里程法的前提条件。行驶里程法计算成新率的前提条件是车辆里程表的记录必须是原始的，不能被人为更改的。由于里程表容易被人为变更，因此，在实际应用中，较少直接采用此方法进行评估。

3. 部件鉴定法

（1）计算方法。部件鉴定法也称技术鉴定法，是指评估人员在确定二手车各组成部分技术状况的基础上，按其各组成部分对整车的重要性和价值量的大小加权评分，最后确定成新率的一种方法。采用部件鉴定法估算二手车成新率的计算公式为

$$C_B=\sum_{i=1}^{n}(c_i\times\beta_i)$$

式中：C_B——部件鉴定法二手车成新率；

c_i——二手车第 i 个部件的成新率；

β_i——二手车第 i 个部件的价值权重系数。

（2）计算步骤。

① 先确定二手车各主要总成、部件，再根据各部分的制造成本占整车制造成本的比重，确定其权重系数 β_i (i=1，2，…，n)，表 3-2 为汽车各部分的价值权重参考表。

② 以全新车辆对应的各总成、部件功能为满分（100 分），功能完全丧失为零分，再根据被评估二手车各相应总成、部件的技术状态估算出其成新率 c_i (i=1，2，…，n)。

③ 将各总成、部件估算出的成新率与权重系数相乘，得到各总成、部件的权重成新率 $(c_i\times\beta_i)$(i=1，2，…，n)。

④ 最后将各总成、部件的权重成新率相加，即得出被评估车辆的成新率。

在不同种类、档次的车辆上，各组成部分对整车的重要性及其价值占整车的比重各不相同，有些类型车辆之间相差还很大。因此，表 3-2 只能供评估人员参考，不可作为唯一标准。在实际评估时，应根据被评估车辆各部分价值量占整车价值的比重，调整各部分的权重系数。

表 3-2 汽车各部分的价值权重系数参考表

序 号	车辆各主要总成、部件名称	价值权重/%		
		轿车	客车	货车
1	发动机及离合器总成	26	27	25
2	变速及万向传动装置总成	11	10	15
3	前桥、前悬架及转向系总成	10	10	15
4	后桥及后悬架总成	8	11	15
5	制动系	6	6	5
6	车架	2	6	6
7	车身	26	20	9
8	电器仪表	7	6	5
9	车胎	4	4	5
合计		100	100	100

（3）部件鉴定法的特点及适用范围。从上述计算步骤可见，采用部件鉴定法计算加权成新率比较费时费力，但评估值更接近客观实际，可信度高。它既考虑了二手车实体性损耗，同时也考虑了二手车维修或换件等追加投资使车辆价值发生的变化。这种方法一般用于价值较高的二手车评估。

4. 整车观测法

整车观测法是指评估人员采用人工观察的方法，辅助简单的仪器检测，判定被评估二手车的技术等级以确定成新率的一种方法。整车观测法观察和检测的技术指标主要包括：二手车的现时技术状态、使用时间及行驶里程、主要故障经历及大修情况、整车外观和完整性等。二手车技术状况的分级可参考表 3-3。

表 3-3 二手车成新率评估参考表

车况等级	新旧情况	有形损耗率（%）	技术状况描述	成新率/%
1	使用不久	0～10	刚使用不久，行驶里程一般在 30 000～50 000km，在用状态良好，能按设计要求正常使用	100～90
2	较新车	11～35	使用 1 年以上，行驶 150 000km 左右，一般没有经过大修，在用状态良好，故障率低，可随时出车使用	89～65
3	旧车	36～60	使用 4～5 年，发动机或整车经过大修一次，大修较好地恢复原设计性能，在用状态良好，外观中度受损，恢复情况良好	64～40
4	老旧车	61～85	使用 5～8 年，发动机或整车经过两次大修，动力性能、经济性能、工作可靠性都有所下降，外观油漆脱落受损，金属件锈蚀程度明显；故障率上升，维修费用、使用费用明显上升，但车辆符合《机动车安全技术条件》，在用状态一般或较差	39～15
5	待报废处理车	86～100	基本到达或到达使用年限，通过《机动车安全技术条件》检查，能使用但不能正常使用，动力性、经济型、可靠性下降，燃料费、维修费、大修费用增长速度快，车辆收益与支出基本持平，排放污染和噪声污染到达极限	15 以下

表3-3中所示数据是判定二手车成新率的经验数据，只能供评估人员参考，不能作为唯一标准。由于采用该方法时，对二手车技术状况的评判是采用人工观察方法进行的，所以成新率的估值是否客观、实际，取决于评估人员的专业水准和评估经验。

整车观测法简单易行，但其判断结果没有部件鉴定法准确，一般用于初步估算中、低档二手车的价格，或作为综合分析法的辅助手段，用来确定车辆的技术状况调整系数。

5. 综合分析法

（1）计算方法。综合分析法是以使用年限法为基础，综合考虑二手车的实际技术状况、维护保养情况、原车制造质量、二手车用途及使用条件等多种因素对二手车价值的影响，以调整系数形式确定成新率的一种方法。其计算公式为

$$C_F = C_Y \times K$$

式中：C_F——综合成新率；

C_Y——使用年限成新率；

K——综合调整系数。

（2）综合调整系数。影响二手车成新率的主要因素有二手车技术状况、二手车维护保养、二手车原始制造质量、二手车用途和二手车使用条件5个方面，可采用表3-4推荐的综合调整系数，用加权平均的方法进行调整。

表3-4 二手车成新率综合调整系数参考表

序号	影响因素	因素分级	调整系数	权重/%
1	技术状况	好	1.0	30
		较好	0.9	
		一般	0.8	
		较差	0.7	
		差	0.6	
2	维护保养	好	1.0	25
		较好	0.9	
		一般	0.8	
		差	0.7	
3	制造质量	进口车	1.0	20
		国产名牌车（走私罚没车）	0.9	
		国产非名牌车	0. 8	
4	车辆用途	私用	1.0	15
		公务、商务	0.9	
		营运	0.7	
5	使用条件	好	1.0	10
		一般	0.9	
		差	0.8	

根据被评估二手车是否需要进行项目修理或换件维修，综合调整系数有两种确定方法。

① 二手车无须进行项目修理或换件时，可直接采用表 3-4 所推荐的调整系数，应用下式进行计算。

$$K = K_1 \times 30\% + K_2 \times 25\% + K_3 \times 20\% + K_4 \times 15\% + K_5 \times 10\%$$

式中：K——综合调整系数；

K_1——二手车技术状况调整系数；

K_2——二手车维护保养调整系数；

K_3——二手车原始制造质量调整系数；

K_4——二手车用途调整系数；

K_5——二手车使用条件调整系数。

② 二手车需要进行项目修理或换件，或需要进行大修时，可采用“一揽子”评估方法，综合考虑确定表 3-4 所列因素的影响。所谓“一揽子”评估方法就是综合考虑修理后对二手车成新率估算值的影响，直接确定一个合理的综合调整系数而进行价值评估的一种方法。

表 3-4 中的因素分级和调整系数只是一个参考，实际确定综合调整系数时，应根据具体情况作适当的调整，但各因素的调整系数取值不要超过 1，综合调整系数计算结果也不会超过 1。

（3）调整系数的选取。

① 二手车技术状况调整系数 K_1。二手车技术状况调整系数是在对车辆技术状况鉴定的基础上对车辆进行的分级，然后取调整系数来修正车辆的成新率。技术状况调整系数取值范围为 0.6～1.0，技术状况好的取上限，反之取下限。

② 二手车维护保养调整系数 K_2。维护保养调整系数反映了使用者对车辆使用、维护和保养的水平。不同的使用者，对车辆使用、维护和保养的实际执行情况差别较大，因而直接影响到车辆的使用寿命和成新率。维护保养调整系数取值范围为 0.7～1.0，维护保养好的取上限，反之取下限。

③ 二手车原始制造质量调整系数 K_3。确定该系数时，应了解被评估的二手车是国产车还是进口车以及进口国别，是国产车应了解是名牌产品还是一般产品。一般来说，国家正规手续进口的车辆质量优于国产车辆，名牌产品优于一般产品，但又有较多例外，故在确定此系数时应慎重。对依法没收领取牌证的走私车辆，其原始制造质量系数建议视同国产名牌产品考虑。原始制造质量系数取值范围在 0.8～1.0。

④ 二手车用途调整系数 K_4。二手车用途（或使用性质）不同，其繁忙程度不同，使用强度也不同。一般车辆用途可分为私人工作和生活用车，机关企事业单位的公务和商务用车，从事旅客、货运、城市出租的营运用车。以普通小轿车为例，一般来说，私人工作和生活用车每年最多行驶约 30 000km；公务、商务用车每年不超过 60 000km；而营运出租车每年行驶有些高达 15 万 km。可见二手车用途不同，其使用强度差异很大。二手车用途调整系数取值范围为 0.7～1.0，使用强度小的取上限，反之取下限。

⑤ 二手车使用条件调整系数 K_5。我国地域辽阔，各地自然条件差别很大，车辆的使用条件对其成新率影响很大。使用条件可分为道路使用条件和特殊使用条件。

- 道路使用条件。道路使用条件可分为好路、中等路和差路三类。好路指国家道路等级中的高速公路，一、二、三级道路，好路率在50%以上；中等路指符合国家道路等级四级道路，好路率在30%～50%；差路指国家等级以外的路，好路率在30%以下。

- 特殊环境使用条件。特殊环境使用条件主要指特殊自然条件，包括寒冷、沿海、沙风和山区等地区。

车辆使用条件调整系数取值范围为0.8～1.0，应根据二手车实际使用条件适当取值。如果二手车长期在道路条件较好路和中等路行驶时，分别取1和0.9；如果二手车长期在差路或特殊环境使用条件下工作，其系数取0.8。

从上述影响因素中可以看出，各影响因素关联性较大。一般来说，其中某一影响因素加强时，其他项影响因素也随之加强；反之则减弱。影响因素作用加强时，对其综合调整系数不要随影响作用加强而随之无限加大，一般综合调整系数取值不要超过1。

（4）综合分析法的特点及适用范围。综合分析法较为详细地考虑了影响二手车价值的各种因素，并用一个综合调整系数指标来调整二手车成新率，评估值准确度较高，因而适用于具有中等价值的二手车评估。这是目前二手车鉴定评估最常用的方法之一。

6. 综合成新率法

（1）计算方法。前面介绍的用使用年限法、行驶里程法和部件鉴定法计算二手车成新率只从单一因素考虑了二手车的新旧程度，是不完全也是不完整的。为了全面地反映二手车的新旧状态，可以采用综合成新率来反映二手车的新旧程度。所谓综合成新率就是采用定性和定量分析的方法，综合多种单一因素对二手车成新率的估算结果，并分别赋予不同的权重，计算加权平均成新率。这样，就可以尽量减小使用单一因素计算成新率给评估结果所带来的误差，因而是一种较为科学的方法。以下介绍一种综合使用年限法、行驶里程法、技术鉴定法和整车观测法估算二手车成新率的方法。

综合成新率法的数学计算公式为

$$C_Z = C_1 \cdot a_1 + C_2 \cdot a_2$$

式中：C_Z——综合成新率；

C_1——二手车理论成新率；

C_2——二手车现场查勘成新率；

a_1、a_2——权重系数，$(a_1+a_2)=1$。

（2）二手车理论成新率 C_1。二手车理论成新率包括使用年限法和行驶里程法计算的成新率，是根据二手车实际使用的时间和行驶里程计算而得，是一种对二手车成新率的定量计算，其结果一般不能人为改变。实际计算中，可将使用年限成新率和行驶里程成新率加权平均得到二手车理论成新率。计算公式为

$$C_1 = C_Y \times 50\% + C_S \times 50\%$$

式中：C_Y——使用年限成新率；

C_S——行驶里程成新率。

（3）二手车现场查勘成新率 C_2。二手车现场查勘成新率是由评估人员根据现场查勘情况而确定

的一个综合评价值。具体确定步骤是：评估人员先对二手车作技术状况现场查勘（包括静态检查和动态检查），得出鉴定评价意见，然后对整车和重要部件分别作综合评分，累加评分，其结果就是二手车现场查勘成新率。可见二手车现场查勘成新率是一个定性与定量相结合的结果。

① 二手车技术状况现场查勘。被评估二手车技术状况现场查勘主要内容有以下几点。

- 车身外观。包括车身颜色、光泽、有无退色及锈蚀情况，车身是否被碰撞过，车灯是否齐全有效，前后保险杠是否完整和其他情况等。
- 车内装饰。包括装潢程度、颜色、清洁程度、仪表及座位是否完整和其他有关装饰情况等。
- 发动机工作状况。包括发动机动力状况、是否有更换部件（或替代部件）和修复现象，是否有漏油现象等。
- 底盘。包括有否变形、有否异响、变速箱状况是否正常、前后桥状况是否正常、传动系统工作状况是否正常、是否有漏油现象、转向系统情况是否正常和制动系统工作状况是否正常等。
- 电器系统。包括电源系统是否工作正常、发动机点火器是否工作正常、空调系统是否工作正常和音响系统是否工作正常等。

以上查勘情况，一般应由评估委托方或车辆所有单位经办人签名，以确认查勘情况是客观的、真实的，不存在与实际车况不相符合的情况。确定查勘情况后，评估人员必须对被评估车辆作出查勘鉴定结论。上述资料经过整理，就可以编制成表 3-5 所示的“二手车技术状况调查表”。

表 3-5　　二手车技术状况调查表

评估委托方：×××　　评估基准日：2013 年 9 月 30 日

<table>
<tr><td rowspan="6">车辆基本情况</td><td>明细表序号</td><td>01</td><td>车辆牌号</td><td colspan="2">辽×××</td><td>厂牌型号</td><td>上海别克/BUICK/GL8</td></tr>
<tr><td>生产厂家</td><td colspan="2">上海通用</td><td>已行驶里程</td><td>50 000km</td><td>规定行驶里程</td><td>600 000km</td></tr>
<tr><td>购置日期</td><td>2011年2月</td><td>登记日期</td><td colspan="2">2011 年 2 月</td><td>规定使用年限</td><td>无</td></tr>
<tr><td>大修情况</td><td colspan="6"></td></tr>
<tr><td>改装情况</td><td colspan="6"></td></tr>
<tr><td>耗油量</td><td>正常</td><td>是否达到环保要求</td><td>是</td><td>事故次数及情况</td><td colspan="2">无事故</td></tr>
</table>

<table>
<tr><td colspan="10">现场查勘情况</td></tr>
<tr><td rowspan="7">车辆实际技术状况</td><td rowspan="3">外形车身部分</td><td>颜色</td><td>白</td><td>光泽</td><td>较好</td><td>退色</td><td>无</td><td>腐蚀</td><td>无</td></tr>
<tr><td>有否被碰撞</td><td>轻微</td><td>严重程度</td><td>—</td><td>修复</td><td>—</td><td>车灯是否齐全</td><td>齐全</td></tr>
<tr><td>前、后保险杠是否完整</td><td>完整</td><td colspan="6">其他：</td></tr>
<tr><td rowspan="2">车内装饰部分</td><td>装潢程度</td><td>一般</td><td>颜色</td><td>浅色</td><td>清洁</td><td>较好</td><td>仪表是否齐全</td><td>是</td></tr>
<tr><td>座位是否完整</td><td>是</td><td colspan="6">其他：</td></tr>
<tr><td rowspan="2">发动机总成</td><td>动力状况评分</td><td>85</td><td>是否更换部件</td><td>无</td><td>有否修补现象</td><td>无</td><td>是否有替代部件</td><td>无</td></tr>
<tr><td>漏油现象</td><td colspan="7">严重□　一般□　轻微□　无□</td></tr>
</table>

续表

<table>
<tr><td rowspan="5">车辆实际技术状况</td><td rowspan="3">底盘各部分</td><td>有否变形</td><td>无</td><td>有否异响</td><td>无</td><td>变速箱状况</td><td>工作正常</td><td>后桥状况</td><td>正常</td></tr>
<tr><td>前桥状况</td><td>正常</td><td>传动状况</td><td>工作正常</td><td>漏油现象</td><td colspan="3">严重□ 一般□ 轻微□ 无□</td></tr>
<tr><td>转向系统情况</td><td colspan="3">工作正常</td><td>制动系统情况</td><td colspan="3">工作正常</td></tr>
<tr><td rowspan="2">电器系统</td><td>电源系统</td><td>工作正常</td><td>点火系统</td><td>工作正常</td><td>空调系统是否有效</td><td>工作正常</td><td>音响系统</td><td>工作正常</td></tr>
<tr><td colspan="8">其他：</td></tr>
<tr><td colspan="2">鉴定意见</td><td colspan="8"></td></tr>
</table>

资产占有单位经办人签字：××× 评估人员签字：×××

② 确定二手车现场查勘成新率。在上述对二手车作技术状况现场查勘的基础上，对整车和重要部件做定量分析并以评分形式给予量化，可参考表3-6。总分就是二手车现场查勘成新率。

表3-6 二手车成新率评定表

序号	项目名称	达标程度	参考标准分	评分
1	整车（满分20分）	全新	20	—
		良好	15	15
		较差	5	—
2	车架（满分15分）	全新	15	12
		一般	7	—
3	前后桥（满分15分）	全新	15	12
		一般	7	—
4	发动机（满分30分）	全新	30	—
		轻度磨损	25	28
		中度磨损	17	—
		重度磨损	5	—
5	变速箱（满分10分）	全新	10	—
		轻度磨损	8	8
		中度磨损	6	—
		重度磨损	2	—
6	转向及制动系统（满分10分）	全新	10	—
		轻度磨损	8	8
		中度磨损	5	—
		重度磨损	2	—
总分（现场查勘成新率%）			100	83

（4）权重系数。权重系数的确定要根据实际情况，如果理论成新率计算中包含了使用年限成新率和行驶里程成新率，则两个权重系数通常各取 50%。如果理论成新率计算中缺少某项，则可将 a_1 适当调小（如 40%），而将 a_2 适当调大（如 60%）。

必须指出的是，被评估二手车理论成新率和现场查勘成新率的权重分配、使用年限成新率和机动车行驶里程成新率的权重分配，要根据被评估二手车类型、使用状况、维修保养状况综合考虑，科学、合理地确定权重分配，这与二手车鉴定评估人员的实践工作经验和专业判断能力有很大的关系，需要在实践中注意学习和总结。

（四）各种成新率计算方法的选择

二手车成新率的确定可根据鉴定评估目的和评估对象的实际情况选择相应的模型计算。在这些计算成新率的方法中，由于综合分析法是以使用年限法为基础，以调整系数形式调整二手车成新率，调整系数综合考虑了二手车的实际技术状况、维护保养情况、原车制造质量、二手车用途及使用条件等多种因素对二手车价值的影响，评估值准确度较高，因此是目前二手车车鉴定评估业务中最常用的方法之一。综合成新率法也是以技术状况现场查勘为基础，因此，也是二手车鉴定评估业务中常用的方法。

三、实施与考核

（一）技能学习

1. 用使用年限法计算二手车成新率

（1）车辆基本信息。

车型：郑州宇通 ZK6107HZY 中型客车，非营运。

购车时间：2010 年 5 月。

行驶历程数：9 万公里。

初次登记日期：2010 年 5 月。

评估基准日：2013 年 5 月。

（2）车辆检查。

① 外观目测。整体外观非常好，前保险杠右前角有一处较为明显的划痕，全车没有被碰撞过的痕迹，轮胎磨损正常，底盘无剐蹭。

② 内饰检测。内饰保养较好，电子部件运作正常，功能良好，没有发现有改动过的痕迹。

③ 发动机舱检查。发动机舱干净整洁，无漏油、漏水，电器线路整齐，没有改动过的痕迹。各接口没有松动。

④ 怠速检查。在怠速情况下，发动机运转平稳，无明显异响，加、减速过程正常。

⑤ 道路路测。该车加速有力，减振效果较差；方向盘转向灵活轻便；制动性能适中。

（3）成新率计算。

① 根据对该车的各项检查可以判定，该车的使用情况符合我国非营运客车年平均行驶里程统计

标准，故可采用使用年限法计算其成新率。

② 按我国现行的机动车强制报废标准规定，该车报废年限为 20 年（240 个月）。

③ 该初次登记日为 2010 年 5 月，评估基准日为 2013 年 5 月，已使用 36 个月。

④ 根据公式：

$$C_Y = \frac{Y_g - Y}{Y_g} \times 100\%$$

该车的成新率为：$C_Y = (1-36/240) \times 100\% = 85\%$。

2. 用行驶里程法计算二手车成新率

（1）车辆基本情况。

评估车型：迷你库伯 1.6 标准版（私家用车）。

登记日期：2009 年 9 月。

行驶里程：11 万公里。

评估基准日：2013 年 5 月。

（2）车辆检查。

① 静态检查。

- 车辆整体状况良好，油漆颜色靓丽，车身经过了专业的抛光打蜡，全车的细微划痕被遮盖。
- 前后保险杠有碰撞修复的痕迹。
- 车门开合良好，没有异常响动，关闭锁止可靠。
- 前纵梁连接良好，焊点清晰，无明显修复痕迹。
- 全车橡胶密封正常。
- 发动机舱内线路基本正常，发动机没有明显的渗漏痕迹。
- 前车灯经过更换，车辆常规保养部件有更换痕迹。
- 底盘系统整体良好，悬架系统正常，制动盘片磨损正常，轮胎磨损正常，有良好的备胎。

② 动态检查。

- 车辆起动时噪声正常，抖动正常，怠速稍高，稳定后噪声减少，怠速稳定。
- 变速箱结合动力比较顺畅。
- 车辆的起步速度相对较快，油门感觉轻盈，整体行驶过程中操控灵活，刹车制动感觉比较硬。
- 轮胎噪音正常，抓地力良好，车辆音响效果一般。

（3）成新率计算。

① 该车 4 年行驶 11 万公里，符合家庭用车的使用标准，故可认为该车显示的行驶量程数没有改动，所以可以使用行驶里程法计算其成新率。

② 根据国家机动车强制报废标准规定，该车型报废里程为 60 万公里，已使用里程为 11 万公里。

③ 由行驶里程法成新率计算公式得

$$C_S = \frac{S_g - S}{S_g} \times 100\% = \frac{60-11}{60} \times 100\% \approx 80\%$$

3. 用部件鉴定法计算二手车成新率

（1）车辆基本情况。

车型：宝来 1.6-AT-2V 基本型（国Ⅱ），个人用车。

初次登记日期：2009 年 6 月 6 日。

评估基准日：2013 年 5 月 10 日。

累计行驶里程：128 000km。

该车配置：排量约 1.6L 电喷发动机、DOHC 双顶置凸轮轴、四轮独立悬架、四轮盘式刹车系统配合 ABS、全电动门窗以及电子除霜、前排安全气囊、单碟 DVD 配合四声道六喇叭音响系统、可调节转向盘、助力转向、智能倒车雷达、真皮座椅、防盗点火系统、智能中控门锁。

车辆手续：证件、税费单据齐全有效。

（2）车况检查。

① 静态检查。对车辆的外观整体检查中发现保险杠有碰撞修补的痕迹，车辆的左前侧雾灯下方有刮蹭痕迹造成了油漆脱落，车辆左侧的滑动门需要进行润滑，不过整个的车身情况保持得比较好。发动机舱线束整齐，观察车辆大梁、左右翼子板没有变形、锈蚀，油路也没有渗油现象，整个前端的车架部分还保持着原厂油漆的痕迹，各部位代码清晰可见，足以证明车辆保养比较专业。车内真皮座椅及内饰干净，丝毫没有旧车的感觉。电动门窗、倒车雷达、音响使用正常。

② 动态检查。发动机性能比较稳定，轻踩油门，在 4 300r/min 时达到了动力输出峰值。在车速较高的情况下，风噪、胎噪几乎听不到。急踩刹车，反应迅速，制动没有明显跑偏现象。高速行驶略有摆振，当车辆在 52km/h 左右时，前轮摇摆，当车辆保持在低速 38km/h 以下行驶或高速超过 66km/h 行驶时，前轮摇摆现象消失，经检查发现左前轮补过轮胎，试验更换两个前胎，摆动现象消失，所以是由于轮胎有过修补引起起动不平衡。乘坐较舒适，对地面的振动反映一般。

（3）计算成新率。

① 根据该车型的配置说明可知该车为高档轿车，故可用部件鉴定法计算其成新率。

② 根据对该车的检查结果，其成新率的估算明细，见表 3-7。

表 3-7 二手车成新率估算明细表

序号	车辆各主要总成，部件名称	价值权重（%）	成新率（%）	加权成新率（%）
1	发动机及离合器总成	23	72	16.56
2	变速器及万向传动装置总成	12	72	8.64
3	前桥，前悬架及转向系总成	9	72	6.48
4	后桥及后悬架总成	9	72	6.48
5	制动系	7	72	5.04
6	车架	2	72	1.44
7	车身	24	70	16.80
8	电器仪表	6	72	4.32
9	轮胎	8	50	4.00
	合计	100		69.76

即用部件鉴定法对该车计算的成新率约为70%。

4. 整车观测法计算二手车成新率

（1）车辆基本情况。

车辆型号：普通桑塔纳轿车，私人用车。

初次登记日期：2008 年 6 月。

行驶里程：15 万公里。

评估基准日：2013 年 5 月。

（2）车况检查。

① 该车已使用近 5 年，经检查及询问，该车做过一次整车翻新，但整车外观较好，各类车身附件齐全有效。

② 该车经过一次大修，包括发动机和变速器等，但动力性、转向操纵性、制动性等各项性能恢复较好。

（3）成新率确定。因该车为低档车型，根据车辆使用年限及行驶的里程数，可知该已属于中等旧车，故可使用整车观测法确定其成新率。

由于该经过了一次整车大修，但各项性能恢复较好，故将其成新率确定为 54%。

5. 用综合分析法计算二手车成新率

（1）车辆基本情况。

车辆型号：中华骏捷 1.8 舒适型。

车辆配置：1.8L 100kW（136 马力）L4 三菱发动机、四门电动车窗、前排双气囊、可调转向盘、助力转向、倒车雷达、ABS 防抱死制动、助力转向、铝合金轮圈、冷暖空调、暖风空调、CD 机、手/自动变速箱、电动后视镜、中央遥控及防盗系统。

初次登记日期：2009 年 6 月。

行驶里程：12 万公里。

评估基准日：2013 年 5 月。

（2）车况检查。

① 静态检查。

- 该车的外观保养状况较好。
- 该车车漆属原车漆，光泽度非常好，但前后保险杠明显有重新喷漆的痕迹。经仔细检查均发现出现过严重事故的迹象，伤处仅仅伤及保险杠体，并未波及前后缓冲钢架。
- 散热器组件、转向助力泵、刹车泵、ABS 泵、蓄电池、发电机、起动机等主件外表均无异常。
- 机油量及其油颜色均正常。
- 发动机舱内线束规整，无明显改动痕迹。
- 转向盘自由行程基本符合要求，转向柱无明显松动感觉。

② 动态检查。

- 这部车搭配的 5 速变速器，在起步、急加速、急减速、倒车时车辆没有明显的顿挫感。

- 离合器操作无异常现象。
- 无明显行驶跑偏和制动跑偏等现象，刹车稍微偏软一些。
- 行驶中车内无明显噪声。
- 音响、空调等装置工作正常。

总体说来该车动力、制动、通过、行驶平顺、噪声等方面性能基本良好。动态试验后车辆油、水温正常，运动机件无过热，无漏水、油、电等现象。

（3）成新率计算。由于该二手车为中高档轿车，车况保持较好，初步估计其评估价格较高，故可采用综合分析法计算其成新率。

① 初次登记日为 2008 年 6 月，评估基准日为 2012 年 5 月，则已使用年限 $Y = 48$ 个月，规定使用年限为 15 年，$Y_g = 180$ 个月（注：新的《机动车强制报废标准规定》对非营运小型车辆没有使用年限规定，但按目前车辆使用情况，在计算二手车成新率时，仍可参照旧标准，即规定使用年限为 15 年。本教材后述内容凡涉及非营运小型车辆规定使用年限的，均按此方法确定）。

② 综合调整系数 K 的确定。根据表 3-4，确定各项调整系数如下。

该车技术状况较好，车辆技术状况调整系数 $K_1 = 0.9$。

维护保养较好，维护情况调整系数 $K_2 = 0.9$。

此中华骏捷轿车是国产名牌车，制造质量调整系数 $K_3 = 1.0$。

该车为私人用车，车辆用途调整系数 $K_4 = 1.0$。

该车主要在市内行驶，使用条件一般，使用条件调整系数 $K_5 = 0.9$。

根据公式：

$$K=K_1 \times 30\% + K_2 \times 25\% + K_3 \times 20\% + K_4 \times 15\% + K_5 \times 10\%$$

得综合调整系数为：

$$K=0.9 \times 30\%+0.9 \times 25\%+1.0 \times 20\%+1.0 \times 15\%+0.9 \times 10\%=0.935$$

③ 计算成新率 C_F。根据公式计算得：

$$C_F = (1-Y/Y_g) \times K \times 100\% = (1-48/180) \times 0.935 \times 100\% = 72.20\%$$

6. 用综合成新率法计算二手车成新率

（1）车辆概况。

车牌号：辽 A×××；车型：长安福特福克期；发动机号：6102×××；车身号：L×××；乘员数（包括驾驶员）：5 人；生产商：长安福特；登记日期：2009 年 2 月。

（2）性能参数及配置。

发动机型号：Duratec-HE DOHC 16V；排量：1999mL；最大功率：104 kW/6000 rpm；最大扭矩：180k N·m/4000/rpm；气缸数：4 个；气缸排列形式：直列横置；气缸压缩比：10.8；达到排放标准：欧Ⅴ标准；燃油供给方式：多点电喷；冷却系统：水冷；三元催化：标准配置；前悬架：麦弗逊式；后悬架：多连杆；驱动方式：前驱；动力助力转向：标准配置；助力转向方式：电子液压助力；前制动器：盘式；后制动器：盘式；最高车速：185km/h；整车整备质量：1360kg；经济油耗：8.8 L；长×宽×高：4342mm×1840 mm×1500 mm。

（3）成新率计算。

① 计算理论成新率 C_1。查看该车里程表为 23200 公里，与正常使用年限不符，估计有调里程表的可能，故理论成新率 C_1 直接由年限法成新率计算而得。

该车登记日期为 2009 年 2 月，评估基准日为 2010 年 3 月，已使用 4 年，根据前述规定，小型越野汽车的规定使用年限为 15 年，所以

$$C_1 = C_Y = (1-\text{已使用年限}/\text{规定使用年限}) \times 100\% = (1-4/15) \times 100\% = 73$$

② 计算现场查勘成新率 C_2。评估人员在现场对该车的勘察中，分别对车辆的发动机、底盘、车身、内饰及电气系统进行鉴定打分，详见表 3-8。

表 3-8　　现场查勘评分表

项　目	鉴定标准	鉴定情况	评定分数
发动机、离合器总成	35 分 气缸压力是否符合标准 机油是否泄漏，冷却系统是否漏水 燃油消耗是否在正常范围内 测量气缸内椭圆度不超过 0.125mm 在高中低速时没有断火现象和其他异常现象	燃油消耗超标，其他情况一般	26
前桥总成	8 分 工字梁应无变形和裂纹，转向系统操作轻便灵活，转向节不应有裂纹	操作较灵活及准确，其他均正常	6
后桥总成	10 分 圆锥主动齿轮轴在 1400 ~ 1500r/min，各轴承温度不应高于 60℃，差速器及半轴的齿轮符合要求的敲击声或高低变化声响，各结合部位不允许漏油	基本符合要求	8
变速器总成	8 分 变速箱在运动中，齿轮在任何挡位均不应有脱挡、跳挡及异常声响 变速杆不应有明显抖动，密封部位不漏油，变速操作杆操作灵便 箱体各孔圆度误差不大 0.0075mm	基本符合要求	6
车身总成	29 分 车身无碰伤变形、脱漆、锈蚀、门窗玻璃完好，各焊口应无裂纹及损伤，连接件齐全无松动，密封良好、座椅完整	有脱漆、锈蚀现象，车辆维护一般	20
轮胎	2 分 依磨损量确定	中度磨损	1
其他	8 分 制动系统：气压制动的储气筒，制动管不漏气 电系统：电源点火、信号、照明应正常	工作状况一般	5
合计			72

根据表 3-8，现场勘察成新率 C_2 = 现场勘察打分值 × 100% = 72%。

取权重系数 a_1=40%、a_2=60%，则综合成新率为

$$C_Z = C_1 \cdot a_1 + C_2 \cdot a_2 = 73\% \times 40\% + 72\% \times 60\% = 72.4\%$$

（二）任务实施与考核

教师为每名学生指定一种成新率计算方法，学生根据之前现场鉴定的结果，完成成新率的计算，并打印一份上交指导老师。教师审阅学生提交的计算报告，并完成表 3-9 所示的考核表。

表 3-9　　教师考核记录表

实训项目：成新率计算

班级学号		姓 名	
项目	必要的记录	分值	评分
报告完整性		10	
格式		10	
分析的准确性		20	
计算的正确性		60	
总分			

教师签字：

____年____月____日

任务二 计算评估

【学习目标】

1. 能够用重置成本法计算二手车评估值。
2. 能够用收益现值法计算二手车评估值。
3. 能够用现行市价法计算二手车评估值。
4. 能够用清算价格法计算二手车评估值。

一、任务分析

二手车评估师根据评估目的，选择了相应的计价标准和评估方法，并依据现场车辆查勘的结果

确定了二手车成新率之后，即可根据不同评估方法的数学模型计算被评估二手车的评估值。由于重置成本法为评估二手车常用的方法之一，所以通常在计算之前，还需要进行市场询价，以获得被评估二手车的重置成本。

二、相关知识

（一）应用重置成本法评估的具体方法

1．重置成本法的计算模型

模型一：评估值＝重置成本−实体性贬值−功能性贬值−经济性贬值

模型二：评估值＝重置成本×成新率

模型一是重置成本法评估二手车的最基本模型。它综合考虑了二手车的现行市场价格和各种影响二手车价值量变化（贬值）的因素，最让人信服和易于接受。但造成这些贬值的影响因素较多且有一定的不确定性，所以准确地确定二手车的贬值是不容易的。

模型二以成新率综合考虑了各种贬值对二手车价值的影响，是一种定性和定量相结合的评估方法，比较符合中国人评判二手物品的思维模式，是目前市场上应用最广的一种评估方法。

2．基于成新率的重置成本法评估计算

（1）评估计算公式。基于成新率的重置成本法评估计算公式：

$$P = B \times C$$

式中：P——被评估二手车的评估值，元；

B——被评估二手车的现时重置成本，元；

C——被评估二手车的现时成新率。

（2）重置成本的计算。在资产评估中，重置成本的估算有多种方法，对二手车评估来说，计算重置成本一般采用重置核算法和物价指数法两种方法。

① 重置核算法。重置核算法是利用成本核算原理，根据重新取得一辆与二手车车型和功能一样的新车所需的费用项目，逐项计算后累加得到二手车的重置成本。二手车的重置成本具体由二手车的现行购买价格、运杂费以及必要的税费构成。根据新车来源方式不同，二手车重置成本可分为国产车和进口车两种不同的构成。

- 国产二手车重置成本的构成。国产二手车重置成本构成的计算公式为

$$B = B_1 + B_2$$

式中：B——二手车重置成本，元；

B_1——购置全新车辆的市场成交价，元；

B_2——车辆购置价格以外国家和地方政府一次性收缴的各种税费总和，元。

各种税费包括车辆购置税和注册登记费（牌照费）。

重置成本构成不应包括车辆拥有阶段及使用阶段的税费，如车辆拥有阶段的年审费、车船使用税、消费税，车辆使用阶段的保险费、燃油税、路桥费等。

- 进口二手车重置成本的构成。根据海关税则和收费标准，进口轿车的重置成本（即现行价

格）的税费构成为

$$进口二手车重置成本=报关价+关税+消费税+增值税+其他必要费用$$

报关价即到岸价，又称CIF价格，它与离岸价FOB的关系为

$$CIF价格=FOB价格+途中保险费+从装运港到目的港的运费$$

FOB价格是指在国外装运港船上交货时的价格，因此也称为离岸价，它不包括从装运港到目的港的运费和保险费。

由于这部分费用是以外汇支付的，所以在计算时，需要将报关价格换算成人民币，外汇汇率采用评估基准日的外汇汇率进行计算。

关税的计算方法为

$$关税=报关价\times关税税率$$

根据我国加入WTO的承诺，自2006年7月1日起，轿车的关税税率为25%。

消费税的计算方法为

$$消费税=\frac{报关价+关税}{1-消费税率}\times消费税率$$

我国2006年4月1日起实施新的汽车消费税率。消费税率根据汽车排量分档，共分为6档，见表3-10。

表3-10　汽车排量与汽车消费税率对照表

车　型	排量（L）	税率（%）
乘用车（含越野车）	≤1.5	3
	1.5～2.0（含）	5
	2.0～2.5（含）	9
	2.5～3.0（含）	12
	3.0～4.0（含）	15
	>4.0	20
中轻型商用客车	—	5

增值税的计算方法为

$$增值税=(报关价+关税+消费税)\times增值税率$$

各种进口车增值税税率均为17%。

除了上述费用之外，进口车价还包括通关、商检、仓储运输、银行、选装件价格、经销商、进口许可证等非关税措施造成的费用。

一般而言，车辆重置成本大多是依靠市场调查搜集而来的，并不需要进行十分复杂的计算。但是对于市场上尚未出现的那些新车型（特别是进口新车型）或淘汰车型，由于其价格信息有时不容易获得，这时则需要按照其重置成本的构成进行估算。

② 物价指数法。物价指数法也叫价格指数法，是指根据已掌握历年来的价格指数，在二手车原

始成本的基础上，通过现时物价指数确定其重置成本。其计算公式为

$$B = B_0 \times \frac{I}{I_0}$$

或 $$B = B_0 \times (1-\lambda)$$

式中：B——车辆重置成本，元；

B_0——车辆原始成本，元；

I——车辆评估时物价指数；

I_0——车辆当初购买时物价指数；

λ——车辆价格变动指数。

当被评估车辆已停产，或是进口车辆，无法找到现时市场价格时，这是一种很有用的方法，但应用时必须要注意，一定要先检查被评估车辆的账面购买原价。如果购买原价不准确，则不能用物价指数法。

车辆价格变动指数是表示车辆历年价格变动趋势和速度的指标。选用时要选用国家统计部门、物价管理部门或行业协会定期发布和提供的数据，不能选用无依据不明来源的数据。

（3）二手车重置成本全价的确定。实际工作中，一般根据鉴定估价的经济行为确定重置成本的全价，具体有以下两种处理方法。

① 对于以所有权转让为目的的二手车交易经济行为，按评估基准日被评估车辆所在地收集的新车现行市场成交价格作为被评估车辆的重置成本全价，其他费用略去不计。

② 对企业产权变动的经济行为（如企业合资、合作和联营，企业分设、合并和兼并，企业清算，企业租赁等），其重置成本全价除了考虑被评估车辆的新车现行市场购置价格以外，还应将国家和地方政府规定对车辆加收的其他税费（如车辆购置附加费、注册登记费等）一并计入重置成本全价中。

（二）应用收益现值法评估的具体方法

1. 计算模型

应用收益现值法计算二手车评估值，实际上就是对被评估二手车未来预期收益进行折现的过程。

被评估二手车的评估值等于剩余寿命期内各收益期的收益折现值之和。其基本计算公式为

$$P = \sum_{t=1}^{n} \frac{A_t}{(1+i)^t} = \frac{A_1}{(1+i)^1} + \frac{A_2}{(1+i)^2} + \cdots + \frac{A_n}{(1+i)^n}$$

式中：P——评估值，元；

A_t——未来第 t 个收益期的预期收益额，元；

n——收益年期（即二手车剩余使用寿命的年限）；

i——折现率，在经济分析中如果不作其他说明，一般指年利率或收益率；

t——收益期，一般以年计。

由于二手车的收益期是有限的，所以上式中的 A_t 还包括收益期末车辆的残值，一般估算时忽略

不计。

当 $A_1 = A_2 = \cdots = A_n = A$ 时，即 t 从 1 ~ n 年未来收益都相同为 A 时，则有

$$P = A \cdot \left[\frac{1}{(1+i)^1} + \frac{1}{(1+i)^2} + \cdots + \frac{1}{(1+i)^n} \right] = A \cdot \frac{(1+i)^n - 1}{i \cdot (1+i)^n}$$

式中：$\frac{1}{(1+i)^n}$ ——第 n 个收益年期的现值系数；

$\frac{(1+i)^n - 1}{i \cdot (1+i)^n}$ ——年金现值系数。

上式反映了收益率为 i，二手车预期在 n 年的收益期内每年的收益为 A 元，几年累计收益额“等值于”现值 P 元，那么，现在可接受的最大投资额应为 P 元。

2. 收益现值法各评估参数的确定

（1）收益年期 n 的确定。收益年期（即二手车剩余使用寿命的年限）指从评估基准日到二手车报废的年限。各类营运车辆的报废年限在国家《机动车强制报废标准规定》中都有具体规定。如果剩余使用寿命期估算得过长，则计算的收益期就多，车辆的评估价格就高；反之，则会低估价格。因此，必须根据二手车的实际状况对其收益年期作出正确的评定。

（2）预期收益额 A_t 的确定。运用收益现值法时，未来每年收益额的确定是关键。预期收益额是指被评估二手车在其剩余使用寿命期内的使用过程中，可能带来的年纯收益额。确定车辆预期收益额时应注意两点。

① 预期收益额是通过预测分析获得的。对于买卖双方来说，判断车辆是否有价值，应判断该车辆是否能带来收益。对车辆收益能力的判断，不仅要看现在的情形，更重要的是关注未来的经营风险。

② 收益额的构成。以企业为例，目前有几种观点：第一，企业税后利润；第二，企业税后利润与提取折旧额之和扣除投资额；第三，利润总额。在二手车评估业务中建议选择第一种观点，目的是准确反映预期收益额。其计算公式为

$$\text{收益额} = \text{税前收入} - \text{应交所得税} = \text{税前收入} \times (1 - \text{所得税率})$$

$$\text{税前收入} = \text{一年的毛收入} - \text{车辆使用的各种税、费和人员劳务费等}$$

（3）折现率 i 的确定。折现率是指将未来预期收益额折算成现值的比率。从本质上讲，折现率是一种期望投资报酬率，是投资者在投资风险一定的情况下，对投资所期望的回报率。折现率由无风险报酬率和风险报酬率两部分组成，即：

$$\text{折现率}(i) = \text{无风险报酬率} + \text{风险报酬率}$$

无风险报酬率一般是指同期国库券利率，它实际上是一种无风险收益率。风险报酬率是指超过无风险收益率以上部分的投资回报率。在资产评估中，因资产的行业分布、种类、市场条件等的不同，其折现率亦不相同。因此，在利用收益现值法对二手车鉴定评估选择折现率时，应该进行本企业、本行业历年收益率指标的对比分析，以尽可能准确地估测二手车的折现率。但是，最后确定的折现率应该起码不低于国家债券或银行存款的利率。

（三）应用现行市价法评估的具体方法

运用现行市价法评估二手车价值通常采用直接市价法和类比调整市价法。

1. 直接市价法

直接市价法是指在市场上能找到与被评估二手车完全相同的车辆的现行市价，并依其价格直接作为被评估二手车评估价格的一种方法。直接市价法应用有两种情况。

① 参照车辆与被评估二手车完全相同。所谓完全相同是指车辆型号、使用条件和技术状况相同，生产和交易时间相近。这样的参照车辆常见于市场保有量大、交易比较频繁的畅销车型，如普通桑塔纳、捷达和夏利等。

② 参照车辆与被评估二手车相近。这种情况是参照车辆与被评估车辆类别相同、主参数相同、结构性能相同，只是生产序号不同并只作局部改动，交易时间相近的车辆，也可近似等同作为评估过程中的参照车辆。这种情况在我国汽车市场上是非常常见的，很多汽车厂商为了追求车型的变化，给消费者一个新的感受，每年都在原车型的基础上做一些小的改动，如车身的小变化、内饰配置的变化等。

直接市价法评估公式为

$$P=P'$$

式中：P——评估值，元；

P'——参照车辆的市场成交价格，元。

2. 类比调整市价法

（1）计算模型。类比调整市价法是指评估二手车时，在公开市场上找不到与之完全相同的车辆，但能找到与之相类似的车辆，以此为参照车辆，并根据车辆技术状况和交易条件的差异对参照车辆的价格作出相应调整，进而确定被评估二手车价格的一种评估方法。其基本计算公式为

$$P = P' \cdot K$$

式中：P——评估值，元；

P'——参照车辆的市场成交价格，元；

K——差异调整系数。

类比调整市价法不像直接市价法对参照车辆的条件要求那么严，只要求参照车辆与被评估二手车大的方面相同即可。

（2）评估步骤。

① 收集被评估二手车资料。收集被评估二手车的相关资料，内容包括车辆的类别名称、车辆型号和技术性能参数、生产厂家和出厂年月、车辆用途、目前使用情况和实际技术状况、尚可使用的年限等，为市场数据资料的搜集及参照物的选择提供依据。

② 选取参照车辆。根据了解到的被评估二手车资料，按照可比性原则，从二手车交易市场上寻找可类比的参照车辆，参照车辆的选择应在两辆以上。车辆的可比因素主要包括以下几点

- 车辆型号和生产厂家。

- 车辆用途。指的是私家车还是公务车，是乘用车还是商用车等。
- 车辆使用年限和行驶里程。
- 车辆实际技术性能和技术状况。
- 车辆所处地区。由于地区经济发展的不平衡，收入水平存在差别，在不同地区的二手车交易市场，同样车辆的价格会有较大的差别。
- 市场状况。指的是二手车交易市场处于低迷还是复苏、繁荣，车源丰富还是匮乏，车型涵盖面如何，交易量如何，新车价格趋势如何等。
- 交易动机和目的。指车辆出售是以清偿还是以淘汰转让为目的，买方是获利转手倒卖或是购买自用。不同情况下的交易作价往往有较大的差别。
- 成交数量。单辆与成批车辆交易的价格会有一定差别。
- 成交时间。应采用近期成交的车辆作类比对象。由于国家经济、金融和交通政策以及市场供求关系会随时发生一些变化，市场行情也会随之变化，引起二手车价格的波动。

③ 类比和调整。对被评估二手车和参照车辆之间的差异进行分析、比较，并进行适当的量化后调整为可比因素。主要差异及量化方法体现在以下方面。

- 结构性能的差异及量化。汽车型号、结构上的差别都会集中反映到汽车的功能和性能的差别上，功能和性能的差异可通过功能、性能对汽车价格的影响进行估算（量化调整值 = 结构性能差异值 × 成新率）。例如，同类型的汽油车，电喷发动机相对于化油器发动机要贵 3000 ~ 5000 元；对营运汽车而言，主要表现为生产能力、生产效率和运营成本等方面的差异，可利用收益现值法对其进行量化调整。
- 销售时间的差异与量化。在选择参照车辆时，应尽可能选择评估基准日的成交案例，以免去销售时间差异的量化；若参照车辆的交易时间在评估基准日之前，可采用价格指数法将销售时间差异量化并调整。
- 新旧程度的差异及量化。被评估二手车与参照车辆在新旧程度上存在一定的差异，要求评估人员能够对二者作出基本判断，取得被评估二手车和参照车辆成新率后，以参照车辆的价格乘以被评估二手车与参照车辆成新率之差，即可得到两者新旧程度的差异量[新旧程度差异量 = 参照车辆价格 × (被评估二手车成新率−参照车辆成新率)]。
- 销售数量的差异及量化。销售数量的大小、采用何种付款方式均会对二手车成交单价产生影响，对这两个因素在被评估二手车与参照车辆之间的差别，应首先了解清楚，然后根据具体情况作出必要的调整。一般来讲，卖主充分考虑货币的时间价值，会以较低的单价吸引购买者（常为经纪人）多买，尽管价格比零售价格低，但可提前收到货款。当被评估二手车是成批量交易时，以单辆汽车作为参照车辆是不合适的；而当被评估的二手车只有一辆时，以成批汽车作为参照车辆也不合适。销售数量的不同会造成成交价格的差异，必须对此差异进行分析，适当调整被评估二手车的价值。
- 付款方式的差异及量化。在二手车交易中，绝大多数为现款交易，在一些经济较活跃的地区已出现二手车的银行按揭销售。银行按揭的二手车与一次性付款的二手车价格差异由两部分组成：

一部分是银行的贷款利息，贷款利息按贷款年限确定；另一部分是汽车按揭保险费，各保险公司的汽车按揭保险费率不完全相同，会有一些差异。

④ 计算评估值。将各可比因素差异的调整值以适当的方式加以汇总，并据此对参照车辆的成交市价进行调整，从而确定被评估二手车的评估价格。

（四）应用清算价格评估的具体方法

目前，对于清算价格的确定方法，从理论上还难以找到十分有效的依据，但在实践上仍有一些方法可以采用，主要方法有如下3种。

1. 评估价格折扣法

首先，根据被评估二手车的具体情况及所获得的资料，选择重置成本法、收益现值法及现行市价法中的一种方法确定被评估二手车的价格；然后，根据市场调查和快速变现原则，确定一个合适的折扣率。用评估价格乘以折扣率，所得结果即为被评估二手车的清算价格。 例如，一辆旧桑塔纳轿车，经调查在二手车交易市场上成交价为4万元，根据销售情况调查，折价20%可以当即出售，则该车辆清算价格为4×(1−20%)＝3.2万元。

2. 模拟拍卖法

模拟拍卖法，也称意向询价法。这种方法是根据向被评估二手车的潜在购买者询价的办法取得市场信息，最后经评估人员分析确定其清算价格的一种方法。用这种方法确定的清算价格受供需关系影响很大，要充分考虑其影响的程度。

例如，有8t自卸车1台，拟评估其拍卖清算价格，评估人员经过对两家运输公司、三个个体运输户征询意向价格，其报价分别为7万元、8.3万元、7.8万元、8万元和7.5万元，平均价为7.72万元。考虑目前各种因素，评估人员确定清算价格为7.5万元。

3. 竞价法

竞价法是由法院按照破产清算的法定程序或由卖方根据评估结果提出一个拍卖的底价，在公开市场上由买方竞争出价，谁出的价格高就卖给谁。

三、实施与考核

（一）技能学习

1. 用重置成本法评估二手车

2013年3月15日，客户吴先生想将其个人所有的高尔夫2.0轿车出售，以下是鉴定估价师对该车的检查鉴定情况。

（1）现场查勘。

① 手续检验。手续齐全，主要证件有行驶证、登记证书、车辆附加费本、交强险单（到2013年9月15日）。登记证书显示的初次登记日期为2009年3月10日。

② 车辆使用背景。该车属私家车，有车库保管，长年工作在市区内，工作条件较好，使用强度不大，日常维护、保养得比较好。

③ 配置。自动挡、天窗、双气囊、ABS、EBD、电动门窗、中控门锁、电动后视镜、真皮加热座椅、前置 6 碟 CD、倒车雷达、氙气灯、行车电脑、空调、行车自动落锁、超重低音炮、全车四条全新韩泰轮胎等。

④ 车况检查。

- 静态检查。查看车辆外观漆面全车 80%原漆，通过车辆漆面查看可以看出此车没有发生过碰撞事故，发动机内保持很新没有漏油的地方，查看挡泥板没有修复过的痕迹，进入驾驶室查看仪表台和真皮座椅保持很新，没有明显划痕和老化现象，整体查看此车外况有 8.5 成新。
- 动态检查。起动发动机（停了一晚上外面气温-26℃），两次打火车辆顺利起动。冷车高怠带在 1200r/min，查看尾气正常。约 5min 后，怠速回到了 800r/min 左右。发动机运转平稳，脚踏刹车挂入 D 挡，变速器没有冲击感，松开刹车，车辆起步加速，由于水温没能升高到合适温度，所以车辆换挡转速有些高，约在 1800r/min，当水温 90℃以后，车辆自动换挡转速在 1300r/min 左右。在平整路面车辆加速到 60km/h，车辆顺利的升到了 4 挡，并且没有异响和冲击。松开转向盘，车辆无跑偏的现象。紧急刹车制动，可以感觉到 ABS 工作时反馈给制动踏板的回跳感。经过铁路时底盘没有很大异响，前轮反馈回给转向盘的路感非常精准，说明底盘各球头无大间隙。

（2）评定估算。

① 确定成新率。

- 由于该车型为中档轿车，为计算准确，采用综合分析法确定其成新率，其计算公式为

$$评估值\ P = B \times C_F = B \times (1-Y/Y_g) \times K \times 100\%$$

- 初次登记日为 2009 年 3 月，评估基准日为 2012 年 3 月，则已使用年限 $Y = 48$ 个月，规定使用年限为 15 年，$Y_g = 180$ 个月。
- 确定各影响因素调整系数。根据技术鉴定情况，该车无须进行项目修理或换件，确定各影响因素调整系数如下。

该车技术状况好，车辆技术状况调整系数 K_1=1.0。

使用、维护保养好，使用与维护保养调整系数 K_2=0.9。

该车制造质量调整系数 K_3=1.0。

该车为私人用车，车辆用途调整系数 K_4=0.9。

该车主要在市内行驶，使用条件好，使用条件调整系数 K_5=0.9。

- 计算综合调整系数。

根据公式 $K = K_1 \times 30\% + K_2 \times 25\% + K_3 \times 20\% + K_4 \times 15\% + K_5 \times 10\%$ 得综合调整系数为

$$K=1.0 \times 30\%+0.9 \times 25\%+1.0 \times 20\%+0.9 \times 15\%+0.9 \times 10\% = 0.95$$

- 计算成新率 C_F。

$$C_F = (1-Y/Y_g) \times K \times 100\% = (1-48/180) \times 0.95 \times 100\% = 69.8\%$$

② 重置成本的确定。因属交易类，故重置成本为新车市场价。根据市场询价，该车型的新车市场价格为 120000 元，即重置成本为 120000 元。

③ 计算评估值 P。

$$P=B\times C_F=120000\times 69.8\%=83760\text{ 元}$$

2. 用收益现值法评估二手车

2013 年 1 月，某人打算在二手车市场购置一辆夏利 TJ 7100U 型轿车用于个体出租车运营，即原车带经营权销售。该车的基本信息及经营预测如下。

2009 年 12 月购买，并于当月完成车辆登记手续，已行驶 360000km。目前车辆技术状况良好，能正常运行。

预购车辆用于出租车运营，全年预计可出勤 320 天。根据市场经营经验，该车型每天平均毛收入约 600 元，每天耗油费用 80 元，年检、保险及各种应支出费用折合平均每天 75 元，年日常维修保养费用约 12000 元，年平均大修费用约 8000 元，人员劳务费 45000 元。根据目前银行储蓄年利率、行业收益等情况，确定资金预期收益率为 15%，风险报酬率为 5%。

评估步骤如下。

（1）确定评估方法。根据题目条件，属于营运车辆带经营权购置，所以评估方法采用收益现值法。

（2）收益年期 n 的确定。从车辆登记日（2009 年 12 月）至评估基准日（2013 年 1 月）止，该车已使用时间 3 年。根据国家《机动车强制报废标准规定》的规定，出租车规定运营年限为 8 年，即收益年限 $n=5$ 年。

（3）预期收益额 A_t 的确定。

① 根据题设条件，计算预计年净收入，具体计算见表 3-11。

表 3-11　　预计年收支计算表

项目		金额
预计年收入（元）		600 × 320 = 192000
预计年支出（元）	年燃油消耗费用	80 × 320 = 25600
	年检、保险及各种应支出费用	75 × 320 = 24000
	年日常维修保养费用	12000
	年平均大修费用	8000
	人员劳务费	45000
预计年净收入（元）		77400

② 计算年税后利润。根据国家目前政策，出租车经营者不交个人所得税，年税后利润为 77400 元。

③ 目前国家相关政策比较稳定，可按年预期收益额相等的方法估算，A_t = 年税后利润 = 77400 元。

（4）折现率（i）的确定。

折现率（i）= 无风险报酬率+风险报酬率 = 15%+5% = 20%

（5）计算评估值 P。

$$P=A\cdot\frac{(1+i)^n-1}{i\cdot(1+i)^n}=77400\times\frac{(1+0.2)^5-1}{0.2\times(1+0.2)^5}=231473(\text{元})$$

即该车评估价格为231473元。

3. 用现行市价法评估二手车

在对某辆二手车进行评估时，评估人员选择了3个近期成交的与被评估二手车类别、结构基本相同，技术经济参数相近的车辆作参照车辆。参照车辆与被评估二手车的一些具体技术经济参数见表3-12。

表3-12 被评估车辆及参照车辆的有关技术经济参数

序 号	技术经济参数	参照车辆A	参照车辆B	参照车辆C	被评估二手车
1	车辆交易价格（元）	50 000	65 000	40 000	待定
2	销售条件	公开市场	公开市场	公开市场	公开市场
3	交易时间	6个月前	2个月前	10个月前	—
4	已使用年限（年）	5	5	6	5
5	尚可使用年限（年）	5	5	4	5
6	成新率（%）	62	75	55	70
7	年平均维修费用（元）	20 000	18 000	25 000	20 000
8	每百千米耗油量（L）	25	22	28	24

评估步骤如下。

（1）对被评估二手车与参照车辆之间的差异进行比较和量化。

① 销售时间的差异。根据搜集到的资料表明，在评估之前到评估基准日之间的1年内，物价指数每月上升0.5%左右。各参照车辆与被评估二手车由于时间差异所产生的差额为。

- 被评估二手车与参照车辆A相比较晚6个月，价格指数上升3%，其差额为

$$50000\text{元}\times 3\% = 1\,500\text{元}$$

- 被评估二手车与参照车辆B相比较晚2个月，价格指数上升1%，其差额为

$$55000\text{元}\times 1\% = 550\text{元}$$

- 被评估二手车与参照车辆C相比较晚10个月，价格指数上升5%，其差额为

$$40000\text{元}\times 5\% = 2000\text{元}$$

② 车辆性能的差异。

- 各参照车辆与被评估二手车每年由于燃油消耗的差异所产生的差额，按每日运行150km、每年平均出车250天，燃油价格按每升7元计算。

参照车辆A每年比被评估二手车多消耗燃料的费用为

$$(25-24)\times 7\times 150/100\times 250 = 2415\text{元}$$

参照车辆B每年比被评估二手车少消耗燃料的费用为

$$(24-22)\times 7\times 150/100\times 250 = 4830\text{元}$$

参照车辆C每年比被评估二手车多消耗燃料的费用为

$$(28-24)\times 7\times 150/100\times 250 = 9660\text{元}$$

● 各参照车辆与被评估二手车每年由于维修费用的差异所产生的差额。

参照车辆 A 与被评估二手车每年维修费用的差额为

$$20\,000 - 20\,000 = 0 \text{ 元}$$

参照车辆 B 与被评估二手车每年维修费用的差额为

$$20\,000 - 18\,000 = 2000 \text{ 元}$$

参照车辆 C 与被评估二手车每年维修费用的差额为

$$25\,000 - 20\,000 = 5000 \text{ 元}$$

● 各参照车辆与被评估二手车每年由于运行成本的差异所产生的差额

参照车辆 A 比被评估二手车每年多花费的运行成本为

$$2\,415 + 0 = 2415 \text{ 元}$$

参照车辆 B 比被评估二手车每年少花费的运行成本为

$$4\,830 + 2\,000 = 6830 \text{ 元}$$

参照车辆 C 比被评估二手车每年多花费的运行成本为

$$9\,660 + 5\,000 = 14660 \text{ 元}$$

● 适用的折现率为 i=20%，则在剩余的使用年限内，各参照车辆比被评估二手车多（或少）花费的运行成本计算如下。

参照车辆 A 比被评估二手车多花费的运行成本折现累加为

$$2\,415 \times \frac{(1+20\%)^5 - 1}{20\% \times (1+20\%)^5} = 7\,222 \text{元}$$

参照车辆 B 比被评估二手车多花费的运行成本折现累加为

$$6\,830 \times \frac{(1+20\%)^5 - 1}{20\% \times (1+20\%)^5} = 20\,425 \text{元}$$

参照车辆 C 比被评估二手车多花费的运行成本折现累加为

$$14\,660 \times \frac{(1+20\%)^4 - 1}{20\% \times (1+20\%)^4} = 37\,950 \text{元}$$

③ 成新率的差异。

参照车辆 A 与被评估二手车由于成新率的差异所产生的差额为

$$50\,000 \times (70\% - 60\%) = 5\,000 \text{ 元}$$

参照车辆 B 与被评估二手车由于成新率的差异所产生的差额为

$$65\,000 \times (70\% - 75\%) = -3\,250 \text{ 元}$$

参照车辆 C 与被评估二手车由于成新率的差异所产生的差额为

$$40\,000 \times (70\% - 55\%) = 6\,000 \text{ 元}$$

（2）根据被评估二手车与参照车辆之间差异的量化结果，确定车辆的评估值。

① 初步确定被评估二手车的评估值。与参照车辆 A 相比分析调整差额，初步评估的结果为

$$\text{车辆评估值} = 50\,000 + 1\,500 + 7\,222 + 5\,000 = 18\,722 \text{ 元}$$

与参照车辆 B 相比分析调整差额，初步评估的结果为

$$车辆评估值 = 65\ 000 + 550 - 20\ 425 - 3\ 250 = 41\ 875 元$$

与参照车辆 C 相比分析调整差额，初步评估的结果为

$$车辆评估值 = 40\ 000 + 2\ 000 + 37\ 950 + 6\ 000 = 85\ 950 元$$

② 综合定性分析，确定被评估二手车的评估值。

从上述初步估算的结果可知，按三个不同的参照车辆进行比较测算，初步评估的结果最多相差 67228 元（85950 元 − 18722 元 = 67228 元）。其主要原因是三个参照车辆的成新率不同（参照车辆 A 为 60%、参照车辆 B 为 75%、参照车辆 C 为 55%）；另外，在选取有关的技术经济参数时也可能存在误差。为减少误差，结合考虑被评估二手车与参照车辆的相似程度，决定采用加权平均法确定评估值。参照车辆 B 的交易时间离评估基准日较接近（仅隔 2 个月），且已使用年限、尚可使用年限、成新率等都与被评估二手车最相近，由于它的相似程度比参照车辆 A、C 更大，故决定取参照车辆 B 的加权系数为 60%；参照车辆 A 的交易时间、已使用年限、尚可使用年限、成新率等比参照车辆 C 的相似程度更大，故决定取参照车辆 A 的加权系数为 30%；取参照车辆 C 的加权系数为 10%。加权平均后，被评估二手车的评估值为

$$车辆评估值 = 41875 \times 60\% + 85950 \times 30\% + 18722 \times 10\% \approx 52782 元$$

4. 用清算价格法评估二手车

某法院欲在近期内将其扣押的一辆轻型载货汽车拍卖出售。至评估基准日止，该汽车已使用了 1 年 6 个月，车况与其新旧程度相符，试评估该车的清算价格。

分析：据了解，本次评估的目的属债务清偿，应采用的评估方法为清算价格法。根据被评估车辆的实际情况和所掌握的资料，决定首先利用重置成本法确定车辆在公平市场条件下的评估价格，然后根据市场调查，按一定的折现率确定汽车的清算价格。

评估步骤如下所述。

（1）确定重置成本评估价格。

① 根据题目已知条件，采用重置成本法确定清算价格。

② 求已使用年限和规定使用年限：该车已使用年限为 1 年 6 个月，折合为 18 个月；根据国家规定，被评估车辆的使用年限为 10 年，折合为 120 个月。

③ 确定车辆的成新率。被评估车辆的价值不高，且车辆的技术状况与其新旧程度相符，故决定采用使用年限法确定其成新率。被评估车辆的成新率 C_Y 为

$$C_Y = \left(1 - \frac{Y}{Y_g}\right) \times 100\% = \left(1 - \frac{18}{120}\right) \times 100\% = 85\%$$

④ 确定车辆的重置成本全价。据市场调查，全新的同型车目前的售价为 5.5 万元。根据相关规定，购置此型车时，要交纳 10%的车辆购置税、3%的货运附加费，故被评估车辆的重置成本全价 B 为

$$B = 55\ 000 + 55\ 000 \times \left(\frac{100}{1+17\%}\right) \times 10\% + 55\ 000 \times 3\% = 57\ 120 元$$

⑤ 确定被评估车辆在公平市场条件下的评估值。根据调查了解，被评估车辆的功能性损耗及经济性损耗均很小，可忽略不计，故在公平市场条件下，该车的评估值为

$$P = B \times C = 57\ 120 \times 85\% \approx 48\ 500 \text{ 元}$$

（2）确定折扣率。根据市场调查，折扣率取 75%时，可在清算日内出售车辆，故确定折扣率为 75%。

（3）确定被评估车辆的清算价格。

确定被评估车辆的清算价估为

$$\text{车辆的清算价格} = 48500 \times 75\% = 36400 \text{ 元}$$

（二）任务实施与考核

老师为每组学生指定一种评估目的，学生根据本项目任务一中的车辆现场鉴定结果和成新率的计算结果，运用教师指定的评估方法计算评估值。最后形成计算报告提交老师。老师审阅学生提交的计算报告，完成考核表（见表 3-13）

表 3-13　　教师考核记录表

实训项目：计算评估值

班级学号		姓　名	
项目	必要的记录	分值	评分
报告完整性		10	
格式		10	
评估方法选择的科学性		20	
计算的正确性		60	
总分			

教师签字：

______年____月____日

任务三　撰写评估报告

【学习目标】

1. 能够正确描述二手车评估报告的作用及内容。
2. 能够规范地撰写二手车鉴定评估报告。

一、任务分析

二手车鉴定评估报告是指二手车鉴定评估机构按照评估工作制度有关规定，在完成鉴定评估工作后向委托方和有关方面提交的说明二手车鉴定评估过程和结果的书面报告。它是按照一定格式和内容来反映评估目的、程序、依据、方法、结果等基本情况的报告书。广义的鉴定评估报告还是一种工作制度。它规定评估机构在完成二手车鉴定评估工作之后必须按照一定的程序和要求，用书面形式向委托方报告鉴定评估过程和结果。狭义的鉴定评估报告即鉴定评估结果报告书，既是二手车鉴定评估机构完成对二手车作价意见，提交给委托方的公正性的报告，也是二手车鉴定评估机构履行评估合同情况的总结，还是二手车鉴定评估机构为其所完成的鉴定评估结论承担相应法律责任的证明文件。

二、相关知识

（一）二手车鉴定评估报告书的作用

二手车鉴定评估报告书不仅是一份评估工作的总结，而且是其价格的公正性文件和二手车交易双方认定二手车价格的依据。

1. 二手车鉴定评估报告书对委托方的作用

（1）作为产权交易变动的作价依据。二手车鉴定评估报告书是经具有机动车鉴定评估资格的机构根据被委托鉴定评估车辆的状况，由专业的二手车鉴定估价师，遵循评估的原则和标准，按照法定的程序，运用科学的方法对被委托评估的车辆价值进行评定和估算后，通过报告书的形式提出的作价意见。该作价意见不代表任何当事人一方的利益，是一种专家估价的意见，因而具有较强的公正性和科学性，可以作为二手车买卖交易谈判底价的参考依据，或作为投资比例出资价格的证明材料，特别是对涉及国有资产的二手车给出客观公正的作价，可以有效地防止国有资产的流失，确保国有资产价格的客观、公正、真实。

（2）作为法庭辩论和裁决时确认财产价格的举证材料。

（3）作为支付评估费用的依据。当委托方（客户）收到评估资料及报告后没有提出异议，也就是说评估的资料及结果符合委托书的条款，委托方应以此为前提和依据向受托方（评估机构）付费。

（4）是反映和体现评估工作情况，明确委托方、受托方及有关方面责任的根据。二手车鉴定评估报告书采用文字的形式，对受托方进行二手车评估的目的、背景、产权、依据、程序、方法等过程和评定的结果进行说明和总结，体现了评估机构的工作成果；同时，也反映和体现了二手车鉴定评估机构与鉴定评估人员的权利和义务，并依此来明确委托方和受托方的法律责任。撰写评估报告书还行使了二手车鉴定评估人员在评估报告书上签字的权利。

2. 二手车鉴定评估报告书对鉴定评估机构的作用

（1）是评估机构评估成果的体现，是一种动态管理的信息资料，体现了评估机构的工作情况和工作质量。

（2）是建立评估档案，归集评估档案资料的重要信息来源。

（二）撰写二手车鉴定估价报告的基本要求

国家国有资产管理局以国资办发［1993］55 号文发布了《关于资产评估报告书的规范意见》，对资产评估报告书的撰写提出了比较系统的规范要求，结合二手车鉴定估价的实际情况，主要要求如下。

① 鉴定估价报告必须依照客观、公正、实事求是的原则由二手车鉴定评估机构独立撰写，如实反映鉴定估价的工作情况。

② 鉴定估价报告应有委托单位（或个人）的名称、二手车鉴定评估机构的名称和印章，二手车鉴定评估机构法人代表或其委托人和二手车鉴定估价师的签字，以及提供报告的日期。

③ 鉴定估价报告要写明评估基准日，并且不得随意更改。所有在估价中采用的税率、费率、利率和其他价格标准，均应采用基准日的标准。

④ 鉴定估价报告中应写明估价的目的、范围、二手车的状态和产权归属。

⑤ 鉴定估价报告应说明估价工作遵循的原则和依据的法律法规，简述鉴定估价过程，写明评估的方法。

⑥ 鉴定估价报告应有明确的鉴定估算价值的结果，鉴定结果应有二手车的成新率，应有二手车原值、重置价值、评估价值等。

⑦ 鉴定估价报告还应有齐全的附件。

（三）二手车鉴定评估报告书的基本内容

《国有资产评估管理办法施行细则》第二十九条规定，资产评估机构在评估后应向委托单位提交资产评估结果报告书，其内容包括正文和附件两部分。

正文主要包含以下内容。

① 评估机构名称。

② 委托单位名称。

③ 评估资产的范围、名称和简单说明。

④ 评估基准日期。

⑤ 评估原则。

⑥ 评估所依据的法律、法规和政策。

⑦ 评估方法和计价标准。

⑧ 对具体资产评估的说明。

⑨ 评估结论：包括评估价值和有关文字说明。

⑩ 附件名称。

⑪ 评估起止日期和评估报告提出日期。

⑫ 评估机构负责人、评估项目负责人签名，并加盖评估机构公章。

⑬ 其他。

⑭ 附件。附件通常包含以下内容。

- 资产评估汇总表、明细表。
- 评估方法说明和计算过程。
- 与评估基准日有关的会计报表。
- 资产评估机构评估资格证明文件复印件。
- 被评估单位占有资产的证明文件复印件。
- 其他与评估有关的文件资料。

针对二手车鉴定评估报告书，做如下解释。

1. 封面

二手车鉴定评估报告书的封面须包含的内容：二手车鉴定评估报告书名称、鉴定评估机构出具鉴定评估报告的编号、二手车鉴定评估机构全称和鉴定评估报告提交日期等。有服务商标的，评估机构可以在报告封面载明其图形标志。

2. 首部

鉴定评估报告书正文的首部应包括以下内容。

（1）标题。标题应简练清晰，含有“××××（评估项目名称）鉴定评估报告书”字样，位置居中偏上。

（2）报告书序号。报告书序号应符合公文的要求，包括评估机构特征字、公文种类特征字（例如：评报、评咨和评函，评估报告书正式报告应用“评报”，评估报告书预报告应用“评预报”）、年份、文件序号，例如：××评报字（2013）第106号。

3. 绪言

写明该评估报告委托方全称、受委托评估事项及评估工作整体情况，一般应采用包含下列内容的表达格式。

××（鉴定评估机构）接受××××的委托，根据国家有关资产评估的规定，本着客观、独立、公正、科学的原则，按照公认的资产评估方法，对××××（车辆号牌）进行了鉴定评估。本机构鉴定评估人员按照必要的程序，对委托鉴定评估车辆进行了实地查勘与市场调查，对其在××××年××月××日所表现的市场价值作出了公允反映。现将车辆评估情况及鉴定评估结果报告如下……

4. 委托方与车辆所有方简介

① 应写明委托方、委托方联系人的名称、联系电话及住址。

② 车主的名称。

5. 鉴定评估目的

应写明本次鉴定评估是为了满足委托方的何种需要，及其所对应的经济行为类型。例如：

根据委托方的要求，本项目评估目的

□交易 ☑拍卖 □置换 □抵押 □担保 □咨询 □司法裁决

6. 鉴定评估对象

简要写明纳入评估范围车辆的厂牌型号、号牌号码、发动机号、车辆识别代号/车架号、注册登记日期、年审检验合格有效日期、车辆购置税证号码、车船使用税缴纳有效期。

7. 鉴定评估基准日

写明车辆鉴定评估基准日的具体日期，式样为：鉴定评估基准日是××××年××月××日。

8. 评估原则

严格遵循“客观性、独立性、公正性、科学性”的原则。

9. 评估依据

评估依据一般包括行为依据、法律法规依据、产权依据和评定及取价依据等。对评估中所采用的特殊依据也应在本节内容中披露。

（1）行为依据。行为依据主要是指二手车鉴定评估委托书、法院的委托书等经济行为文件，如“二手车鉴定评估委托书第106号”。

（2）法律、法规依据。法律、法规依据应包括车辆鉴定评估的有关条款、文件及涉及车辆评估的有关法律、法规等。

（3）产权依据。产权依据是指被评估车辆的机动车登记证书或其他能够证明车辆产权的文件等。

（4）评定及取价依据。评定及取价依据应为鉴定评估机构收集的国家有关部门发布的统计资料和技术标准资料，以及评估机构收集的有关询价资料和参数资料等，如下所示。

① 技术标准资料。《最新资产评估常用数据与参数手册》、《机动车运行安全技术条件》（GB 7258—2012）、《营运车辆综合性能要求与检验方法》（GB 18565—2001）。

② 技术参数资料。被评估二手车的技术参数表，车辆性能、装备一览表。

③ 技术鉴定资料。车辆检测报告单，现场查勘记录表，某修理厂提供的事故定损修理清单，某保险公司提供的事故理赔清单。

④ 其他资料。现场工作底稿、市场询价资料等。

10. 评估方法及计算过程

简要说明评估人员在评估过程中所选择并使用的评估方法；简要说明选择评估方法的依据或原因；如评估时采用一种以上的评估方法，应适当说明原因并说明该资产评估价值确定方法；对于所选择的特殊评估方法，应适当介绍其原理与适用范围；各种评估方法计算的主要步骤等。

11. 评估过程

评估过程应反映二手车鉴定评估机构自接受评估委托起至提交评估报告的工作过程，包括接受委托、验证、现场查勘、市场调查与询证、评定估算和提交报告等过程。

12. 评估结论

给出被评估车辆的评估价格，金额（小写、大写）。

13. 特别事项说明

评估报告中陈述的特别事项是指在已确定评估结果的前提下，评估人员揭示在评估过程中已发现可能影响评估结论，但非评估人员执业水平和能力所能评定估算的有关事项；提示评估报告使用者应注意特别事项对评估结论的影响；揭示鉴定评估人员认为需要说明的其他问题。

14. 评估报告法律效力

揭示评估报告的有效日期；特别提示评估基准日的期后事项对评估结论的影响以及评估报告的

使用范围等。常见写法如下。

① 本项评估结论有效期为 90 天，自评估基准日至××××年××月××日止。

② 当评估目的在有效期内实现时，本评估结果可以作为作价参考依据；超过 90 天，需重新评估。另外在评估有效期内若被评估车辆的市场价格或因交通事故等原因导致车辆的价值发生变化，对车辆评估结果产生明显影响时，委托方也需委托评估机构重新评估。

③ 鉴定评估报告书的使用权归委托方所有，其评估结论仅供委托方为本项目评估目的使用和送交二手车鉴定评估主管机关审查使用，不适用于其他目的；因使用本报告书不当而产生的任何后果与签署本报告书的鉴定估价师无关；未经委托方许可，本鉴定评估机构承诺不将本报告书的内容向他人提供或公开。

15. 鉴定评估报告提出日期

写明评估报告提交委托方的具体时间。评估报告原则上应在确定的评估基准日后 1 周内提出。

16. 附件

附件应包括：二手车鉴定评估委托书，二手车鉴定评估作业表，车辆行驶证、车辆购置税、车辆登记证书复印件，二手车鉴定评估师资格证书影印件，鉴定评估机构营业执照影印件，鉴定评估机构资质影印件和二手车照片等。

17. 尾部

写明出具评估报告的评估机构名称，并盖章；写明评估机构法定代表人姓名并签名；注册旧机动车鉴定评估师盖章并签名；高级注册旧机动车鉴定评估师审核签章以及报告日期。

（四）撰写二手车鉴定评估报告书的步骤

编制二手车鉴定评估报告书是完成评估工作的最后一道工序，也是评估工作中的一个很重要的环节。评估人员通过评估报告不仅要真实、准确地反映评估工作情况，而且表明评估者在今后一段时期里对评估的结果和有关的全部附件资料承担相应的法律责任。二手车鉴定评估报告是记述鉴定评估成果的文件，是鉴定评估机构向委托方和二手车鉴定评估管理部门提交的主要成果。鉴定评估报告的质量高低，不仅反映鉴定评估人员的水平，而且直接关系到有关各方的利益。这就要求评估人员编制的报告要思路清晰、文字简练准确、格式规范、有关的取证与调查材料和数据真实可靠。为了达到这些要求，评估人员应按下列步骤进行评估报告的编制。

1. 评估资料的分类整理

被评估二手车的有关背景资料、技术鉴定情况资料及其他可供参考的数据记录等评估资料是编制二手车鉴定评估报告的基础。一个较复杂的评估项目是由两个或两个以上评估人员合作完成，将评估资料进行分类整理，包括评估鉴定作业表的审核、评估依据的说明和最后形成评估的文字材料。

2. 鉴定评估资料的分析讨论

在整理资料工作完成后，应召集参与评估工作过程的有关人员，对评估的情况和初步结论进行分析讨论。如果发现其中提法不妥、计算错误、作价不合理等方面的问题，应要求进行必要的调整。若采用两种不同方法评估并得出两个不同结论的，需要在充分讨论的基础上得出一个正确的结论。

3. 鉴定评估报告书的撰写

评估报告的负责人应根据评估资料讨论后的修正意见，进行资料的汇总编排和评估报告书的撰写工作；然后将二手车鉴定评估的基本情况和评估报告书初稿得到的初步结论与委托方交换意见，听取委托方的反馈意见后，在坚持客观、公正、科学、可行的前提下，认真分析委托方提出的问题和意见，考虑是否应该修改评估报告书，对报告书中存在的疏忽、遗漏和错误之处进行修正，待修正完毕即可撰写出正式的二手车鉴定评估报告书。

4. 评估报告的审核

评估报告先由项目负责人审核，再报评估机构经理审核签发，同时要二手车鉴定评估人员签字并加盖评估机构公章。送达客户签收，必须要求客户在收到评估书后，按送达回证上的要求认真填写并要求收件人签字确认。

如果涉及国有资产评估，《国有资产评估管理办法施行细则》有如下规定。

（1）国有资产占有单位收到资产评估报告书后提出资产评估结果确认申请报告，连同评估报告书及有关资料，经上级主管部门签署意见后，报批准立项的国有资产管理行政主管部门确认。

（2）国有资产管理行政主管部门对评估结果的确认工作，分为审核验证和确认两个步骤，先对资产评估是否独立公正、科学合理进行审核验证，然后提出审核意见，并下达资产评估结果确认通知书。

（3）国有资产管理行政主管部门从以下方面审核验证资产评估报告。

① 资产评估工作过程是否符合政策规定。

② 资产评估机构是否有评估资格。

③ 实际评估范围与规定评估范围是否一致，被评估资产有无漏评和重评。

④ 影响资产价值的因素是否考虑周全。

⑤ 引用的法律、法规和国家政策是否适当。

⑥ 引用的资料、数据是否真实、合理、可靠。

⑦ 运用的评估方法是否科学。

⑧ 评估价值是否合理。

⑨ 其他。

（4）资产评估报告凡符合本细则第二十九、第三十和第三十二条要求的，应予以确认，由负责审批的国有资产管理行政主管部门下达确认通知书；不符合要求的，分别情况做出修改、重评或不予确认的决定。

（5）经国有资产管理行政主管部门确认的资产评估价值，作为资产经营和产权变动的底价或作价的依据。

（五）撰写二手车鉴定评估报告书时应注意的事项

（1）实事求是，切忌出具虚假报告。报告书必须建立在真实、客观的基础上，不能脱离实际情况，更不能无中生有。报告拟定人应是参与鉴定评估并全面了解被评估车辆的主要鉴定评估人员。

（2）坚持一致性做法，切忌出现表里不一的现象。报告书文字、内容要前后一致，正文、评估说明、作业表、鉴定工作底稿、格式甚至数据要相互一致，不能出现相互矛盾的不一致情况。

（3）提交报告书要及时、齐全和保密。在正式完成二手车鉴定评估报告工作后，应按业务约定书的约定时间及时将报告书送交委托方。送交报告书时，报告书及有关文件要送交齐全。

三、实施与考核

（一）技能学习

二手车鉴定评估报告书

沈阳千凫二手评估中心鉴定评估机构评报字（2013年）第106号

一、绪言

沈阳千凫二手车评估中心接受张三的委托，根据国家有关资产评估的规定，本着客观、独立、公正、科学的原则，按照公认的资产评估方法，对辽A1384×进行了鉴定评估。本机构鉴定评估人员按照必要的程序，对委托鉴定评估车辆进行了实地查勘与市场调查，并对其在2013年05月09日所表现的市场价值作出了公允反映。现将车辆评估情况及鉴定评估结果报告如下。

二、委托方与车辆所有方简介

（一）委托方张三

委托方联系人张三，联系电话138××××××××。

（二）根据机动车行驶证所示，委托车辆车主张三。

三、评估目的

根据委托方的要求，本项目评估目的（在□处填✓）：

☑交易 □转籍 □拍卖 □置换 □抵押 □担保 □咨询 □司法裁决

四、评估对象

评估车辆的厂牌型号（丰田花冠）；号牌号码（辽A1384×）；发动机号（563723×××）；车辆识别代号/车架号（LV×××）；登记日期（2010年03月）；年审检验合格至2013年6月车辆购置税（已交，5230432314）；车船使用税（2012年已交，343127）。

五、鉴定评估基准日

鉴定评估基准日：2013年05月09日。

六、评估原则

严格遵循“客观性、独立性、公正性、科学性”原则。

七、评估依据

（一）行为依据

二手车评估委托书第[2013]106号。

（二）法律、法规依据

① 《国有资产评估管理办法》（国务院令第91号）。

② 原国家国有资产管理局《关于印发（国有资产评估管理办法施行细则）的通知》（国资办发1992）36 号）。

③ 原国家国有资产管理局《关于转发（资产评估操作规范意见（试行））的通知》（国资办发[1996]23 号）。

④ 商务部:《机动车强制报废标准规定》商务部[2012]12 号。

⑤ 其他相关的法律、法规等。

（三）产权依据

委托鉴定评估车辆的机动车登记证书，编号 861753。

（四）评定及取价依据

技术标准资料:《汽车标准汇编》。

技术参数资料: 随车说明书。

技术鉴定资料:《汽车质检技术》和《汽车维修手册》。

八、评估方法（在□处填✓）

☑重置成本法 □现行市价法 □收益现值法 □其他[1]

计算过程如下: 因该车鉴定估价目的为交易，且其重置成本可知，故采用重置成本法计算评估价格。

目前市场该车型新车价格为87000元，本车的成新率为77.72%（见附件三 成新率估算明细表）。

计算公式为: 评估价=重置成本×成新率

=87000×77.72%=67164 元

九、评估过程

按照接受委托、验证、现场查勘、评定估算和提交报告的程序进行。

十、评估结论

车辆评估价格 67164 元，金额大写陆万柒仟壹佰陆拾肆元整

十一、特别事项说明[2] 该车轮胎有缺口引起动不平衡，但不影响汽车平稳性

十二、评估报告法律效力

1. 本项评估结论有效期为 90 天，自评估基准日 2013 年 8 月 9 日止。

2. 当评估目的在有效期内实现时，本评估结果可以作为作价参考依据；超过 90 天，需重新评估。另外在评估有效期内若被评估车辆的市场价格或因交通事故等原因导致车辆的价值发生变化，对车辆评估结果产生明显影响时，委托方也需委托评估机构重新评估。

3. 鉴定评估报告书的使用权归委托方所有，其评估结论仅供委托方为本项目评估目的使用和送交二手车鉴定评估主管机关审查使用，不适用于其他目的；因使用本报告书不当而产生的任何后果与签署本报告书的鉴定估价师无关；未经委托方许可，本鉴定评估机构承诺不将本报告书的内容向他人提供或公开。

附件:

附件一 二手车鉴定评估委托书（略）

附件二 二手车鉴定评估作业表

附件三 成新率估算明细表

附件四 车辆行驶证、购置附加税（费）证复印件（略）

附件五 鉴定估价师职业资格证书复印件（略）

附件六 鉴定评估机构营业执照复印件（略）

附件七 二手车照片（要求外观清晰，车辆牌照能够辨认）（略）

注册二手车鉴定估价师（签字、盖章）: 复核人[3]（签字、盖章）:

（二手车鉴定评估机构盖章）

沈阳千邑二手评估中心

2013 年 05 月 09 日

注: [1]指利用两种或两种以上的评估方法对车辆进行鉴定评估，并以它们评估结果的加权值为最终评估结果的方法。

[2]特别事项是指在已确定评估结果的前提下，评估人员认为需要说明在评估过程中已发现可能影响评估结论，但非评估人员执业水平和能力所能评定估算的有关事项以及其他问题。

[3]复核人应具有高级鉴定估价师资格。

本报告书和作业表一式三份，委托方两份，受托方一份。

附件二 二手车评估鉴定表和成新率估算明细表

二手车评估鉴定表

<table>
<tr><td>车主</td><td colspan="2">张三</td><td>所有权性质</td><td>□公 ☑私</td><td>联系电话</td><td>138××××××××</td></tr>
<tr><td>住址</td><td colspan="3">沈阳市虎厂台</td><td>经办人</td><td colspan="2"></td></tr>
<tr><td rowspan="6">车辆技术参数与使用情况</td><td>厂牌型号</td><td>丰田花冠</td><td>机动车号牌</td><td>辽 A1384×</td><td>车辆类型</td><td>轿车</td></tr>
<tr><td colspan="2">车辆识别代号（VIN）</td><td colspan="2">LV×××</td><td>颜色</td><td>黑色</td></tr>
<tr><td>发动机号</td><td colspan="2">563723×××</td><td>车架号</td><td colspan="2">LV×××</td></tr>
<tr><td colspan="2">载质量/座位/排量</td><td colspan="2">2.0L</td><td>燃料种类</td><td>汽油</td></tr>
<tr><td>初次登记日期</td><td colspan="2">2010 年 3 月</td><td>车辆出厂日期</td><td colspan="2">2010 年 3 月</td></tr>
<tr><td>已使用年限</td><td>35 个月</td><td>累计行驶里程</td><td>6.50 000km</td><td>使用用途</td><td>私人使用</td></tr>
<tr><td rowspan="2">检查核对交易证件</td><td>证件</td><td colspan="5">☑原始发票 ☑登记证 ☑行驶证 ☑法人代码或身份证 □其他</td></tr>
<tr><td>税费</td><td colspan="5">☑购置附加税 □ 其他</td></tr>
<tr><td>结构特点</td><td colspan="6">发动机前置前驱</td></tr>
<tr><td>现时技术状况</td><td colspan="6">在车速较高的情况下，车内没有噪音。刹车反应灵敏，制动无跑偏现象。各项性能均能完好</td></tr>
<tr><td>维护情况</td><td colspan="2">良好</td><td colspan="2">现时状态</td><td colspan="2">整车如新</td></tr>
<tr><td rowspan="2">价值反映</td><td>账面原值（元）</td><td colspan="2">10 万</td><td>车主报价（元）</td><td colspan="2">6.5 万</td></tr>
<tr><td>重置成本（元）</td><td>8.7 万</td><td>成新率</td><td>77.72%</td><td>评估价格（元）</td><td>67164</td></tr>
</table>

续表

鉴定评估目的：为交易双方提供价值格参考
评估过程： 1. 因为评估的目的是为交易双方提供价值参考，且该车的重置成本可知，故用重置成本法评估。 2. 本车的成新率为77.72%（因车辆价值较高，采用总成部件法估算成新率，见附件二　成新率估算明细表）。 3. 计算公式为：评估价＝重置成本全价×成新率 ＝870 00×77.72%＝67164元

注册二手车鉴定估价师（签名）：　　　　复核人（签名）：

2013年5月 09日　　　　2013年05月 11日

填表说明：

（1）现时技术状况：必须如实填写对车辆进行技术鉴定的结果，客观真实地反映出二手车主要部分（含车身、底盘、发动机、电气、内饰等）以及整车的现时技术状况；

（2）鉴定评估说明：应详细说明重置成本的计算方法、成新率的计算方法以及评估价格的计算方法。

附件三　成新率估算明细表

汽 车 部 件	权分%	成新率%	加权成新率%
发动机及离合器	26	79	20.54
变速器及传动轴总成	11	78	8.58
前桥及转向器	10	79	7.9
后桥及后悬架总成	8	76	6.08
制动系统	6	76	4.56
车架总成	2	79	1.58
车身总成	26	78	20.28
电气设备及仪表	7	80	5.6
轮胎	4	65	2.6
合计	100	—	77.72

（二）任务实施与考核

学生根据本项目任务二的计算结果，撰写评估报告，最终打印并提交教师。老师审阅学生提交的评估报告，完成考核表（见表3-14）。

表3-14　　　　教师考核记录表

实训项目：撰写二手车评估报告

班级学号		姓　名	
项目	必要的记录	分值	评分
报告完整性		10	
报告的规范性		10	
格式		10	

续表

文字与表格处理		10	
影响二手车价值的因素是否考虑周全		10	
引用的法律、法规和国家政策是否适当		10	
引用的资料、数据是否真实、合理、可靠		10	
运用的评估方法是否科学		10	
评估价值是否合理		10	
附件的齐全性		10	
总分			

教师签字：

______年____月____日

任务四 运用二手车鉴定估价软件评估二手车

【学习目标】

能够熟练运用二手车鉴定估价软件进行二手车价格的评估。

一、任务分析

软件开发商为二手车鉴定估价专门设计一各种软件，这些软件将使二手车鉴定估价工作大为简化、快捷和准确。随着电脑的普及及人们对电脑应用水平的提高，二手车鉴定估价软件的应用越来越广泛。

二、实施与考核

（一）技能学习

1. 软件的安装和启动

此软件的安装较为简单，安装方法和绝大多数 Windows 下的软件一样，执行安装软件中的

setup.exe 文件（Windows95、Windows 98 下双击）即可按提示安装到用户指定的目录下，软件默认路径为 C：\rate。

安装完毕后，启动二手车鉴定估价软件，只需执行文件 rate.exe（Windows95、Windows 98 下双击）。

2. 软件的操作和使用

执行文件 rate.exe 后，屏幕上会出现一个菜单，即为主菜单，如图 3-1 所示。

图3-1 “旧机动车评估系统”主菜单

选择“整车评估”项，将进行二手车的评估。

在此我们以一实例来解释该软件的操作使用。被评估二手车情况如下。

车辆类型：中级轿车。

车辆型号：桑塔纳 2000 型。

出厂日期：1997 年 3 月。

购买日期：1997 年 6 月。

行驶里程：150 000km。

耗油量和排污超过国家定型车出厂标准：6%。

故障明细表，见表 3-15。

表 3-15 实例故障估价表 （单位：元）

编号	故　障	原　因	修　理	估价（数据库中）
1	活塞环响	活塞环折断	更换活塞环套件	250
2	气缸裂纹	发动机急速冷却造成	更换气缸体	900
3	水泵漏水	水封故障、水泵严重破损	更换新件	350
4	电喷故障	电子喷射泵严重损坏	更换电喷泵	1500
5	转向传动装置周期性异响	传动轴严重弯曲	更换	650
6	快转转向盘感到沉重	油泵驱动皮带打滑	换新皮带	40
7	后减振器故障	失效	更换	230
8	空调故障	制冷不足	需加氟	200

注：此节只在于说明软件的使用和操作，只列举少许假定故障，为达到说明一目了然的效果。

现场勘测完毕后，即可进行评估。

① 双击 rate. exe 文件，则出现主菜单（见图 3-1）。

② 选定“整车评估”项，则出现如图 3-2 所示对话框（图中已填入实例的现场勘测信息）。

在此对话框中输入车辆的一些整体信息：车辆类型、车辆型号、市场价、出厂日期、购买日期、行驶里程等，为后面的评估提供依据。

③ 填好对话框后，单击“下一步”继续，出现“发动机故障评估-1”对话框，如图 3-3 所示。

④ 根据现场勘测结果选择二手车的故障，选择完成后，单击“下一步”继续，出现“发动机故

障-2”对话框，如图 3-4 所示。

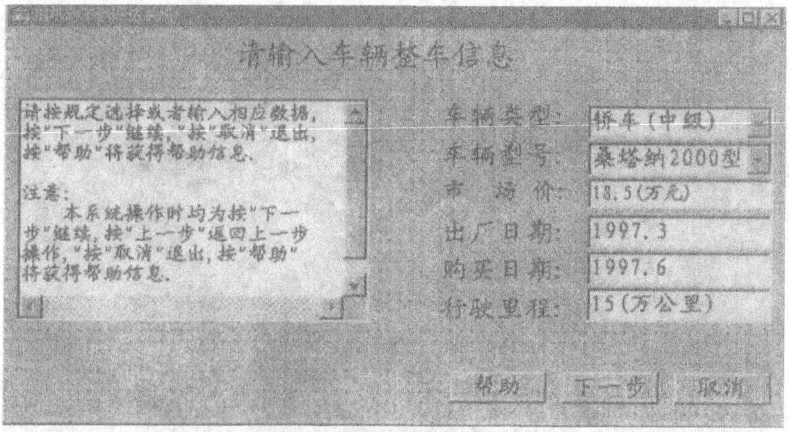

图3-2 “整车信息”对话框

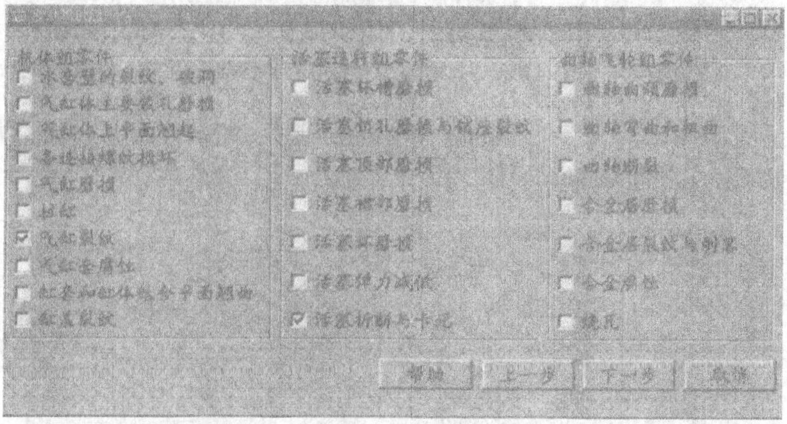

图3-3 “发动机故障评估-1”对话框

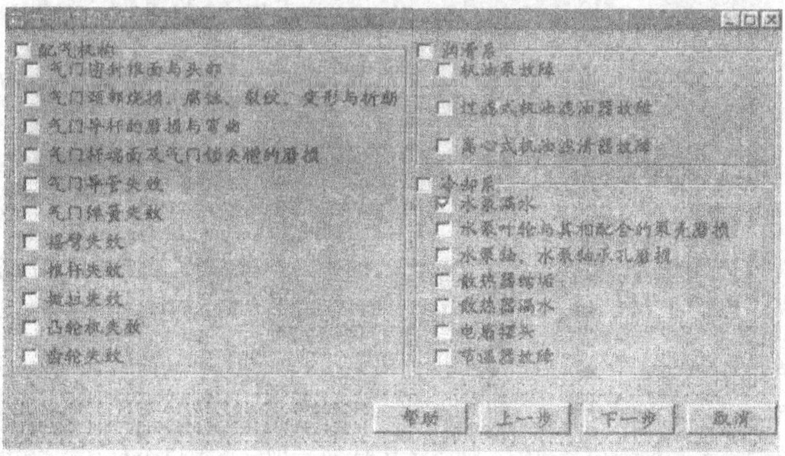

图3-4 “发动机故障评估-2”对话框

⑤ 选择完毕后，单击“下一步”继续，出现“发动机故障评估-3”对话框，如图 3-5 所示。如图 3-3、图 3-4 和图 3-5 所示是评估发动机故障的 3 个对话框，用户根据勘测的结果，选定故

障项，从而达到评估的目的。

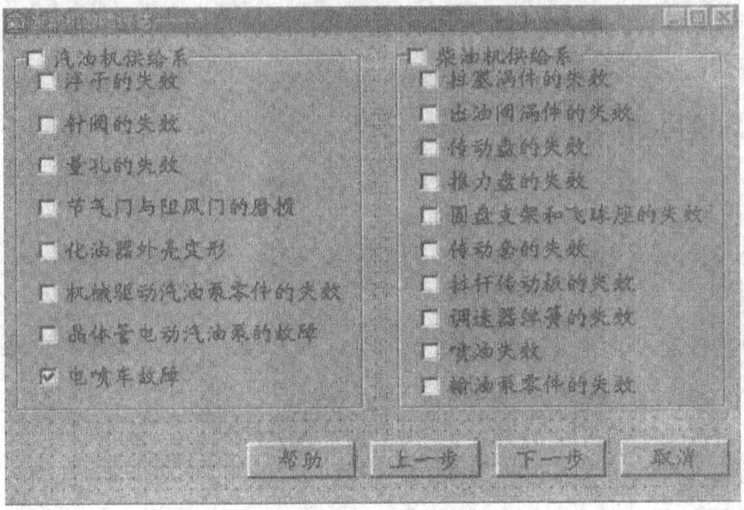

图3-5 “发动机故障评估-3”对话框

⑥ 在图 3-5 所示的对话框中选择完成后，单击“下一步”继续，出现 “底盘传动系评估”对话框，如图 3-6 所示。

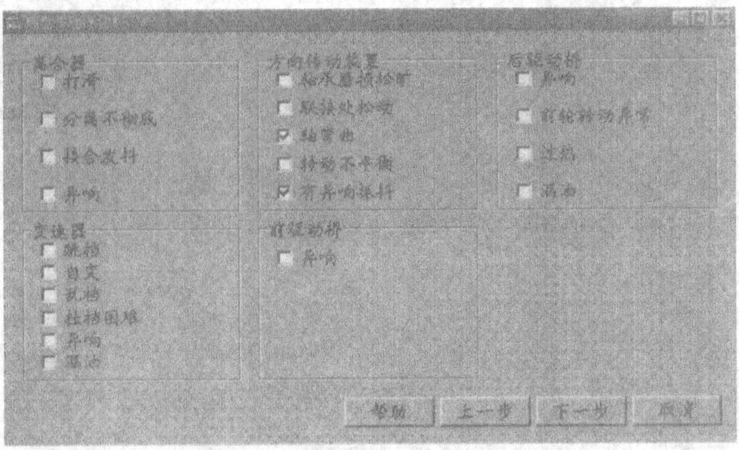

图3-6 “底盘传动系评估”对话框

⑦ “底盘传动系评估”对话框是对底盘传动系的评估，同样按现场勘测的结果选定（如“轴弯曲”、“有异响振抖”等）后，单击“下一步”继续，出现“底盘转向系评估”对话框，如图 3-7 所示。

⑧ 同样根据现场勘测结构选定项目故障项，单击“下一步”继续，出现“底盘制动系评估”对话框，如图 3-8 所示。

⑨ 由于现场勘测无底盘制动系故障，则不选定任何一项，系统也不对其进行任何评估，返回评估价为“0”，直接单击“下一步”继续。

⑩ 在“底盘悬架系统评估”对话框中，选定“减振器失效”项后，单击“下一步”继续，出现“车身及电器设备故障评估”对话框，如图 3-9 所示。

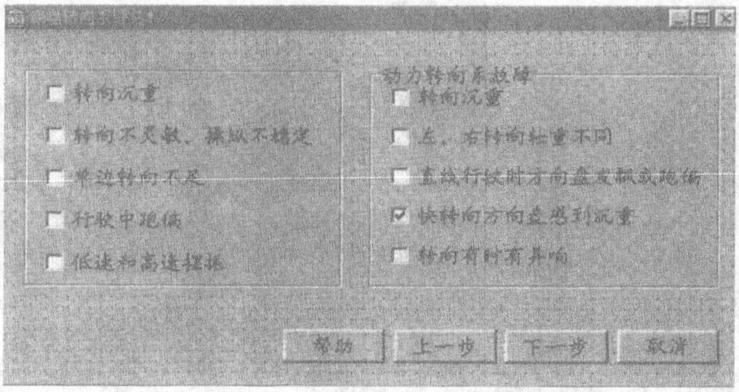

图3-7 “底盘转向系评估”对话框

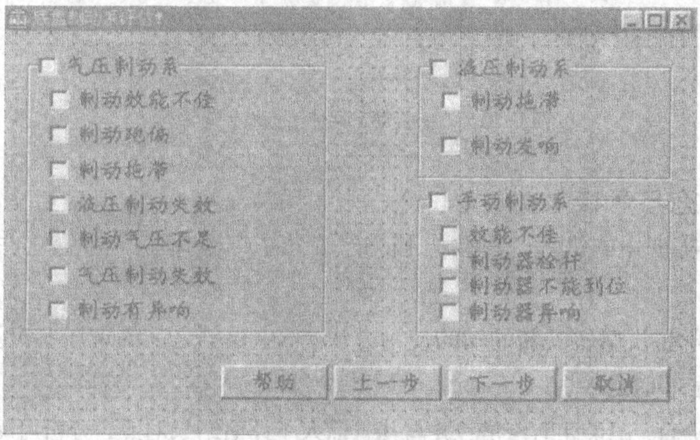

图3-8 “底盘制动系评估”对话框

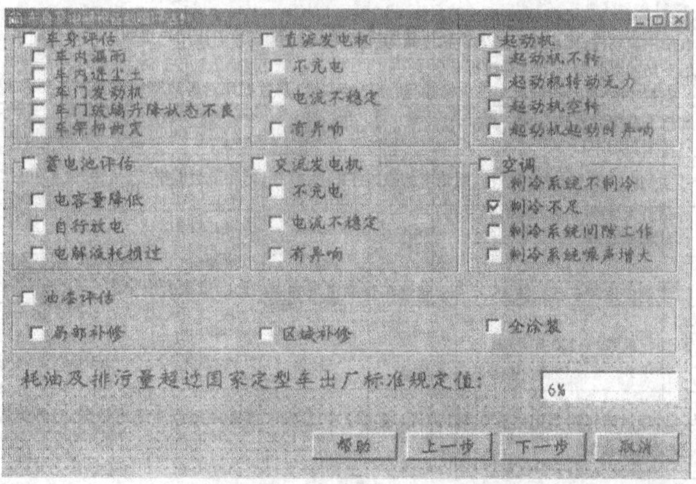

图3-9 “车身及电器设备故障评估”对话框

⑪ 选定相关项目（如“空调制冷不足”故障项）后，单击“下一步”继续，则出现“旧机动车评估一览表”对话框，如图 3-10 所示。

此对话框主要是显示评估结果，当然，其中的各项均由软件根据上述 8 个对话框的内容（即现场勘测结果）调用数据库中的数据计算得到。

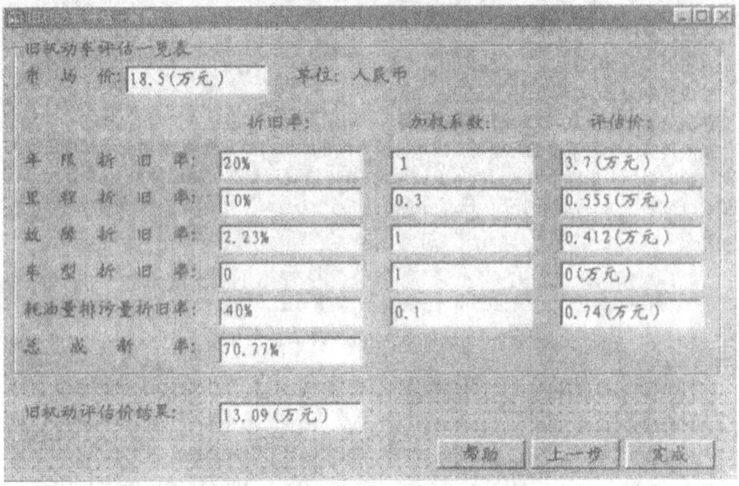

图3-10 “旧机动车评估一览表”对话框

（二）任务实施与考核

① 教师准备好实训用的机房，每台电脑均已安装了二手车鉴定估价软件，并保证电脑可正常使用。

② 教师逐步为学生讲解所安装的软的使用方法。学生根据之前的现场鉴定及评定估算结果，按教师讲解的操作流程，完成评估。

③ 学生完成估价后，记录评估价格，并与其之前人工评估结果对照，分析可能存在的差异的原因。

④ 教师在观察学生操作过程中及学生完成评估与分析之后，完成教师考核表（见表3-16）。

表3-16 教师考核记录表

实训项目：二手车鉴定估价软件使用

班级学号		姓 名	
项目	必要的记录	分值	评分
操作的熟练程度		30	
数据填写的准确性		20	
计算结果与人工评估值的差异大小		20	
对产生差异分析的正确性		30	
总分			

教师签字：

年＿＿月＿＿日

思考与练习

一、思考题

1. 什么是重置成本法？其基本原理是什么？
2. 重置成本法有哪些优、缺点？
3. 什么是现行市价法？应用现行市价法有什么样的前提条件？
4. 现行市价法有哪些优、缺点？
5. 什么是收益现值法？它适用于哪类二手车重置成本的计算？
6. 说明清算价格评估的 3 种方法。
7. 应用清算价格法时，必须考虑的前提条件有哪些？
8. 解释：使用年限法、行驶里程法、部件鉴定法、整车观测法、综合分析法、综合成新率法。
9. 什么是物价指数法？它适用于哪类二手车的重置成本计算？
10. 什么情况下可采用整车观测法确定二手车成新率？
11. 实际工作中，如何确定二手车的重置成本全价？
12. 说明二手车鉴定评估报告书的作用。
13. 请正确描述二手车鉴定评估报告书的法律效力。

二、单项选择题

1. 车辆不能继续使用，只能按拆件处理时，应用（　　）方法评估其价值。

A. 重置成本　　B. 收益现值　　C. 现行市价　　D. 清算价格

2. 对于现行市价法中，关于二手车交易的可比性叙述，（　　）不正确。

A. 参照的二手车在近期市场上交易过

B. 参照的二手车型号及使用年限相同

C. 与参照的二手车比较的指标、技术参数资料可收集

D. 价值影响因素明确，可以量化

3. 下列（　　）不是现行市价法的特点。

A. 能够较为准确地反映二手车的市场情况

B. 评估结果易于被各方面接受

C. 必须要有成熟、公开、活跃的二手车交易市为基础

D. 一般情况下，同一厂家，同一型号，同一天登记的车辆，其评估价格应该是一样的

4. 下列（　　）不是收益现值法的依据三要素。

A. 被评估二手车的预期收益　　B. 折现率或资本化率

C. 被评估二手车的预期收益持续时间　D. 具有可比性的二手车市场价格

5. 在二手车原始成本的基础上，通过现行物价指数确定其重置成本的方法称为（　　）。

A. 重置核算法　B. 物价指数法　C. 综合分析法　D. 技术分析法

6. 下列（　　）不是物价指数法的特点。

A. 适用于被评估车辆无法找到现时市场价格

B. 必须要有被评估车辆的账面购买原价

C. 其确定的是复原重置成本

D. 在汽车价格变动较快的时期采用此法评估较为准确

7. 用重置成本与有形损耗率来计算车辆实体性贬值的方法称为（　　）。

A. 有形损耗法　B. 成新率法　C. 使用年限法　D. 修复费用法

8. 下列对二手车评估方法选择的叙述（　　）不正确。

A. 同一种评估标准，可以采用不同的评估方法

B. 数据与信息收集制约评估方法

C. 尽量选择简单的方法

D. 尽量选择重置成本法

9. 通过评估得出二手车评估价值的过程中，下列（　　）基本不予考虑。

A. 二手车的原值　B. 二手车的净值　C. 二手车的残值　D. 二手车的重置全价

10. 对于运用重置成本法进行二手车评估时，其成新率确定方法选择的叙述，（　　）不正确。

A. 对于重置成本不高的车辆，采用使用年限法

B. 对于重置成本中等的车辆，采用综合分析法

C. 对于重置成本较高的车辆，采用部件鉴定法

D. 以上叙述均不正确

11. 用下列（　　）评估二手车价值时，主要是从卖者的角度考虑的。

A. 重置成本法　B. 收益现值法　C. 现行市价法　D. 清算价格法

12. 实体性损耗的主要计算依据是（　　）。

A. 车辆磨损度　　　　B. 车辆技术状况

C. 已使用年限　　　　D. 车辆已行驶的里程

13. 如国家提高对汽车排放标准的要求，实施欧Ⅴ排放标准，原来执行欧Ⅳ排放标准的在用车就会因此而贬值。这种贬值属于（　　）。

A. 经济性贬值　　　　B. 一次性功能贬值

C. 营运性功能贬值　　D. 实体性贬值

14. 决定能否使用重置成本法的关键因素是（　　）。

A. 能否获得二手车交易市场参考价格

B. 能查询到相同车型新车的市场报价

C. 二手车的未来收益可以预测

D. 交易必须是在受迫的条件下进行

15. 在运用现行市价法评估二手车时，要求参照车辆是近期的、可比较的。所谓近期，是指参照车辆交易时间与被评估二手车评估基准日相差时间相近，一般在（　　）之内。

A. 一周　B. 一个月　C. 一个季度　D. 半年

16. 下列计算二手车成新率的方法中，（　　）既考虑了二手车实体性损耗，同时也考虑了二手车维修或换件等追加投资使车辆价值发生的变化。

A. 行驶量程法　B. 使用年限法　C. 部件鉴定法　D. 综合成新率法

17. 评估人员采用人工观察的方法，辅助简单的仪器检测，判定被评估二手车的技术等级以确定成新率的方法是（　　）。

A. 行驶量程法　B. 整车观测法　C. 部件鉴定法　D. 综合成新率法

18. 下列（　　）较为详细地考虑了影响二手车价值的各种因素。

A. 行驶量程法　B. 整车观测法　C. 部件鉴定法　D. 综合分析法

19. 下列对二手车鉴定评估报告的描述，（　　）不正确。

A. 是提交给委托方的法定性文件

B. 是二手车鉴定评估机构对二手车的作价意见

C. 是二手车鉴定评估机构履行评估合同情况的总结

D. 是二手车鉴定评估机构为其所完成的鉴定评估结论承担相应法律责任的证明文件

20. 二手车鉴定评估报告书对于委托方来说的作用的描述，下列（　　）不正确。

A. 作为产权交易变动的作价依据　B. 作为法庭辩论和裁决时确认财产价格的举证材料

C. 作为统计评估业务的基础材料　D. 作为支付评估费用的依据

21. 二手车鉴定评估报告的法律效力一般为（　　）天。

A. 30　B. 60　C. 90　D. 180

22. 评估报告提交给委托方的最迟时间为：确定评估基准日后（　　）天。

A. 1　B. 3　C. 5　D. 7

23. 下列（　　）不属于二手车鉴定评估报告书的附件。

A. 二手车鉴定评估委托书　B. 车辆照片

C. 二手车鉴定评估师资格证书复印件　D. 依据的法律文件

三、多项选择题

1. 重置成本法既充分考虑了被评估二手车的重置全价，又考虑了该二手车已使用年限内的（　　）。

A. 磨损　B. 功能性贬值　C. 经济性贬值　D. 二手车市场参考价格

2. 下列（　　）是重置成本法的 4 个基本要素之一。

A. 二手车的重置成本　B. 二手车实体有形损耗

C. 二手车功能性贬值　D. 二手车经济性贬值

3. 下列（　　）是无形损耗。

A. 经济性贬值　B. 一次性功能贬值

C. 营运性功能贬值　D. 实体性贬值

4. 用下列（　　）评估二手车价值时，不考虑二手车的原购车价格。

A. 重置成本法　B. 收益现值法　C. 现行市价法　D. 清算价格法

5. 下列（　　）是收益现值法应用的前提条件。

A. 被评估二手车必须是经营性车辆，且具有继续经营和获利的能力

B. 继续经营的预期收益可以预测而且必须能够用货币金额来表示

C. 二手车购买者获得预期收益所承担的风险也可以预测，并可以用货币衡量

D. 被评估二手车预期获利年限可以预测

6. 用现行市价法评估二手车包含了被评估二手车的（　　）。

A. 经济性贬值　B. 一次性功能贬值

C. 营运性功能贬值　D. 实体性贬值

7. 下列（　　）是现行市价法的缺点。

A. 需要公开及活跃的二手车市场作为基础

B. 不容易寻找参照车辆

C. 可比因素多而复杂

D. 二手车评估价值存在较大差异

8. 以清算价格法评估车辆价格的前提条件有（　　）。

A. 以具有法律效力的破产处理文件或抵押合同及其他有效文件为依据

B. 车辆在市场上可以快速出售变现

C. 所卖收入足以补偿因出售车辆的附加支出费用总额

D. 可以查询到现时新车销售价格

9. 在进行二手车评估时，下列（　　）适用清算价格法。

A. 拍卖　B. 停业清理　C. 企业破产　D. 资产抵押

10. 下列（　　）是选择估价方法时应考虑的因素。

A. 必须严格与二手车评估的计价标准相适应

B. 要受收集数据和信息资料的制约

C. 要充分考虑二手车鉴定估价工作的效率，选择简单易行的方法

D. 尽量选择有利于委托方的评估方法

11. 利用使用年限法计算得到的成新率能够反映车辆的（　　）。

A. 时间损耗　B. 时间折旧率　C. 日常使用强度　D. 车况

12. 整车观测法观察和检测的技术指标主要包括（　　）。

A. 二手车的现时技术状态　B. 使用时间及行驶里程

C. 主要故障经历及大修情况　D. 整车外观和完整性

13. 下列（　　）应用清算价格评估的具体方法。

A. 重置核算法　B. 评估价格折扣法

C. 模拟拍卖法　D. 竞价法

14. 下列对二手车评估报告的描述（　　）正确。

A. 是二手车鉴定评估机构完成对二手车作价意见

B. 是提交给委托方的公正性的报告

C. 是二手车鉴定评估机构履行评估合同情况的总结

D. 是二手车鉴定评估机构为其所完成的鉴定评估结论承担相应法律责任的证明文件

15. 二手车鉴定评估报告书对委托方的作用是（　　）。

A. 评估机构评估成果的体现　　B. 作为产权交易变动的作价依据

C. 作为支付评估费用的依据　　D. 作为法庭辩论和裁决时确认财产价格的举证材料

16. 下列（　　）是撰写二手车鉴定估价报告的基本要求。

A. 鉴定估价报告必须依照客观、公正、实事求是的原则

B. 鉴定估价报告要写明评估基准日，并且不得随意更改

C. 鉴定估价报告应有明确的鉴定估算价值的结果

D. 鉴定估价报告还应有齐全的附件

17. 二手车评估报告中的委托方与车辆所有方简介中，应写明（　　）。

A. 应写明委托方、委托方联系人的名称、联系电话及住址

B. 委托方的身份证号码

C. 车主的名称

D. 委托方要求评估的目的

18. 评估报告中陈述的特别事项是指（　　）。

A. 已确定评估结果的前提下，评估人员揭示在评估过程中已发现可能影响评估结论，但非评估人员执业水平和能力所能评定估算的有关事项

B. 提示评估报告使用者应注意特别事项对评估结论的影响

C. 揭示鉴定评估人员认为需要说明的其他问题

D. 评估报告的法律效力时限

四、判断题

（　　）1. 现行市价法就是用曾经交易过的参照二手车价格作为被评估车辆的评估价格。

（　　）2. 收益现值法一般适合于有特定经营权的二手车。

（　　）3. 无风险利率一般指同期国库券利率。

（　　）4. 在运用收益现值法进行二手车评估时，可以认为，二手车的未来收益是逐年减少的。

（　　）5. 收益率越高，则评估价格就越低。

（　　）6. 重置成本法就是将在评估基准日的当前条件下重新购置一辆全新状态的被评估车辆所需的全部成本作为评估价格。

（　　）7. 清算价格一般由买方决定。

（　　）8. 二手车的重置成本是其价格评估的最大可能值。

（　　）9. 属于所有权转让的经济行为，可将被评估车辆的新车现行市场成交价格作为被评估

车辆的重置全价。

（　　）10. 对于咨询类服务，由于其要求并不严格，所以二手车鉴定时只提供鉴定估价作业表供存档即可。

（　　）11. 对于低档车，对车辆进行技术状况鉴定时，一般采用整车观测法即可。

（　　）12. 在采用重置成本法时，若车辆档次较高，一般部件鉴定法确定成新率。

（　　）13. 二手车成新率是表示二手车的功能或使用价值占全新机动车的功能或使用价值的比率。

（　　）14. 如果同时取得复原重置成本和更新重置成本，应优选择复原重置成本。

（　　）15. 二手车经济性贬值是由于技术进步引起的二手车功能相对落后而导致的贬值。

（　　）16. 用重置成本法计算二手车价格时，是不考虑二手车当初购买时的购置价（历史成本）是多少。

（　　）17. 现行市价法是基于这样的原理：任何一个正常的投资者在购置某项资产时，他所愿意支付的价格不会高于市场上具有相同用途的替代品的现行市价。

（　　）18. 在运用清算价格法进行车辆评估时，车辆清理费用及其他费用给予充分的考虑。如果这些费用太高，拍卖变现后所剩无几，则不适合采用拍卖法。

（　　）19. 规定的拍卖时限长，售价会高些。

（　　）20. 即使采用清算价格法评估二手车，但市场参照车辆价格高，车辆出售的价格也会高些。

（　　）21. 二手车鉴定评估报告书具有公证书的作用。

（　　）22. 二手车鉴定评估报告书必须有评估机构法人代表的签字。

（　　）23. 如果因客观原因，使评估时间延长，则应更改评估报告的评估基准日期。

（　　）24. 在选择评估目的时，可以同时选择两个。

（　　）25. 在确定评估方法时，可以同时选择两个。

（　　）26. 若在二手车鉴定评估报告书有效期内，即使二手车市场价格发生变化，也不需要再做重新评估。

（　　）27. 二手车评估机构有服务商标的，可以在报告封面载明其图形标志。

（　　）28. 二手车评估的行为依据就是评估委托书。

（　　）29. 评估报告先由项目负责人审核，再报评估机构经理审核签发，同时要二手车鉴定评估人员签字并加盖评估机构公章。

（　　）30. 评估报告送达客户签收，必须要求客户在收到评估书后，按送达回证上的要求认真填写并要求收件人签字确认。

Chapter 4

项目四

二手车交易后续业务的办理

任务一 引导客户办理过户业务

【学习目标】

1. 能够正确描述机动车注册登记、过户及变更登记的含义及要求。
2. 能够正确描述二手车直接交易、销售交易及拍卖交易的标准程序。
3. 能够正确描述二手车交易合同的种类及各类型交易合同应包含的主要内容。
4. 能够引导客户办理二手车交易过户业务。
5. 能够引导客户办理二手车转移过户业务。
6. 能够引导客户办理其他税、证变更。
7. 能够引导客户办理二手车拍卖委托业务。

一、任务分析

二手车交易是一种产权交易，实现二手车所有权从卖方到买方的转移过程。二手车必须完成所有权转移登记（即过户）才算是合法、完整的交易。

二手车交易必须符合《二手车交易规范》的相关规定，并按照规定的程序进行。

二、相关知识

（一）机动车过户

机动车过户（change of vhicle owner’s name）是指已注册登记的机动车辆的所有权发生转移，且原机动车辆所有人和现机动车辆所有人的住所在同一车辆管理所管辖区的，现机动车所有人应当于车辆所有权转移之日起30日内，到机动车辆管辖地车辆管理所申请办理过户登记手续。

1. 主要证明材料

过户登记所需的主要证明材料有现机动车辆所有人的身份证明、机动车登记证书、机动车行驶证、机动车来历凭证、申请办理过户登记的机动车的标准照片。

2. 过户登记事项

现机动车辆所有人的姓名或者单位名称、身份证明号码或者单位代码，过户登记的日期，其他事项与注册登记时的基本相同。需要特别注意的是，并不是所有机动车都可办理过户手续。车辆有下列情形之一的，不予办理过户手续。

① 已经达到国家《机动车强制报废标准规定》以及各地制定的有关报废规定、报废标准的机动车，或者属于利用报废车辆的零部件拼（组）装的。

② 机动车与该车的机动车档案记载的事项不一致的。

③ 机动车未解除海关监管的。

④ 机动车办理了抵押登记的。

⑤ 机动车或者机动车档案被人民法院、人民检察院、行政执法部门依法查封扣押的。

⑥ 机动车所有人提交的资料无效的。

⑦ 机动车所有人的身份证明记载的姓名或者单位名称与机动车来历凭证记载的姓名或者单位名称不一致的。

⑧ 机动车所有人的机动车来历凭证（海关监管车辆除外）、车辆购置税的完税证明或者免税证明记载的内容与机动车不一致的。

⑨ 机动车所有人的住所不在车辆管理所管辖区内的。

⑩ 机动车环保或安全检验不符合强制性国家标准规定的。

⑪ 机动车属于被盗抢的。

（二）机动车变更登记

机动车变更登记（registration of vehicle’ s changes）是指机动车辆注册登记之后，如果车主改变了姓名或住址，须向车辆管理所申请变更登记，并在机动车登记证书上记载变更登记事项，交回原机动车行驶证，领取重新核发的机动车行驶证。

如果车主想改变车身颜色或者更换发动机等，应首先向车辆管理所提出变更申请，得到批准并完成变更后，再向车辆管理所申请变更登记，并在机动车登记证书上记载变更登记事项，交回原机动车行驶证，领取重新核发的机动车行驶证。机动车变更登记不仅是车主的义务，也是此后作为二手车交易时所必需的，否则将无法顺利办理过户手续。有下列情形之一的，应当申请变更登记。

① 机动车所有人更改姓名、单位名称或者身份证明号码的。

② 机动车所有人住所在本市范围内改变的。

③ 改变车身颜色的。

④ 更换发动机或者改变燃料种类的。

⑤ 因故损坏无法修复需要更换同型号车身或者车架的。

⑥ 因质量问题，制造厂家给机动车所有人更换整车或者更换同型号发动机、车身、车架的。

（三）二手车交易程序

二手车交易不像一般商品交易那么简单，需要遵守相关的政策规定，按照一定的交易程序进行，这样才能保障买卖双方的利益。不论是哪一种交易类型，都必须办理过户相关手续，实现车辆所有权变更。目前，我国没有统一的二手车交易程序标准，各地二手车交易市场在完成二手车交易过程可能程序有差异，但主要程序是基本相同的。下面以北京市二手车交易为例，介绍二手车交易的基本程序。根据二手车交易类型和开具销售发票的权限，二手车交易程序有以下几种。

1. 直接交易程序

二手车个人直接交易和通过二手车经纪机构进行的二手车交易，卖方不能直接给买方开具二手车销售统一发票。根据《二手车流通管理办法》规定，买卖双方达成交易意向后应当到二手车交易市场办理交易过户业务，由二手车交易市场经营者按规定向买方开具税务机关监制的二手车销售统一发票（发票上必须盖有工商验证章才有效），以便办理车辆相关证件及手续的变更。这种交易的程序（流程）如图 4-1 所示。

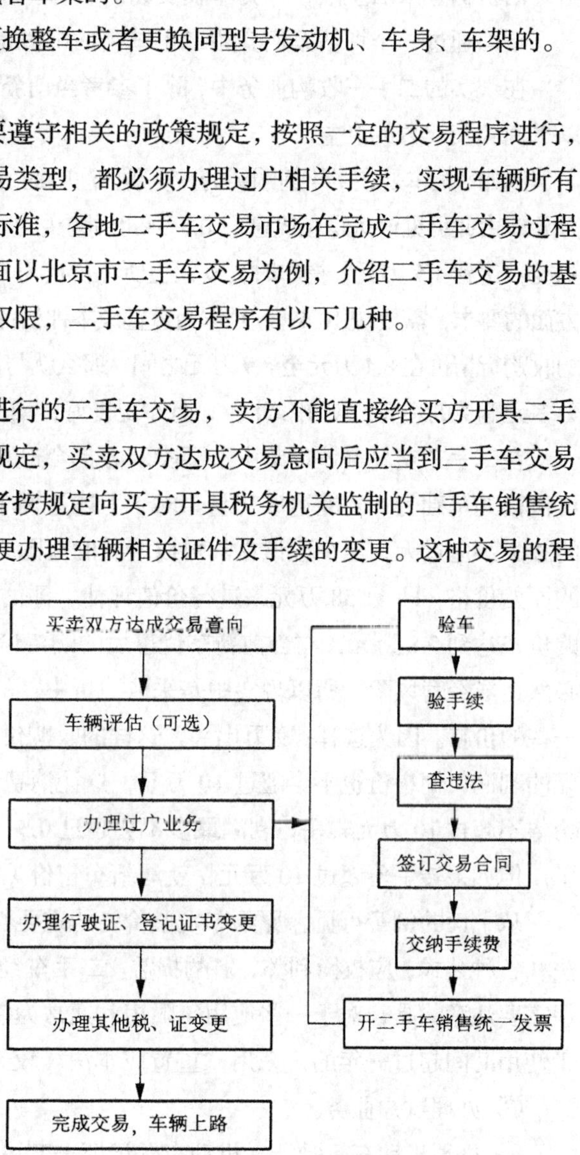

图4-1　二手车直接交易程序

（1）买卖双方达成交易意向。买卖双方达成交易意向是指买卖双方已就二手车交易谈妥了相关条件（如成交价格），达成了成交愿望。交易意向的达成是买卖双方的一个谈判过程，一旦谈妥就可以进入办理交易过户的相关手续，完成交易。

（2）车辆评估。二手车鉴定评估是买卖双方达成交易意向后自愿选择的项目。2005 年 12 月实施《二手车流通管理办法》以前，二手车在买卖过程中，二手车交易中心会对车辆进行评估定价，然后在评估价的基础上收取 2.5%的过户费用。实际上，这种评估成了一种强制性的规定。但是，由于缺乏统一的标准和规范，导致车辆评估的随意性比较大，评估结果可信度低，强制评估实际上成了收取过户费的工具。实施《二手车流通管理办法》以后规定：交易二手车时，除属国有资产的二手车外，二手车鉴定评估应本着买卖双方自愿的原则，不得强制执行，更不能以此为依据强制收取评估费。

消费者要求鉴定评估的目的主要有两个。一是想通过鉴定评估了解二手车的技术状况，尤其是发现车辆存在的故障和安全隐患；二是了解二手车的真实价值。对于不熟悉汽车性能的普通消费者来说，在购买二手车时，委托二手车鉴定评估机构作鉴定评估还是十分必要的。但一定要委托正规的、有资质的第三方评估机构（如二手车鉴定评估中心、资产评估事务所、价格认证中心），并签订鉴定评估委托书，以使自己的权益得到保证。消费者得到的鉴定评估结果是二手车鉴定评估报告书，由评估机构签章后生效，作为车辆交易的参考。

下面通过一个评估案例介绍二手车评估中值得注意的一些问题。

在现实的二手车收购业务中，除了参考当前新车的售价以外，有时也要考虑二手车的原始价格，以平衡买卖双方的利益。

例如，某车是在半年前购买的，发票上注明的价格是11.58万元，而该车当时的厂家指导价为11.98万元，由此可见该车是在优惠了0.5万元后购买的。而在半年后，厂家和4S店加大了对该车型的优惠幅度，达到1.5万元，提车时，发票上所注价格为10.48万元。那么，根据重置成本法中有关重置成本方面的要求，需要按10.48万元作为重置成本评估标准。假如按第一年折旧率15%～20%来计算，该车的收购行情价在8.4万元至8.9万元之间。那么就与该车主原购买价有近3.2万元的差距。试想一下，11万多元购买的新车，使用仅半年，且车况良好，卖车时损失近3.2万元，车主显然是无法接受的。

在二手车交易具体环节中，买卖双方都会追求自身利益的最大化，只有交易双方达成一致、认可价格的基础上，才能达成交易。对于上述这辆车，如果二手车经营者想达成交易，就要保证车主的损失不应过大，至少应该在其可以接受的范围之内。所以，比较合适的做法就是依据购车发票上的原始价格，即11.58万元来进行价值评估，评估价范围在9.2万元至9.8万元之间。当然，如果收购价格达到9.8万元，与当前新车优惠后的购买价，即10.48万元过于接近，对二手车经营者来说，必然造成经营风险，所以现实中是采取“折中”的办法，一般会选择9.2万元的价格，或适当再高一些的价格。因为选择“9万出头”这样的收购价，二手车商家再转手时，如增加0.7万元至0.9万元的利润，销售价也不会超过10万元，这让消费者在心理上也可以接受。若收购价超过9.5万元，希望不超过10万元转手，利润最多不会超过0.5万元。这样对于二手车经营者而言，利润显然太小了。但如果转手价超过10万元，就与新车售价（即10.48万元）非常接近，消费者是很难接受的。

从上面的例子可见，原购车发票价格的重要性。所以在车辆收购环节中，不应过分依赖评估方法和各种公式，应权衡利弊，斟酌损益。二手车经营的最终目的是顺利地达成交易，实现经济利益。但需要注意的是，对于一些使用年限短，通常为使用一年，或一年以内的车辆适用于上述办法。对于使用时间超过一年的，采用“重置成本法”较为有效。

③ 办理过户业务。

④ 办理机动车行驶证、机动车登记证书变更。

⑤ 办理其他税、证变更。

2. 二手车销售交易程序

由于二手车销售企业能够直接给购车者开具二手车销售统一发票，所以只要购车者和二手车销售企业达成交易意向，双方即可签订二手车交易合同，购车者付清车款后，企业按规定给购车者开具二手车销售统一发票，那么购车者就可以携带发票和要求的证件去相关部门办理车辆相关证件及手续的变更。这种交易的流程如图 4-2 所示。有关车辆的合法性手续，二手车经销企业在收购车时已经查验过，可以通过二手车交易合同加以保证。

3. 二手车拍卖交易程序

根据《二手车流通管理办法》规定，二手车拍卖企业也能够直接给买受人开具二手车销售统一发票，所以在拍卖会结束后，买受人和拍卖企业签订成交确认书（相当于二手车交易合同）、交款得到二手车销售统一发票，凭成交确认书到指定地点提车，然后携带发票和要求的证件去相关部门办理车辆相关证件及手续的变更。拍卖交易流程如图 4-3 所示。有些拍卖企业虽然有二手车拍卖业务，但没有开具二手车销售统一发票的资格，此时，在交款后需要到指定的二手车交易市场办理相关过户手续，由市场按规定开具二手车销售统一发票。

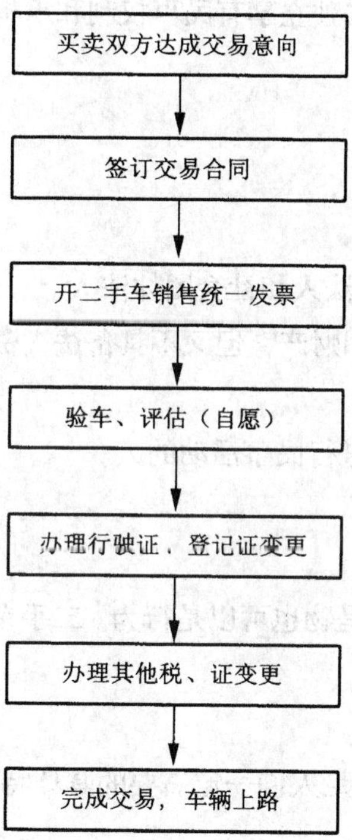

图4-2　二手车销售类交易程序

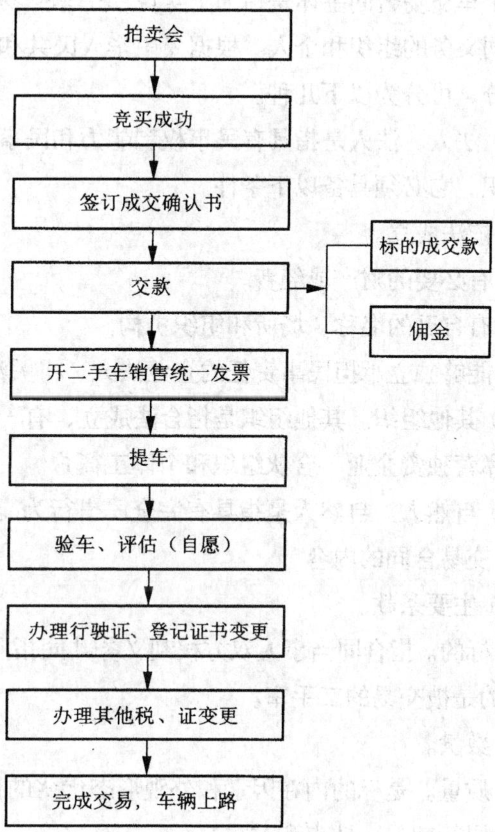

图4-3　二手车拍卖交易程序

有关车辆的合法性手续，二手车拍卖企业在接受拍卖委托时已经查验过，可以通过二手车拍卖成交确认书加以保证。

（四）二手车交易合同

1. 订立二手车交易合同的基本准则

二手车交易合同是指二手车经营公司、经纪公司与法人、其他组织和自然人相互之间为实现二手车交易的目的，明确相互权利义务关系所订立的协议。

订立交易合同时须遵守以下基本原则。

（1）合法原则。订立二手车交易合同，必须遵守法律和行政法规。合同的内容及订立合同的程序、形式只有与法律法规相符合，才会具有法律效力，当事人的合法权益才可得到保护。任何单位和个人都不得利用经济合同进行违法活动，扰乱市场秩序，损害国家和社会利益，牟取非法收入。

（2）平等互利、协商一致原则。订立合同的当事人法律地位一律平等，任何一方不得以大欺小、以强凌弱，把自己的意愿强加给对方，双方都必须在完全平等的地位上签订二手车交易合同。二手车交易合同应当在当事人之间充分协商、意思表示一致的基础上订立，采取胁迫、乘人之危、违背当事人真实意志而订立的合同都是无效的，也不允许任何单位和个人进行非法干预。

2. 交易合同的主体。

二手车交易合同主体是指为了实现二手车交易目的，以自己名义签订交易合同，享有合同权利、承担合同义务的组织和个人。根据《中华人民共和国合同法》的规定，我国合同当事人从其法律地位来划分，可分为以下几种。

（1）法人。法人是指具有民事权利能力和民事行为能力，依法独立享有民事权利和承担民事义务的组织。它必须具备以下条件。

① 依法成立。

② 有必要的财产或经费。

③ 有自己的名称、场所和组织机构。

④ 能够独立承担民事责任的企业法人、机关法人、事业单位法人和社会团体法人。

（2）其他组织。其他组织是指合法成立、有一定的组织机构和财产，但又不具备法人资格的组织，如私营独资企业、合伙组织和个体工商户。

（3）自然人。自然人是指具有完全民事行为能力，可以独立进行民事活动的人。

3. 交易合同的内容

（1）主要条款。

① 标的。指合同当事人双方权利义务共同指向的对象，可以是物也可以是行为。二手车交易合同的标的是被交易的二手车。

② 数量。

③ 质量。是标的内在因素和外观形态优劣的标志，是标的满足人们一定需要的具体特征。

④ 履行期限、地点和方式。

⑤ 违约责任。

⑥ 根据法律规定的或按合同性质必须具备的条款及当事人一方要求必须规定的条款。

（2）其他条款。它包括合同的包装要求、某种特定的行业规则和当事人之间交易的惯有规则。

4. 交易合同的变更和解除

（1）交易合同的变更。交易合同的变更，通常是指依法成立的交易合同尚未履行或未完全履行之前，当事人就其内容进行修改和补充而达成的协议。

交易合同的变更必须以有效成立的合同为对象，凡未成立或无效的合同，不存在变更问题。交易合同的变更是在原合同的基础上，达成一个或几个新的合同作为修正，以新协议代替原协议。所以，变更作为一种法律行为，使原合同的权利义务关系消灭，新权利义务关系产生。

（2）交易合同的解除。交易合同的解除，是指交易合同订立后，没有履行或没有完全履行以前，当事人依法提前终止合同。

（3）交易合同变更和解除的条件。

合同法规定，凡发生下列情况之一，允许变更或解除合同。

① 当事人双方经协商同意，并且不因此损害国家利益和社会公共利益。

② 由于不可抗力致使合同的全部义务不能履行。

③ 由于另一方在合同约定的期限内没有履行合同。

5. 违约责任

违约责任，是指交易合同一方或双方当事人由于自己的过错造成合同不能履行或不能完全履行，依照法律或合同约定必须承受的法律制裁。

（1）违约责任的性质。

① 等价补偿。凡是已给对方当事人造成财产损失的，就应当承担补偿责任。

② 违约惩罚。合同当事人违反合同的，无论这种违约是否已经给对方当事人造成财产损失，都要依照法律规定或合同约定，承担相应的违约责任。

（2）承担违约责任的条件。

① 要有违约行为。要追究违约责任，必须有合同当事人不履行或不完全履行的违约行为。它可分为作为违约和不作为违约。

② 行为人要有过错。过错是指当事人违约行为主观上出于故意或过失。故意，是指当事人应当预见自己的行为会产生一定的不良后果，但仍用积极的作为或者消极的不作为希望或放任这种后果的发生；过失是指当事人对自己行为的不良后果应当预见或能够预见到，而由于疏忽大意没有预见到或虽已预见到但轻信可以避免，以致产生不良后果。

（3）承担违约责任的方式。

① 违约金。指合同当事人因过错不履行或不适当履行合同，依据法律规定或合同约定，支付给对方一定数额的货币。根据《合同法》及有关条例或实施细则的规定，违约金分为法定违约金和约定违约金。

② 赔偿金。指合同当事人一方过错违约给另一方当事人造成损失超过违约金数额时，由违约方当事人支付给对方当事人的一定数额的补偿货币。

③ 继续履行。指合同违约方支付违约金、赔偿金后，应对方的要求，在对方指定或双方约定的期限内，继续完成没有履行的那部分合同义务。

违约方在支付了违约金、赔偿金后，合同关系尚未终止，违约方有义务继续按约履行，最终实现合同目的。

6. 合同纠纷处理方式

合同纠纷，指合同当事人之间因对合同的履行状况及不履行的后果所发生的争议。根据《合同法》

及有关条例的规定，我国合同纠纷的解决方式一般有协商解决、调解解决、仲裁和诉讼四种方式。

① 协商解决。协商解决是指合同当事人之间直接磋商，自行解决彼此间发生的合同纠纷。这是合同当事人在自愿、互谅互让基础上，按照法律、法规的规定和合同的约定，解决合同纠纷的一种方式。

② 调解解决。调解解决是指由合同当事人以外的第三人（交易市场管理部门或二手车交易管理协会）出面调解，使争议双方在互谅互让基础上自愿达成解决纠纷的协议。

③ 仲裁。仲裁是指合同当事人将合同纠纷提交国家规定的仲裁机关，由仲裁机关对合同纠纷作出裁决的一种活动。

④ 诉讼。诉讼是指合同当事人之间发生争议而合同中未规定仲裁条款或发生争议后也未达成仲裁协议的情况下，由当事人一方将争议提交有管辖权的法院按诉讼程序审理作出判决的活动。

7. 二手车交易合同的种类

根据《二手车流通管理办法》规定，二手车交易双方应该签订交易合同，要在合同当中对二手车的状况、来源的合法性、费用负担以及出现问题的解决方法等各方面进行约定，以便分清各自的责任和义务。

《二手车交易规范》第十九条规定，进行二手车交易应当签订合同。合同示范文本由国务院工商行政管理部门制定。

二手车交易合同按当事人在合同中处于出让、受让或居间中介的不同情况，可分为二手车买卖合同和二手车居间合同两种。

（1）二手车买卖合同（式样）

二手车买卖合同

合同编号：________________________

签订时间：________年________月________日

甲方：（售车方）________________

乙方：（购车方）________________

第一条　目的

依据国家有关法律、法规和本市有关规定，甲、乙双方在自愿、平等和协商一致的基础上，就订立二手车买卖合同，并完成其他委托的服务事项达成一致，订立本合同。

第二条　当事人及车辆情况

一、甲方（售车方）基本情况

（1）单位代码证号□□□□□□□□—□，经办人________________________，

身份证号码□□□□□□□□□□□□□□□□□□，

单位地址________________________________，联系电话________________。

（2）自然人身份证号码□□□□□□□□□□□□□□□□□□，

现常住地址______________________________，联系电话________________。

二、乙方（购车方）基本情况

（1）单位代码证号□□□□□□□□—□，经办人________________，

身份证号码□□□□□□□□□□□□□□□□□□□□□□□□，

单位地址____________________________，联系电话______________。

（2）自然人身份证号码□□□□□□□□□□□□□□□□□□□□□□□□，

现常住地址__________________________，联系电话______________。

三、出售车辆基本情况

车辆牌号__________________________，车辆类别_______________。

厂牌型号___________________________，颜色__________________。

初次登记时间________________________，登记证号_______________。

发动机号码__________________________，车架号码______________。

行驶里程___________km，允许使用年限至______年______月_____日，

车辆年检签证有效期至______年______月，

车辆购置费完税交纳证号____________/免税交纳（有证/无证），

车辆保险险种：1._______2._______3._______4._______。

保险有效期截止日期：______年______月_____日；

配置：____

____。

其他情况：____

____。

第三条　车辆价款

经协商一致，本车价款定为人民币______元（大写：______元），上述价款包括车辆、备胎及______________等附件。

过户手续费为人民币__________元((大写：______元)，由__________方负责。

第四条　付款及交付、过户

1. 乙方于合同签订后（当日/____日）内支付价款____%（人民币：______元，大写_____元）作为定金支付给甲方；支付方式：（现金/指定账户）。

2. 甲方于合同签订（当日/____日）内，将本车（过户/转籍）所需的有关证件原件及复印件交付给_____方，由______方负责办理（过户/转籍）手续。

3. 乙方于（过户/转籍）事项完成后（当日/_________日）内向甲方支付剩余价款（人民币_____元，大写：_____元）；支付方式：（现金/指定账户）。

第五条　双方的权利和义务

1. 甲方承诺车辆出让时不存在任何权属上的法律问题和各类尚未处理完毕的交通违章记录，所提供的证件、证明均真实、有效，无伪造情况；否则，致使出让车辆不能过户、转籍的，乙方有权单方解除本合同或终止本合同的履行，甲方应接受退回的车辆，并向乙方双倍返还定金和支付实际发生的费用。

__________方如在收取有关文件、证明后_________日内未办理（过户/转籍）手续或由

于________方的过失导致（过户/转籍）手续不能办理或不能在合理期限内完成（双方约定该合理期限为收取文件、证明后的________日内），除非有正当理由或不可抗力，否则________方可单方终止本合同，并要求________方双倍返还定金和支付实际发生的费用。

2. 乙方承诺已对受让车辆的配置、技术状况和原使用性质了解清楚，该车能根据居住管辖地车辆落籍规定办理落籍手续。如由于乙方的过失导致（过户/转籍）手续不能办理，则甲方可单方终止本合同，并不返还定金，已经发生的费用应乙方承担。

本合同签订后，乙方如未按本合同规定的时间支付定金，甲方有权单方解除本合同，并要求乙方赔偿相应的经济损失。

第六条　合同在履行中的变更及处理

本合同在履行期间，任何一方要求变更合同条款的，应及时书面通知对方，并征得对方的同意后，在约定的时限________天内，签订补充条款，注明变更事项。未书面告知对方和征得对方同意，擅自变更造成的经济损失，由责任方承担。

本合同履行期间，双方因履行本合同而签署的补充协议及其他书面文件，均为本合同不可分割的一部分，具有同等效力。

第七条　违约责任

甲、乙双方如发生违约行为，违约方给守约方造成的经济损失，由守约方按照法律、法规的有关规定和本合同有关条款追偿。

第八条　风险承担

本车在过户、转籍手续完成前由甲方作为所有人承担一切风险责任；本车在过户、转籍手续完成后乙方作为所有人承担一切风险责任。

第九条　其他规定

本合同未约定的事项，按照《中华人民共和国合同法》以及有关法律、法规的规定执行。

第十条　发生争议的解决办法

甲、乙双方在履行本合同过程中发生争议，由双方协商解决；协商不成的，提请二手车交易市场或二手车交易管理协会调解。调解成功的，双方应当履行调解协议；调解不成的，按本合同约定的下列第（　　）项进行解决：

1. 向仲裁委员会申请仲裁；

2. 向法院提起诉讼。

第十一条　合同效力和订立数量

本合同内，空格部分填写的文字，其效力优于印刷文字的效力。本合同所称“日”，均指工作日。

本合同经双方当事人签字、盖章后生效；本合同一式三份，由甲方、乙方、二手车交易市场各执一份，均具有同等的法律效力。

甲方：出售方（名称）：________________________

法定代表人/自然人：（签章）________________________

经办人：（签章）________________________

开户银行：________________

账号：________________

乙方：购车方（名称）：________________

法定代表人/自然人：（签章）________________

经办人：（签章）________________

开户银行：________________

账号：________________

（2）二手车居间合同（式样）

二手车居间合同

合同编号：________________

签订时间：______年______月______日

委托出让方（简称甲方）：________________

居间方：________________

委托买人方（简称乙方）：________________

第一条　目的

依据国家有关法律、法规和本市有关规定，三方在自愿、平等和协商一致的基础上，就居间方接受甲乙双方的委托，促成甲、乙双方二手车交易，并完成其他委托的服务事项达成一致，订立本合同。

第二条　当事人及车辆情况

一、甲方基本情况：

（1）单位代码证号□□□□□□□□—□，经办人________________，

身份证号码□□□□□□□□□□□□□□□□□□，

单位地址________________，联系电话________________。

（2）自然人身份证号码□□□□□□□□□□□□□□□□□□，

现常住地址________________，联系电话________________。

二、乙方基本情况

（1）单位代码证号□□□□□□□□—□，经办人________________，

身份证号码□□□□□□□□□□□□□□□□□□，

单位地址________________，联系电话________________。

（2）自然人身份证号码□□□□□□□□□□□□□□□□□□，

现常住地址________________，联系电话________________。

三、出售车辆基本情况

车辆牌号________________，车辆类别________________。

厂牌型号________________，颜色________________。

初次登记时间________________，登记证号________________。

发动机号码________________，车架号码________________。

行驶里程________km，允许使用年限至________年________月________日，

车辆年检签证有效期至________年________月，

车辆购置费完税交纳证号________/免税交纳（有证/无证），

车辆保险险种：1. ________2. ________3. ________4. ________。

保险有效期截止日期：________年________月________日；

配置：____

____。

其他情况：____

____。

第三条 车辆价款

经协商一致，本车价款定为人民币________元（大写：________元），上述价款包括车辆、备胎及________等附件。

过户手续费为人民币________元（大写：________元），由________方负责。

第四条 付款及交付、过户

1. 乙方于合同签订后（当日/____日）内支付价款____%（人民币：______元，大写______元）作为定金支付给甲方；支付方式：（现金/指定账户）。

2. 甲方于合同签订（当日/____日）内，将本车辆存放于居间方指定地点，由居间方和乙方查验认可，出具查验单后，由居间方代为保管或三方约定由甲方继续使用本车。甲方于合同签订后______日内将本车辆有关证件原件及复印件交付给乙方，并协助乙方办理过户手续。

3. 乙方于（过户/转籍）事项完成后（当日/________日）内向甲方支付剩余价款（人民币____元，大写：____元）；支付方式：（现金/指定账户）。

第五条 佣金标准、数额、收取方式和退赔

（一）居间方已完成本合同约定的委托人甲方委托的事项，委托人甲方按照下列第____种方式计算支付佣金（任选一种）：

1. 按照该二手车成交价____的____%，具体数额为人民币____元作为佣金支付给居间方。

2. 按双方约定，佣金为人民币____元，支付给居间方。

（二）居间方已完成本合同约定的委托人乙方委托的事项，委托人乙方按照下列第____种方式计算支付佣金（任选一种）：

1. 按照该二手车成交价____的____%，具体数额为人民币____元作为佣金支付给居间方。

2. 按双方约定，佣金为人民币____元，支付给居间方。

（三）居间方未完成本合同委托事项的，按照下列约定退还佣金：

1. 居间方未完成委托人甲方委托的事项，将本合同约定收取佣金的____%，具体数额为人民币____元退还给委托人甲方，已发生费用由居间方承担；

2. 居间方未完成委托人乙方委托的事项，将本合同约定收取佣金的____%，具体数额为人民币____元退还给委托人乙方，已发生费用由居间方承担。

第六条　甲方的权利和义务

甲方承诺车辆出让时不存在任何权属上的法律问题和各类尚未处理完毕的交通违章记录，所提供的证件、证明均真实、有效，无伪造情况；否则，致使出让车辆不能过户、转籍的，乙方有权单方解除本合同或终止本合同的履行，甲方应接受退回的车辆，全额退回车款，向居间方支付佣金和实际发生的费用，并承担赔偿责任。

本合同有效期内，甲方委托出让的车辆根据本合同约定将本车存放在指定的地点，并按规定支付停车费，因保管不善造成车辆毁损、灭失的，由责任方承担赔偿责任。

甲方不提供相关文件、证明，或未按本合同第四条第二款的约定将本车存放于指定地点，除非有正当理由或不可抗力，否则乙方有权终止本合同并要求双倍返还定金。

第七条　乙方的权利和义务

本合同签订后，乙方应向居间方预付定金（人民币____元，大写____元）。

乙方履行合同后，定金抵作乙方应当支付给居间方的佣金。如乙方违约，乙方无权要求返还定金并支付实际发生的费用；如居间方违约，应当双倍返还定金。

乙方如未按本合同规定的时间支付定金，甲方有权单方解除本合同，并要求乙方赔偿相应的经济损失。

乙方如拒绝接受甲方提供的文件、证明，除非有正当理由或不可抗力，否则甲方可单方终止本合同，并不返还定金。

乙方如在收取有关文件、证明后____日内未办理（过户/转籍）手续或由于乙方的过失导致（过户/转籍）手续不能办理或不能在合理期限内完成（双方约定该合理期限为收取文件、证明后的____日内），除非有正当理由或不可抗力，否则甲方可单方终止本合同，并不返还定金，已经发生的费用应由乙方承担。

第八条　居间方的权利和义务

居间方应向甲、乙双方出示营业执照等有效证件。

居间方的执业经纪人应向甲、乙双方出示经纪执业证书，并应亲自处理委托事务，未经甲、乙双方同意，不得转委托。

居间方应按照甲、乙双方的要求处理委托事务，报告委托事务处理情况，为甲、乙双方保守商业秘密。

居间方应按约定或依规定收取甲、乙双方支付的款项并开具收款凭证。

居间方不得采取胁迫、欺诈、贿赂和恶意串通等手段，促成交易。

居间方不得伪造、涂改、买卖交易文件、证明和凭证。

第九条　合同在履行中的变更及处理

本合同在履行期间，任何一方要求变更合同条款的，应及时书面通知相对方，并征得相对方的同意后，在约定的时限____天内，签订补充条款，注明变更事项。未书面告知相对方和征得对方同意，擅自变更造成的经济损失，由责任方承担。

本合同履行期间，三方因履行本合同而签署的补充协议及其他书面文件，均为本合同不可分割的一部分，具有同等效力。

第十条　违约责任

1. 三方商定，居间方有下列情况之一的，应承担违约责任：

（1）无正当理由解除合同的；

（2）与他人私下串通，损害委托人甲、乙双方利益的；

（3）其他过失影响委托人甲、乙双方交易的。

2. 三方商定，委托人甲、乙双方有下列情况之一的，应承担违约责任：

（1）无正当理由解除合同的；

（2）未能按照合同提供必要的文件、证明，造成居间方无法履行合同的；

（3）相互或与他人私下串通，损害居间方利益的；

（4）其他造成居间方无法完成委托事项的行为。

3. 三方商定，发生上述违约行为的，按照合同约定佣金总数的____%，计人民币违约金____元支付给各守约方。违约方给各守约方造成的其他经济损失，由守约方按照法律、法规的有关规定追偿。

第十一条　风险承担

本车在过户、转籍手续完成前由甲方作为所有人承担一切风险责任；本车在过户、转籍手续完成后乙方作为所有人承担一切风险责任。

第十二条　其他规定

本合同未约定的事项，按照《中华人民共和国合同法》以及有关法律、法规的规定执行。

第十三条　发生争议的解决办法

三方在履行本合同过程中发生争议，由三方协商解决；协商不成的，提请二手车交易市场和二手车交易管理协会调解。调解成功的，三方应当履行调解协议；调解不成的，按本合同约定的下列第_____项进行解决：

1. 向仲裁委员会申请仲裁；

2. 向法院提起诉讼。

第十四条　合同效力和订立数量

本合同内，空格部分填写的文字，其效力优于印刷文字的效力。本合同所称“日”，均指工作日。

本合同经三方当事人签字、盖章后生效；本合同一式四份，由甲方、乙方、居间方、二手车交易市场各执一份，均具有同等的法律效力。

委托出售方（甲方）：____________________________________

法定代表人/自然人：（签章）______________________________

经办人：（签章）_______________________________________

开户银行：____

账号：____

居间方（名称）：_____________________________________

营业执照注册号：______________________

法定代表人：（签章）______________________

执业经纪人：（签章）______________________

执业经纪证书：（编号）______________________

开户银行：______________________

账号：______________________

委托买人方（乙方）：______________________

法定代表人/自然人：（签章）______________________

经办人：（签章）______________________

开户银行：______________________

账号：______________________

三、实施与考核

（一）技能学习

1. 引导客户办理交易过户业务

二手车过户过程实际上是分为两个步骤：车辆交易过户和转移登记过户，两个步骤缺一不可。交易过户业务在二手车交易市场里办理，获取《二手车销售统一发票》；转移登记过户业务在车管所办理，主要完成《机动车登记证书》的变更登记、核发《机动车行驶证》及机动车号牌。

办理二手车交易时，如果原车主不来，可以授权委托其他人来办理交易及过户手续，但必须签署授权委托书。此委托书只在办理交易过户业务时使用，而办理转移登记过户业务不用。典型的授权委托书式样如下。

授权办理旧机动车交易、过户委托书

现有旧机动车一辆，车辆号牌为：__________车辆型号为：______________需出售。现委托____________以委托人的名义办理上述旧机动车的交易、过户事宜。

委托人（签章）__________

________年______月________日

注：1. 此原件（或复印件）应由委托人主动向购买旧车的当事人提供，并为《×××旧机动车买卖合同》的附件。

2. 以下手续由本委托人提供：①车辆登记证书原件；②本人身份证或单位法人代码证书；③车辆行驶证原件；④购车发票。

（1）验车。验车是买卖双方到二手车交易市场办理交易过户业务的第一道程序，由市场主办方委派负责过户的业务人员办理。验车的目的主要是检查车辆和行驶证上的内容是否一致，对车辆的合法性进行验证。检查的内容包括：车主姓名、车辆名称、车辆的号牌号码、车辆类型、车辆识别代码、发动机号、排气量、初次登记日期等，经检查无误后，填写“车辆检验单”（见图 4-1），进入查验手续阶段。

卖方：________________________电话：______________

买方：________________________电话：______________

号牌号码__________________车辆类型__________________

车辆名称____________________使用性质________________

车辆识别代号________________发动机号________________

排气量________________年份__________颜色____________

注册登记日期______________________登记证号__________

原购车价________交易管理费____________有效期__________

验车员________________　　年　月　日

备注：

号牌号码____________登记日期____________年份____________

厂牌名称____________颜色____________排气量____________

车辆类型____________使用性质____________

原购车价____________经 办 人____________

年　月　日

图4-4　×××二手车交易市车辆检验单

（2）验手续。验手续主要是查验车辆手续和机动车所有人身份证明。目的是检验买卖双方所提供的所有手续是否具备办理过户的条件，检查有无缺失以及不符合规定的手续。

① 车辆手续检查。

- 查验证件。查验证件的目的是查验交易车辆的合法性。每辆合法注册登记的机动车都有车辆管理所核发的机动车登记证书和机动车行驶证、机动车号牌，号牌必须悬挂在车体指定位置。二手车交易时主要查验以下证件：机动车来历证明、机动车登记证书和机动车行驶证。
- 查验税费证明。根据《二手车流通管理办法》规定，二手车交易必须提供车辆购置税、车船使用税和车辆保险单等税费缴付凭证。

② 机动车所有人身份证明核查。机动车所有人身份证明是证实车主身份的证明，目的是查验机动车所有人是否合法拥有该车的处置权。

如果车主为自然人，则身份证件为个人身份证。个人身份又有本地和外地个人之分，本地个人，只需身份证原件；外地个人，需身份证原件和暂住证原件。

如果车主为企业，则身份证件为企业的法人代码证书。

如果车主为外籍公民，则身份证件为其护照及工作（居留）证。

③ 卖方的身份及车辆的合法性核查。

- 卖方身份证明或者机构代码证书原件合法有效。
- 车辆号牌、机动车登记证书、机动车行驶证、机动车安全技术检验合格标志真实、合法、有效。
- 交易车辆不属于《二手车流通管理办法》第二十三条规定禁止交易的车辆。

④ 卖方的所有权或处置权证明核查

- 机动车登记证书、行驶证与卖方身份证明名称一致；国家机关、国有企事业单位出售的车辆，应附有资产处理证明。
- 委托出售的车辆，卖方应提供车主授权委托书和身份证明。
- 二手车经销企业销售的车辆，应具有车辆收购合同等能够证明经销企业拥有该车所有权或处置权的相关材料，以及原车主身份证明复印件。原车主名称应与机动车登记证、行驶证名称一致。

（3）查违法。查违法就是查询交易的二手车是否有违法行为记录。具体方法是登录车辆管理部门的信息数据库或查询网站进行查询。

（4）签订交易合同。二手车经过查验和评估后，其车辆的真实性和基本价格已基本确定。如果车主不同意评估价格，可以和二手车销售企业协商达成最终交易的价格，同时，需要原车主对其车辆的一些其他事宜（使用年限、行驶千米数、安全隐患、有无违章记录等）作出一个书面承诺。这些都是以签订交易合同的形式来确定。交易合同是确立买卖双方交易关系和履行责任的法律合约，是办理交易手续和过户手续的必要凭证之一。

（5）交纳手续费。手续费，俗称过户费，是指在二手车交易市场中办理交易过户业务相关手续的服务费用。

2005 年 10 月颁布实施《二手车流通管理办法》之前，二手车过户费的收取，是按照车辆评估价值的一定比例征收的，也是二手车交易市场的主要利润来源。

目前，很多二手车交易市场的服务费是按照汽车的排量来进行定额收取的，小排量少收，大排量多收。如北京市旧机动车交易市场收取标准按排量、年份、价格来划分，并设有起始价和最低价。车辆初次登记日期一年以内的车型按起始价收取费用，然后按使用年份逐年递减，直至最低价。微型轿车的过户费用 200 元起，1.0 排量的轿车 300 元起，两者的过户费用最高均为 600 元。然后随着排量的增大，过户费用也随着增加，3.0 排量的轿车最高的过户费用为 4000 元，最低为 500 元。相应的相同排量的客车与货车的过户费用低于轿车，最低的微型货车和农用车的过户费用只需 100 元。北京中联二手车交易市场服务费采用定额收取的方式，统一标准为每辆车 800 元。对于 1.3～3.0 排量的车型实行减半，即 400 元的优惠征收标准；对于 1.3 排量以下的，执行 200 元的优惠征收标准。

（6）开具二手车销售统一发票。二手车销售发票是二手车的来历证明，是办理转移登记手续变更的重要文件，因此，它又被称为“过户发票”。过户发票的转移登记联有效期为一个月，买卖双方应在此期间内，到车辆管理部门办理机动车行驶证、机动车登记证的相关变更手续。

二手车销售统一发票由从事二手车交易的市场、有开票资格的二手车经销企业或拍卖企业开具；

二手车经纪公司和消费者个人之间二手车交易发票由二手车交易市场统一开具。二手车销售统一发票是采用压感纸印制的计算机票，一式5联，其中存根联、记账联、入库联由开票方留存；发票联交购车方、转移登记联交公安机关交通管理部门办理过户手续。二手车销售发票的价款中不包括过户手续费和评估费。

开具的发票必须经驻场工商部门审验合格后，在已经开具的“二手车销售统一发票”上加盖“工商行政管理局旧机动车市场管理专用章”发票才能生效，这步骤称为“工商验证”。

（7）二手车交易完成后卖方应向买方交付的手续。二手车交易完成后，卖方应当及时向买方交付车辆、号牌及车辆法定证明、凭证。车辆法定证明、凭证主要包括“机动车登记证书”“机动车行驶证”，有效的机动车安全技术检验合格标志，车辆购置税完税证明，车船使用税缴付凭证，车辆保险单。

2. 引导客户办理车辆转移过户

办理已注册登记的机动车在同城（同一车辆管理所管辖区内）发生所有权转移时，只需要更改车主姓名（单位名称）和住所等资料，机动车行驶证及机动车号牌可以不变更。这种变更情形习惯上称为办理过户手续，即把机动车原车主的登记信息变更为新车主的登记信息。

（1）转移过户登记的程序。现车主提出申请，填写“机动车转移登记申请表”（见表4-1，有的地区规定填写“机动车变更过户，改装报废审批申请表”，见表4-2）→机动车检测站查验车辆（同时对超过检验周期的机动车进行安全检测）→车辆管理所受理审核资料→在“机动车登记证书”上记载过户登记事项（对需要改变机动车登记编号的，确定机动车登记编号）→收回原机动车号牌和“机动车行驶证”→重新核发机动车号牌和“机动车行驶证”（对不需要改变机动车登记编号的，只需重新核发“机动车行驶证”）。

表4-1 机动车转移登记申请表

<table>
<tr><td colspan="2">机动车登记证书编号</td><td colspan="3"></td><td>号牌号码</td><td></td></tr>
<tr><td>申请事项</td><td colspan="6">□机动车在车辆管理所管辖区内的转移登记 □机动车转出车辆管理所管辖区的转移登记</td></tr>
<tr><td rowspan="4">现机动车所有人</td><td>姓名/名称</td><td colspan="3"></td><td>联系电话</td><td></td></tr>
<tr><td>住所地址</td><td colspan="3"></td><td>邮政编码</td><td></td></tr>
<tr><td>身份证明名称</td><td></td><td>号码</td><td></td><td colspan="2">□常住人口 □暂住人口</td></tr>
<tr><td>居住/暂住证明名称</td><td></td><td>号码</td><td colspan="3"></td></tr>
<tr><td rowspan="5">机动车</td><td>机动车使用性质</td><td colspan="5">□公路客运 □公交客运 □出租客运 □租赁 □货运 □旅游客运
□非营运 □警用 □消防 □救护 □工程抢险 □营转非 □出租营转非</td></tr>
<tr><td>机动车获得方式</td><td colspan="5">□购买 □中奖 □仲裁裁决 □继承 □赠予 □协议抵偿债务
□资产重组 □资产整体买卖 □调拨 □法院调解、裁定、判决</td></tr>
<tr><td>机动车品牌型号</td><td colspan="5"></td></tr>
<tr><td>车辆识别代号/车架号</td><td colspan="5"></td></tr>
<tr><td>发动机号码</td><td colspan="5"></td></tr>
</table>

续表

<table>
<tr><td rowspan="2">相关资料</td><td colspan="2">来历凭证</td><td colspan="4">□销售/交易发票　□《调解书》　□《裁定书》　□《判决书》
□《仲裁裁决书》　□相关文书　□批准文件　□调拨证明
□权益转让证明书</td></tr>
<tr><td colspan="2">其他</td><td colspan="3">□《中华人民共和国海关监管车辆解除监管证明书》
□《协助执行通知书》　□《公证书》
□身份证明　□行驶证</td><td rowspan="3">现机动车所有人：

（个人签字/单位盖章）
年　月　日</td></tr>
<tr><td>事项明细</td><td colspan="2">转入地车辆管理所名称</td><td colspan="3">车辆管理所</td></tr>
<tr><td>申请方式</td><td colspan="5">□由现机动车所有人申请
□现机动车所有人委托________________代理申请</td></tr>
<tr><td rowspan="7">代理人</td><td colspan="2">姓名/名称</td><td colspan="2"></td><td>联系电话</td></tr>
<tr><td colspan="2">住所地址</td><td colspan="4"></td></tr>
<tr><td colspan="2">身份证明名称</td><td></td><td>号码</td><td></td><td rowspan="5">代理人：

（个人签字/单位盖章）
年　月　日</td></tr>
<tr><td rowspan="4">经办人</td><td>姓名</td><td colspan="3"></td></tr>
<tr><td>身份证明名称</td><td></td><td>号码</td><td></td></tr>
<tr><td>住所地址</td><td colspan="3"></td></tr>
<tr><td>签字</td><td colspan="3">年　月　日</td></tr>
</table>

填表说明：

1. 填写时使用黑色、蓝色墨水笔，字体工整。

2. 标注有“□”符号的为选择项目，选择后在“□”中画“√”。

3. 现机动车所有人的住所地址栏，属于个人的，填写实际居住的地址；属于单位的，填写组织机构代码证书上签注的地址。

4. 机动车栏的“机动车品牌型号”“车辆识别代码/车架号”“发动机号码”项目，按照车辆的技术说明书、合格证等资料标注的内容与车辆核对后填写。

5. 申请方式栏，属于由机动车所有人委托代理单位或者代理人代为申请的，除在“□”内画“√”外，还应当在下画线处填写代理单位或者代理人的全称。

6. 机动车所有人的签字/盖章栏，属于个人的，由机动车所有人签字；属于单位的，盖单位公章。

7. 代理人栏，属于个人代理的，填写代理人的姓名、住所地址、身份证明名称、号码，在代理人栏内签名，不必填写经办人姓名等项目；属于单位代理的，应填写代理人栏的所有内容，代理单位应盖单位公章，经办人应签字。

表 4-2　　　　机动车变更过户，改装报废审批申请表

机动车变更过户，改装报废审批申请表

区　　自检组　　号代码
居民身份证号

填表说明

一、申请内容栏

1. 报废：车主填写报废理由，其单位上级主管部门须签注意见。

2. 改装：扼要填写改装理由、项目。

3. 变更、过户：填写变更、过户后新车主的情况，新车主须在此栏内签章。

二、检验结果栏

改装竣工，检验员签注检验结果。

<table>
<tr><td>车　主</td><td colspan="2"></td><td>公、私</td><td rowspan="5">车主签章</td></tr>
<tr><td>住　址</td><td></td><td>电话</td><td></td></tr>
<tr><td>号牌号码</td><td></td><td>车辆类型</td><td></td></tr>
<tr><td>出厂日期</td><td></td><td>厂牌型号</td><td></td></tr>
<tr><td>发动机号码</td><td></td><td>车架号码</td><td></td></tr>
<tr><td>申请内容</td><td colspan="4"></td></tr>
<tr><td rowspan="3">监管机关审核意见</td><td rowspan="3"></td><td colspan="2">检验结果</td><td>检验员</td></tr>
<tr><td colspan="2"></td><td></td></tr>
<tr><td>登记员</td><td colspan="2"></td></tr>
</table>

① 提出申请。现车主向车辆管理所提出机动车产权转移申请，填写“机动车转移登记申请表”。

② 交验车辆。现车主将机动车送到机动车检测站检测，查验车辆识别代码/车架号码是否有凿改，和车辆识别代码/车架号码的拓印膜是否一致。如果是已经超过检验周期的机动车，还要进行安全检测。

③ 受理审核资料。受理转移登记申请，查验并收存相关资料，向现车主出具受理凭证。审批相关手续、符合规定的在计算机登记系统中确认；不符合规定的说明理由开具退办单，将资料退回车主。

④ 办理新旧车主信息资料的转移登记手续。

- 如果需要改变机动车登记编号的，收回原机动车号牌、“机动车行驶证”，确定新的机动车登记编号，重新核发机动车号牌、“机动车行驶证”和检验合格标志。
- 如不需要改变机动车登记编号的，只需重新核发“机动车行驶证”并在《机动车登记证书》上记载转移登记事项。

（2）过户登记需要的材料。

- 机动车转移登记申请表。
- 现车主的身份证明。
- “机动车登记证书”（原件）。
- “机动车行驶证”（原件）。
- 解除海关监管的机动车，应当提交监管海关出具的《中华人民共和国海关监管车辆解除监管证明书》。

- 机动车来历凭证（二手车交易的机动车来历凭证就是二手车销售统一发票）。
- 车辆购置税完税证明。
- 所购买的二手车。

（3）过户登记的事项。

① 现车主的姓名或者单位名称、身份证明名称、身份证明号码、住所地址、邮政编码和联系电话。

单位住所的地址为其“组织机构代码证书”记载的地址；居民住所的地址为其“居民户口簿”或者“居民身份证”或者“暂住证”记载的地址；军人住所的地址为其团以上单位出具的本人住所地址证明记载的地址；香港、澳门特别行政区、台湾地区的居民，外国人住所的地址为其居留证件记载的地址。

② 机动车获得方式。机动车获得方式是指，人民法院调解、裁定、判决，仲裁机构仲裁裁决，购买、继承、赠予、中奖、协议抵偿债务、资产重组、资产整体买卖和调拨等。

③ 机动车来历凭证的名称、编号。

④ 转移登记的日期。

⑤ 海关解除监管的机动车，登记海关出具的《中华人民共和国海关监管车辆解除监管证明书》的名称、编号。

⑥ 改变机动车登记编号的，登记机动车登记编号。

（4）不能办理过户登记的情形。有下列情形之一的，不能办理过户登记。

① 车主提交的证明、凭证无效的。

② 机动车来历凭证涂改的，或者机动车来历凭证记载的车主与身份证明不符的。

③ 车主提交的证明、凭证与机动车不符的。

④ 机动车未经国家机动车产品主管部门许可生产、销售或者未经国家进口机动车主管部门许可进口的。

⑤ 机动车的有关技术数据与国家机动车产品主管部门公告的数据不符的。

⑥ 机动车达到国家规定的强制报废标准的。

⑦ 机动车属于被盗抢的。

⑧ 机动车与该车的档案记载的内容不一致的。

⑨ 机动车未被海关解除监管的。

⑩ 机动车在抵押期间的。

⑪ 机动车或者机动车档案被人民法院、人民检察院、行政执法部门依法查封、扣押的。

⑫ 机动车涉及未处理完毕的道路交通安全违法行为或者交通事故的。

3. 引导客户办理其他税、证变更

二手车交易中，买方在变更车辆产权之后还需要进行车辆购置税、保险合同等文件的变更。各地在变更时对文件的要求不同，可以先到规定办理的单位窗口咨询一下。

（1）车辆购置税的变更。车辆购置税的征收部门是车辆登记注册地的主管税务机关，所以车辆购置税的变更也需到当地主管税务机关办理。

① 办理车辆购置税同城过户业务时，应提供以下资料。

- 新车主的身份证明。
- 二手车交易发票。
- “机动车行驶证”。
- 车辆购置税完税证明（正本）。

上述资料均需提供原件及复印件。

② 办理车辆购置税同城过户业务流程。填写“车辆变动情况登记表”→报送资料→办理过户→换领车辆购置税完税证明。

（2）车辆保险合同的变更。

① 办理车辆保险过户的方式。办理车辆保险过户有两种方式：第一种是对保单要素进行更改，如更换被保险人与车主。第二种就是申请退保，即把原来那份车险退掉，终止以前的合同。这时保险公司会退还剩余的保费。之后，新车主就可以到任何一家保险公司去重新办理一份车险。

② 车辆保险合同变更的程序。

- 填写一份汽车保险过户申请书，向原投保的保险公司申请办理批改被保险人称谓的手续。申请书上注明保险单号码、车牌号、新旧车主的姓名及过户原因，并签字或盖章，以便保险公司重新核保。
- 携带保险单和已过户的机动车行驶证，找保险公司的业务部门办理。

一般情况下，保险公司都会受理并出具一张变更被保险人的批单，批单上面写明了被保险人的变化情况。

4. 引导客户办理二手车委托拍卖业务

（1）办理委托。

① 拍卖人（单位）核查委托人提供身份证明、车辆所有权或处置权证明及其他相关材料。

② 达成委托拍卖意向后，拍卖人与委托人签订委托拍卖合同。

③ 拍卖人根据委托人提供的车辆真实的技术状况，填写“拍卖车辆信息表”。如对车辆的技术状况存有异议，拍卖委托双方经商定可委托二手车鉴定评估机构对车辆进行鉴定评估。

④ 双方约定拍卖日期。

⑤ 委托人向拍卖人支付佣金。

（2）拍卖。

① 拍卖人于拍卖日7日前发布公告。拍卖公告应通过报纸或者其他新闻媒体发布，并载明下列事项：拍卖的时间、地点；拍卖的车型及数量；车辆的展示时间、地点；参加拍卖会办理竞买的手续；需要公告的其他事项。

② 拍卖人应在拍卖前展示拍卖车辆，并在车辆显著位置张贴拍卖车辆信息。车辆的展示时间不得少于2天。进行网上拍卖，应在网上公布车辆的彩色照片和拍卖车辆信息，公布时间不得少于7天。

③ 拍卖成交后，买受人和拍卖人签署“二手车拍卖成交确认书”。

④ 买受人支付车辆全款。

⑤ 拍卖人将车辆、随车文件及本规范第五条第二款规定的法定证明、凭证交付给买受人，并向买受人开具二手车销售统一发票，如实填写拍卖成交价格。

⑥ 拍卖人向买受人交付车辆。

（3）后续业务。

① 车辆拍卖完成后，拍卖人向委托人支付拍卖所得车款。

② 如果拍卖未成交，拍卖人按委托拍卖合同的约定向委托人收取服务费用。

（二）任务实施与考核

① 教师模拟设置二手车交易市场办公室、本市区车辆管理所，并安排具体负责人员。每 2 名学生为一组，互相扮演二手车评估师和客户。

② 二手车评估师扮演者，结合本任务的知识与技能学习，引导客户扮演者办理二手车交易过户、二手车转移过户、车辆购置税变更及车辆保险合同变更等业务。教师观察学生操作全过程，并完成考核表（见表 4-3）。

表 4-3 教师考核记录表

实训项目：引导客户办理二手车交易过户业务

班级学号		姓　名	
项　目	必要的记录	分　值	评　分
与客户沟通情况		10	
语言表达		10	
对工作程序的掌握程度		40	
相关材料核查的正确程度		20	
是否向客户进行了必要的补充说明		20	
总分			

教师签字：

____年____月____日

任务二 引导客户办理转移登记业务

【学习目标】

1. 能够正确描述机动车转出和转入登记的含义及要求。
2. 能够正确描述二手转移登记的标准程序。
3. 能够引导客户办理二手车转移登记业务。

一、任务分析

凡销往外城市的二手车，交易完成后，均需办理二手车的转出登记和转入登记，统称为二手车的转移登记。

二手车转移登记必须符合《机动车登记规定》的相关规定，并按照规定的程序进行。

二、相关知识

（一）机动车转出和转入登记

1. 机动车转出登记（registration of vehicle transfer-out）

机动车转出登记是指已注册登记机动车所有人的住所迁出原车辆管理所管辖区的，或者机动车所有权发生转移且现机动车所有人的住所不在原车辆管理所管辖区的，现机动车所有人于住所迁出或者机动车所有权转移之日起30日内，向机动车管辖地车辆管理所申请办理转出登记手续。在办理转出和转入登记手续时，机动车应在环保和安全检验合格有效期内。在二手车的异地交易中，都涉及二手车的转出转入登记，登记事项包括机动车获得方式，机动车来历凭证的名称、编号和进口机动车的进口凭证的名称、编号，机动车销售单位或者交易市场的名称和机动车销售价格等。

2. 机动车转入登记（registration of vehicle transfer-in）

机动车转入登记是指已注册登记机动车的所有人的住所迁入一个新的车辆管理所管辖区且在原车辆管理所已办理转出登记的，或者机动车所有权发生转移且现机动车所有人的住所不在原车辆管理所管辖区，并已在原车辆管理所办理了转出登记，机动车所有人应当自办结转出登记之日起90日内，向机动车管辖地车辆管理所申请转入登记。在二手车的异地交易中，都需办理二手车的转入登记手续。

办理转入登记的机动车须符合转入地的环保规定，这一点对于从环保要求较低的地区向环保要求高的中心城市转入时的二手车交易，要给予特别注意。转入登记事项除了有关保险的内容外，其他内容都与转出登记时的相同。办理转入登记手续所需的材料包括机动车所有人的身份证件、机动车登记证书、机动车档案、申请办理转入登记的机动车的标准照片等。其办理流程与新车注册登记相似。

（二）机动车抵押登记

机动车抵押登记（registration of vehicle mortgage）是指机动车所有人作为抵押人，将机动车作为抵押物，并与抵押权人一起，到车辆管理所或车管分所办理抵押登记。其中，如果在办结注册登记后立即办理抵押登记的，需在办理注册登记的车辆管理所（分所）办理抵押登记手续，提交的材料有（机动车抵押/注销抵押登记申请表》、身份证明、机动车登记证书、机动车行驶证、VIN码和发动机号拓印膜。解除抵押时，抵押人、抵押权人需共同向车辆管理所申请办理解除抵押手续。

（三）机动车注销登记

机动车注销登记（registration of vehicle write-off）是指已注册登记的机动车，在达到了国家规定的报废标准、灭失或者因故不在我国境内道路上使用的，机动车所有人到机动车管辖地车辆管理所申请办理注销登记手续。办理注销登记手续时，车辆管理所在机动车登记证书上记载注销登记事项，收回机动车号牌、机动车行驶证和机动车登记证书。对于因机动车灭失无法交回机动车号牌和机动车行驶证的，将公告该机动车号牌和机动车行驶证作废。

（四）机动车档案管理

机动车档案管理（vehicle archives）是指车辆管理所对每辆机动车建立的档案。任何单位和个人不得擅自修改、涂抹、故意损毁或者伪造机动车档案。机动车档案从办理注销登记之日起保存两年后销毁。

机动车所有人如需查询本人的机动车档案，可携带身份证件和机动车登记证书，到车辆管理所按照查阅档案的有关规定进行查询。人民法院、人民检察院、公安机关或者其他行政执法部门、纪检监察部门以及公证机构、仲裁机构、律师事务机构因办案需要，可按法定程序到车辆管理所查阅机动车档案；人民法院、人民检察院、公安机关或者其他行政执法部门依法可查封机动车档案。

（五）办理车辆转移登记程序

1. 办理程序

二手车交易像买房子一样属于产权交易范畴，涉及相关的证明文件和必要手续。二手车交易后必须办理这些证明文件的转移登记手续，以完成手续完备的、合法的成交。机动车法定证明是“机动车登记证书”、“机动车行驶证”和机动车号牌。根据买卖双方的住所是否在同一车辆管理所管辖区内，机动车产权转移登记手续可分为同一车辆管理所管辖区内的所有权转移登记（即同城转移登记）不同车辆管理所管辖区的所有权转移登记（即异地转移登记）两种登记方式。

二手车同城转移登记手续应当在原车辆注册登记所在地公安交通管理部门办理。需要进行异地转移登记的，由车辆原属地公安交通管理部门办理车辆迁出手续，在接收地公安交通管理部门办理车辆迁入手续。办理二手车转移登记手续的程序如图 4-5 所示。

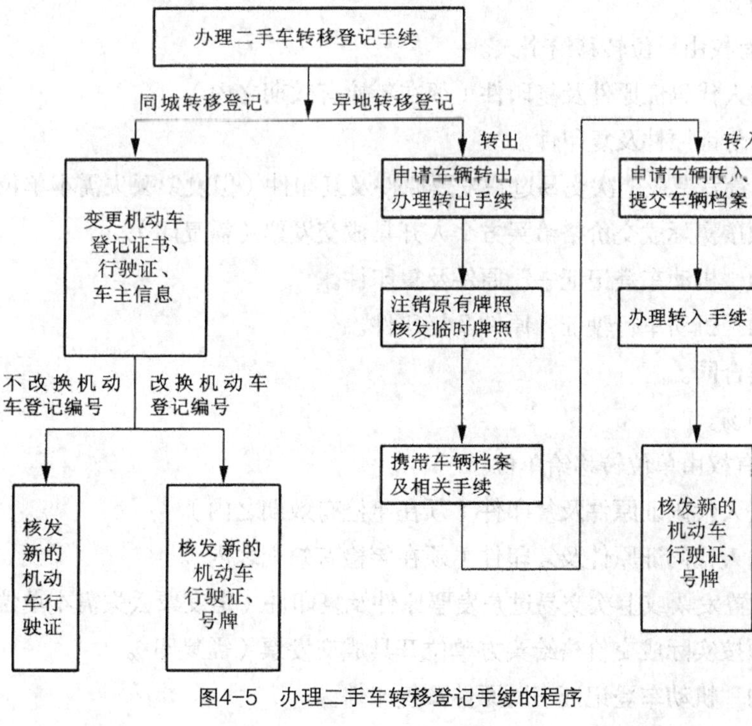

图4-5　办理二手车转移登记手续的程序

2. 二手车办理转移登记所需的手续及证件

二手车在同城交易和所有权转移登记时，根据买卖双方身份不同，二手车交易类型不同，办理转移登记时所需的手续和证件也相应不同。

（1）二手车所有权由个人转移给个人。

① 卖方个人身份证原件及复印件。

② 买方个人身份证原件及复印件。

③ 车辆原始购置发票或上次交易过户发票原件及复印件。

④ 过户车辆的“机动车登记证书”原件及复印件。

⑤ 过户车辆的“机动车行驶证”原件及复印件。

⑥ 二手车买卖合同。

⑦ 外地户口需持暂住证。

⑧ 过户车辆到场。

（2）二手车所有权由个人转移给单位。

① 卖方个人身份证原件及复印件。

② 买方单位法人代码证原件及复印件（须在年检有效期之内）。

③ 车辆原始购置发票或上次交易过户发票原件及复印件。

④ 过户车辆的“机动车登记证书”原件及复印件。

⑤ 过户车辆的“机动车行驶证”原件及复印件。

⑥ 二手车买卖合同。

⑦ 过户车辆到场。

（3）二手车所有权由单位转移给个人。

① 卖方单位法人代码证原件及复印件（须在年检有效期之内）。

② 买方个人身份证原件及复印件。

③ 车辆原始购置发票或上次交易过户发票原件及复印件（但发票丢失需本单位财务证明信）。

④ 卖方单位须按实际成交价格给买方个人开具成交发票（需复印）。

⑤ 过户车辆的“机动车登记证书”原件及复印件。

⑥ 过户车辆的“机动车行驶证”原件及复印件。

⑦ 二手车买卖合同。

⑧ 过户车辆到场。

（4）二手车所有权由单位转移给单位。

① 卖方单位法人代码证原件及复印件（须在年检有效期之内）。

② 买方单位法人代码证原件及复印件（须在年检有效期之内）。

③ 车辆原始购置发票或上次交易过户发票原件及复印件（但发票丢失需本单位财务证明信）。

④ 卖方单位须按实际成交价格给买方单位开具成交发票（需复印）。

⑤ 过户车辆的“机动车登记证书”原件及复印件。

⑥ 过户车辆的“机动车行驶证”原件及复印件。

⑦ 二手车买卖合同。

⑧ 过户车辆到场。

三、实施与考核

（一）技能学习

1. 引导客户办理二手车转出登记

（1）转出登记程序。现车主提出申请（填写“机动车转移登记申请表”）→车辆管理所受理审核资料→确认车辆→在“机动车登记证书”上记载转出登记事项→收回机动车号牌和“机动车行驶证”→核发临时行驶车号牌，密封机动车档案→交机动车所有人。

（2）转出登记的规定。根据《机动车登记规定》，二手车交易后且现车主的住所不在原车辆管理所管辖区的，现车主应当于机动车交付之日（以二手车销售发票上登记日期为准）起 30 日内，向原二手车管辖地车辆管理所提出转移登记申请，填写“机动车转移登记申请表”，有些地方还要求车主签订外迁保证书。北京市东方二手车交易市场的“客户须知及保证”书式样如图 4-6 所示。

客户须知及保证

本人居住_______省________________购买京__________车辆类型_________一辆。在北京市东方旧机动车交易市场有限公司办理过户事宜。本人特作出以下保证：

1. 在过户前已了解核实清楚此车的所有情况，对车辆状况认可，对交易过程无异议。

2. 在过户前已了解清楚此车可以在本人当地车管部门落籍。

3. 如该车不能办理转籍或不能在本人居住地的车管部门落籍，一切责任后果均由本人自行承担。

买方签字：

转入地：

年　　月　　日

图4-6 “客户须知及保证”书式样

（3）转出登记需要的资料。现车主在规定的时间内，持下列资料，向原二手车管辖地车辆管理所申请转出登记，并交验车辆以下材料。

① 机动车转移登记申请表（有的地区规定需填写“机动车定期检验表”及“机动车档案异动卡”）。“机动车定期检验表”及“机动车档案异动卡”样例见表 4-4 和表 4-5。

表 4-4　　　　机动车定期检验表样例

号牌号码　鄂A

车主				公、私	车主签章
住址			电话		
车辆类型	厂牌型号	车身颜色	驱　动	燃　料	
			×	油	
发动机号码			车架号码		
与行车执照记录有何变动					

安全联片组初检意见		检验部门、结果		现有效期		监管机关审核意见	
				年　月止			
				检验员			
				登记员			

表 4-5　　　　机动车档案异动卡样例

原车主		原号牌号码	
车类		车型	
发动机号码		车架号码	
车辆报废			年　月　日
转籍去向			年　月　日
新车主		新号牌号码	
其他			
备注		经办人	
		档案员	

② 现车主的身份证明。

③ “机动车登记证书”（原件）。

④ 机动车来历凭证（二手车销售发票注册登记联原件）。

⑤ 如果属于解除海关监管的机动车，应当提交监管海关出具的《中华人民共和国海关监管车辆解除监管证明书》。

⑥ 交回机动车号牌和“机动车行驶证”。

（4）转出登记事项。车辆管理所办理转出登记时，要在“机动车登记证书”上记载下列转出登记事项。

① 现车主的姓名或者单位名称、身份证明名称、身份证明号码、住所地址、邮政编码和联系电话。

② 机动车获得方式。机动车获得方式是指，人民法院调解、裁定、判决、仲裁机构仲裁裁决、

购买、继承、赠予、中奖、协议抵偿债务、资产重组、资产整体买卖和调拨等。

③ 机动车来历凭证的名称、编号。

④ 转移登记的日期。

⑤ 海关解除监管的机动车，登记海关出具的《中华人民共和国海关监管车辆解除监管证明书》的名称、编号。

⑥ 改变机动车登记编号的，登记机动车登记编号。

⑦ 登记转入地车辆管理所的名称。

完成转出登记的办理后，收回机动车号牌和“机动车行驶证”，核发临时行驶车号牌，密封机动车档案，交给车主到转入地办理转入登记手续。

2. 引导客户办理二手车转入登记

（1）机动车转入登记的条件。

① 现车主的住所属于本地车管所登记规定范围的。

② 转入机动车符合国家机动车登记规定的。

（2）转入登记规定。根据“机动车登记规定”，机动车档案转出原车辆管理所后，机动车所有人必须在 90 日内携带车辆及档案资料到住所地车辆管理所申请机动车转入登记。

（3）转入登记程序。车主提出申请→交验车辆→车辆管理所受理申请→审核资料→在“机动车登记证书”上记载转入登记事项→核发机动车号牌、“机动车行驶证”和检验合格标志。

① 提出申请。车主向转入地车辆管理所提出转入申请，填写“机动车注册登记/转入申请表”（见表 4-6）。

② 交验车辆。车主将机动车送到机动车检测站检测，车管所民警确认机动车的唯一性，查验车辆识别代号（车架号码）有无凿改嫌疑。

③ 车辆管理所受理申请。受理转入登记申请，查验并收存机动车档案，向车主出具受理凭证。

④ 审核资料。审批相关手续，符合规定的在计算机登记系统中确认，不符合规定的说明理由开具退办单，将资料退回车主。

⑤ 办理转入登记手续。审验合格后，进行机动车号牌选号、照相，确定机动车登记编号，并在“机动车登记证书”上记载转入登记事项。

⑥ 核发新的机动车号牌和“机动车行驶证”。

表 4-6　　　　机动车注册登记/转入申请表

申请事项		□注册登记		□转入	
机动车所有人	姓名/名称			联系电话	
	住所地址			邮政编码	
	身份证明名称		号码		□常住人口　□暂住人口
	居住/暂住证明名称			号码	

续表

<table>
<tr><td rowspan="5">机动车</td><td>机动车使用性质</td><td colspan="4">☐公路客运 ☐公交客运 ☐出租客运 ☐旅游客运 ☐租赁 ☐货运
☐非营运 ☐警用 ☐消防 ☐救护 ☐工程抢险 ☐营转非 ☐出租营转非</td></tr>
<tr><td>机动车获得方式</td><td colspan="4">☐购买 ☐仲裁裁决 ☐继承 ☐赠予 ☐协议抵偿债务 ☐中奖
☐资产重组 ☐资产整体买卖 ☐调拨 ☐境外自带 ☐法院调解、裁定、判决</td></tr>
<tr><td>机动车品牌型号</td><td colspan="4"></td></tr>
<tr><td>车辆识别代号/车架号</td><td colspan="4"></td></tr>
<tr><td>发动机号码</td><td colspan="4"></td></tr>
<tr><td rowspan="3">相关资料</td><td>来历凭证</td><td colspan="3">☐销售/交易发票 ☐《调解书》 ☐《裁定书》
☐《判决书》☐相关文书 ☐批准文件 ☐调拨证明 ☐《仲裁裁决书》</td><td rowspan="4">机动车所有人签章：

（个人签字/单位盖章）
年 月 日</td></tr>
<tr><td>进口凭证</td><td colspan="3">☐《货物进口证明》 ☐《没收走私车、摩托车证明书》
☐《中华人民共和国海关监管车辆进（出）境领（销）牌证通知书》</td></tr>
<tr><td>其他</td><td colspan="3">☐国产机动车的整车出厂合格证
☐机动车档案 ☐身份证明 ☐《协助执行通知书》
☐《公证书》</td></tr>
<tr><td>申请方式</td><td colspan="4">☐由机动车所有人申请
☐机动车所有人委托________________代理申请</td></tr>
<tr><td rowspan="7">代理人</td><td colspan="2">姓名/名称</td><td colspan="3"></td></tr>
<tr><td colspan="2">住所地址</td><td></td><td>联系电话</td><td></td></tr>
<tr><td colspan="2">身份证明名称</td><td>号码</td><td></td><td rowspan="5">代理人签章

（个人签字/单位盖章）
年 月 日</td></tr>
<tr><td rowspan="4">经办人</td><td>姓名</td><td colspan="2"></td></tr>
<tr><td>身份证明名称</td><td>号码</td><td></td></tr>
<tr><td>住所地址</td><td colspan="2"></td></tr>
<tr><td>签字</td><td colspan="2">年 月 日</td></tr>
</table>

填表说明：

1. 填写时使用黑色、蓝色墨水笔，字体工整。
2. 标注有“☐”符号的为选择项目，选择后在“☐”中画“√”。
3. 机动车所有人的住所地址栏，属于个人的，填写实际居住的地址；属于单位的，填写组织机构代码证书上签注的地址。
4. 机动车栏的“机动车品牌型号”、“车辆识别代码/车架号”、“发动机号码”项目，按照车辆的技术说明书、合格证等资料标注的内容与车辆核对后填写。
5. 申请方式栏，属于由机动车所有人委托代理单位或者代理人代为申请的，除在“☐”内画“√”外，还应当在下画线处填写代理单位或者代理人的全称。
6. 机动车所有人的签字/盖章栏，属于个人的，由机动车所有人签字；属于单位的，盖单位公章。
7. 代理人栏，属于个人代理的，填写代理人的姓名、住所地址、身份证明名称、号码，在代理人栏内签名，不必填写经办人姓名等项目；属于单位代理的，应填写代理人栏的所有内容，代理单位应盖单位公章，经办人应签字。

（4）转入登记需要的资料。

① 机动车注册登记/转入申请表。

② 车主的身份证明。

③ “机动车登记证书”

④ 机动车密封档案（原封条无断裂、破损）。

⑤ 申请办理转入登记的机动车的标准照片。

⑥ 海关监管的机动车，还应当提交监管海关出具的《中华人民共和国海关监管车辆进（出）境领（销）牌照通知书》。

由于各地区对车辆环保要求执行不同的标准，例如北京市执行“国V”标准，并要求所有机动车在办理注册登记，以及申请转入本市的车辆，须加装 OBD 车辆诊断系统。满足上述条件的，允许机动车注册登记，以及接受转入登记的申请。所以，车主在将车辆转入“转入地”前，应向转入地的车辆管理部门征询该车辆是否符合转入条件。

（5）转入登记事项。车辆管理所办理转入登记时，要在“机动车登记证书”上记载下列登记事项。

① 车主的姓名或者单位名称、身份证明号码或者单位代码、住所的地址、邮政编码和联系电话。

② 机动车的使用性质。

③ 转入登记的日期。

属于机动车所有权发生转移的，还应当登记下列事项。

④ 机动车获得方式。

⑤ 机动车来历凭证的名称、编号和进口机动车的进口凭证的名称、编号。

⑥ 机动车办理保险的种类、保险的日期和保险公司的名称。

⑦ 机动车销售单位或者交易市场的名称和机动车销售价格。

（6）不能办理转入登记的情形。有下列情形之一的，不予办理转入登记。

① 机动车所有人擅自改动、更换机动车或者机动车档案的。

②本节中“不能办理过户登记的情形”的。

③ 外省市的出租营运车辆或曾经从事出租营运的车辆。

（二）任务实施与考核

① 教师模拟设置二手车交易市场办公室、本市区车辆管理所和外城市车辆管理所，并安排具体负责人员。每 2 名学生为一组，互相扮演二手车评估师和客户。

② 二手车评估师扮演者，结合本任务的知识与技能学习，引导客户扮演者办理二手车交转出登记和二手车转入登记等业务。教师观察学生操作全过程，并完成考核表（见表 4-7）。

表 4-7　　　　　　　　　　　　　　教师考核记录表

实训项目：引导客户办理二手车转移登记业务

班级学号		姓 名	
项目	必要的记录	分值	评分
与客户沟通情况		10	
语言表达		10	
对工作程序的掌握程度		40	
相关材料核查的正确程度		20	
是否向客户进行了必要的补充说明		20	
总分			

教师签字：

______年____月____日

思考与练习

一、思考题

1. 什么是机动车过户？
2. 什么是机动车转出和转入登记？
3. 什么情况下不能办理过户手续？
4. 什么是机动车变更登记？机动车什么情况下需办理变更登记？
5. 请简要说明二手车直接交易的一般程序。
6. 什么情况下可以进行二手车交易合同的变更或解除？
7. 什么情况下，二手车合同的一方当事人应当承担违约责任？
8. 如果针对二手车交易合同出现纠纷，可以通过哪些方式处理？
9. 二手车交易完成后，卖方应向买方交付哪些手续？
10. 简要描述办理二手车转移过户的程序。
11. 哪些情形，不能办理二手车过户？
12. 说明车辆保险合同变更的程序。
13. 如何办理二手车拍卖委托？

二、单项选择题

1. 已注册登记的机动车辆的所有权发生转移，且原机动车辆所有人和现机动车辆所有人的住所在同一车辆管理所管辖区的，现机动车所有人应当于车辆所有权转移之日起（　　）日内，到机动车辆管辖地车辆管理所申请办理过户登记手续。

A. 7　　　B. 10　　　C. 20　　　D. 30

2. 现机动车所有人于住所迁出或者机动车所有权转移之日起（　　）日内，向机动车管辖地车辆管理所申请办理转出登记手续。

A. 10　　B. 20　　C. 30　　D. 60

3. 机动车所有权发生转移且现机动车所有人的住所不在原车辆管理所管辖区，并已在原车辆管理所办理了转出登记，机动车所有人应当自办结转出登记之日起（　　）日内，向机动车管辖地车辆管理所申请转入登记。

A. 20　　B. 30　　C. 60　　D. 90

4. 下列对车辆转入的叙述，（　　）不正确。

A. 剩余使用年限不足一年的车辆，不能转入

B. 出过严重交通事故的车辆，不能转入

C. 出租车，不能转入

D. 曾经从事过出租的车辆，不能转入

5. 二手车个人直接交易和通过二手车经纪机构进行的二手车交易，需在（　　）办理交易过户手续。

A. 公安机关交通管理部门　　B. 经纪机构

C. 二手车评估机构　　D. 二手车交易市场

6. 下列（　　）不是承担违约责任的方式。

A. 继续履行　　B. 保证金　　C. 违约金　　D. 赔偿金

7. 下列（　　）不是二手车交易合同纠纷的处理方式。

A. 诉讼　　B. 仲裁　　C. 协商解决　　D. 强行管制

三、多项选择题

1. 过户登记所需的主要证明材料有（　　）。

A. 现机动车辆所有人的身份证明　　B. 机动车登记证书

C. 机动车行驶证、机动车来历凭证　　D. 申请办理过户登记的机动车的标准照片

2. 车辆有（　　）之一的，不予办理过户手续。

A. 利用报废车辆的零部件拼（组）装的

B. 机动车办理了抵押登记的

C. 机动车所有人提交的资料无效的

D. 机动车所有人的住所不在车辆管理所管辖区内的

3. 有下列（　　）之一的，应当申请变更登记。

A. 机动车所有人更改姓名、单位名称或者身份证明号码的

B. 改变车身颜色的

C. 机动车所有人住所迁至外城市的

D. 因故损坏无法修复需要更换同型号车身或者车架的

4. 下列（　　）具有开具二手车交易发票的资格。

A. 二手车经纪机构　　B. 二手车交易市场

C. 二手车拍卖公司　　D. 二手车经销企业

5. 合同法规定，凡发生下列（　　）之一，允许变更或解除合同。

A. 当事人双方经协商同意，并且不因此损害国家利益和社会公共利益

B. 由于不可抗力致使合同的全部义务不能履行

C. 由于另一方在合同约定的期限内没有履行合同

D. 合同内容对双方当事人体现不公平的

6. 下列（　　）不是二手车合同违约责任的性质。

A. 违约惩罚　　B. 违约保证　　C. 等价补偿　　D. 刑事处罚

四、判断题

（　　）1. 办理机动车过户手续时，原车主与新车主必须在同一个车管所辖区。

（　　）2. 交易后的二手车，必须先办理过户手续后，方可办理机动车登记证书。

（　　）3. 机动车所有权转移日，是指重新办理了机动车登记的日期。

（　　）4. 二手车交易成功后，应先办理机动车登记手续，后办理保险批改手续。

（　　）5. 二手车转出时，可以带原牌照一起转出。

（　　）6. 对办理了抵押登记的机动车，不能办理过户登记。

（　　）7. 对超过检验周期的二手车，应先进行安全检测，之后才能办理过户手续。

（　　）8. 机动车过户后，应重新核发“机动车行驶证”。

（　　）9. 如果二手车交易成功后，没有办理保险批改手续，则原保险的受益人为原车主。

（　　）10. 二手车交易后，对于购置附加税可以不进行变更。

（　　）11. 机动车或者机动车档案被人民法院、人民检察院、行政执法部门依法查封扣押的车辆不能办理过户。

（　　）12. 机动车所有人的机动车来历凭证（海关监管车辆除外）、车辆购置税的完税证明或者免税证明记载的内容与机动车不一致的不能办理过户。

（　　）13. 机动车变更时，需交回原机动车行驶证，领取重新核发的机动车行驶证。

（　　）14. 如果机动车维修时更换了发动机，则必须申请变更登记。

（　　）15. 如果两个人之间私下达成二手车买卖，则没必要开具二手车交易发票。

（　　）16. 二手车经纪机构能够直接给买方开具二手车销售统一发票。

（　　）17. 由于另一方在合同约定的期限内没有履行合同，则本方可以要求解除合同。

（　　）18. 合同当事人违反合同的，无论这种违约是否已经给对方当事人造成财产损失，都要依照法律规定或合同约定，承担相应的违约责任。

（　　）19. 违约方在支付了违约金、赔偿金后，合同关系即视为终止。

（　　）20. 交易过户业务在二手车交易市场里办理，获取“二手车销售统一发票”。

（　　）21. 达成二手交易意向后，在二手车交易市场获取二手车销售发票时，二手车交易市场还需要进行车辆和各项证件核查。

（　　）22. 二手车销售发票的价款中包括评估费。

（　　）23. 办理机动车转出登记时，应交回“机动车登记证书”、机动车号牌和“机动车行驶证”。

Chapter 5

项目五 二手车经销

任务一 二手车收购定价

【学习目标】

1. 能够用直线折旧法和快速折旧法计算二手车的折旧额。
2. 能够正确分析机动车折旧与二手车估价的异同。
3. 能够正确分析影响二手车收购定价的影响因素。
4. 能够选择合适的定价方法与计算方法，确定不同类型二手车的收购价格。
5. 能够引导客户办理二手车收购业务。

一、任务分析

在市场经济体制下，价格是一个非常重要的因素，它直接影响到企业产品的销售和利润，同时也是实现企业经营目标的主要手段和策略。因此，必须切实加强定价决策工作，以便扩大市场占有率和追求长期利润的增长。二手车流通企业收购和出售车辆的价格要结合新车市场价格，充分考虑影响二手车收购与销售定价的诸多因素，以市场营销的理念，科学、公正地确定二手车收购与销售价格，才能兼顾企业利润、顾客需求和社会利益，把主动权掌握在自己的手里。

二、相关知识

（一）机动车折旧

1. 机动车折旧的一般概念

所谓机动车的折旧，是指机动车随着时间的推移或在使用过程中，由于损耗而转移到产品中去的那部分价值。当这部分价值随着车辆经营产生收益的回收、积累，则形成机动车的折旧基金。折旧基金是为了补偿机动车的磨损而逐年提取的专用基金，其主要目的是在二手车不能使用或不再使用时，用折旧基金购置新车辆，实现机动车更新。

2. 机动车的折旧算法

二手车作为固定资产，按现行财务制度规定应计提固定资产折旧。固定资产折旧计算方法很多，《金融保险企业财务制度》规定，银行固定资产折旧的计算一般采用平均年限法和工作量法。对于技术进步较快或使用寿命受工作环境影响较大的固定资产，经财政部批准，可采用双倍余额递减法或年数总和法。车辆的折旧根据车辆的价值、使用年限，用所规定的折旧方法计算，对于允许使用的折旧方法，不同的国家有不同的规定，一般有直线折旧法、快速折旧法等多种方法，我国大多数采用直线折旧法。

（1）直线折旧法。直线折旧法又称使用年限法或平均折旧法，是指用车辆的原值除以车辆规定使用年限，以求得每年平均计算折旧额的方法。计算公式为

$$D_t = \frac{1}{N}\left(K_0 - S_v\right)$$

式中：D_t——机动车年折旧额。

K_0——机动车原值。

S_v——机动车残值。

N——机动车规定的折旧年限。

（2）快速折旧法。快速折旧法常用的算法有两种，即年份数求和法以及余额递减折旧法。

① 年份数求和法。年份数求和法是指每年的折旧额可用车辆原值减去残值的差额乘一个逐年变化的递减系数来确定的一种方法。此递减系数的分母为车辆使用年限（通常为报废年限）历年数字的累计之和，即对每年递减系数的分母均相等；分子的大小等于当年时止还余有的使用年数。一般来说，车辆使用年限为 N 时，递减系数的分母等于 $N(N+1)/2$，分子等于 $N+1-t$。年份数求和法的计算公式为

$$D_t = \left(K_0 - S_v\right) \times \frac{N+1-t}{N\left(N+1\right)/2}$$

式中：$\frac{N+1-t}{N\left(N+1\right)/2}$——递减系数（或年折旧率）。

t——机动车在使用期限内某一确定年度。

② 余额递减折旧法。余额递减折旧法是指任何年的折旧额用现有车辆原值乘以在车辆整个寿命期内恒定的折旧率，接着用车辆原值减去该年折旧额作新的原值，下一年重复这一作法，直到折旧总额分摊完毕。在余额递减中所使用的折旧率，通常大于直线折旧率，当使用的折旧率为直线折旧率的二倍时，称为双倍余额递减法，具体计算公式为

$$D_t = K_0 a\left(1-a\right)^{t-1}$$

式中：K_0——机动车原值。

a——折旧率，直线法的折旧率为 $a=1/N$。

t——机动车在使用期内某一确定年度。

应用该公式计算时，在使用期终仍有余额，为了使折旧总额到使用期终分摊完毕，到一定年度后，要改用直线折旧法。通常，在连续计算各年折旧额时，如果发现使用双倍余额递减法计算的折旧额小于采用直线折旧法计算的折旧额时，就应改用直线折旧法计算折旧。

案例：某机动车的原值为 10 万元，规定使用年限为 10 年，残值忽略不计，试用上述两种快速折旧法分别计算其折旧额。

解：计算过程见表 5-1 和表 5-2。

表 5-1　用年份数求和法计算折旧

年数	基数（元）	递减系数	年折旧额（元）	累计折旧额（元）
1	100 000	10/55	18 181	18 181
2		9/55	16 363	34 544
3		8/55	14 545	49 089
4		7/55	12 727	61 816
5		6/55	10 909	72 725
6		5/55	9 090	81 815
7		4/55	7 272	89 087
8		3/55	5 454	94 541
9		2/55	3 636	98 177
10		1/55	1 818	99 995

表 5-2　用双倍余额递减法计算折旧

年数	基数（元）	折旧率（10%）	年折旧额（元）	累计折旧额（元）
1	100 000	20	20 000	20 000
2	80 000	20	16 000	36 000
3	64 000	20	12 800	48 800
4	51 200	20	10 240	59 040
5	40 960	20	8 192	67 232
6	32 768	20	6 553.6	73 785.6
7	26 214.4	25	6 553.6	80 339.2
8	26 214.4	25	6 553.6	86892.8
9	26 214.4	25	6 553.6	93 446.4
10	26 214.4	25	6 553.6	100 000

说明：为使累计折旧额在第 10 年期终分摊完毕，该表从第七年起使用了直线折旧法。

3. 机动车折旧与估价的异同

（1）实体性贬值与折旧额的区别。实体性贬值不同于折旧额，不能用账面上累计折旧额代替实体性贬值。折旧是由损耗决定的，但折旧并不就是损耗。折旧是高度政策化了的损耗。在车辆使用过程中，价值的运动依次经过价值损耗、价值转移和价值补偿，折旧作为转移价值，是在损耗的基础上确定的。

（2）使用年限与折旧年限的区别。规定使用年限不同于规定折旧年限。折旧年限是对某一类资产做出的会计处理的统一标准，是一种高度集中的理论系数和常数，对于该类资产中的每一项资产虽然具有普通性、同一性和法定性，但不具有实际磨损意义上的个别性或特殊性。实际上，它的特征表现在以下几个方面。

① 折旧年限是一个平均年限，对于同一类型中的任何一项资产均适用。

② 它是在考虑损耗的同时，又考虑社会技术经济政策和生产力发展水平，有时甚至以之为经济杠杆，体现对某类资产的鼓励或限制生产政策。

③ 它是以同类资产中各项资产运转条件均相同的假定条件为前提的。这种情况下，同类型的资产，无论其所在地如何，维护情况、运行状况如何，均适用同一的折旧年限。因此评估工作中，鉴定估价人员不能直接按照会计学中的折旧年限来取代使用年限。

（3）评估中成新率的确定与折旧年限确定的基础损耗本身具有差异性。确定折旧年限的损耗包括有形损耗（实体性损耗）和无形损耗；而评估中确定成新率的损耗，包括实体性损耗、功能性损耗和经济性损耗。其中，功能性损耗只是无形损耗的一种形式，而不是无形损耗的全部。

（二）二手车的收购定价的影响因素

1. 车辆的总体价值

二手车收购要充分考虑车辆的总体价值，它主要包括车辆实体产品价值和各项手续价值。

（1）车辆实体的产品价值。除了用鉴定估价的方法评估车辆实体的产品价值外，还应根据经验结合目前市场行情综合评定。主要评定的项目包括：车身外观整齐程度，漆面质量如何等静态检查项目和发动机怠速声音、尾气排放情况等动态检查项目。另外，配置、装饰、改装等项目也很重要，包括有无 ABS、助力装置、真皮座椅、电动门窗、中控防盗锁、CD 音响等；有效的改装包括动力改装、悬架系统改装、音响改装、座椅及车内装饰改装等。

（2）各项手续的价值。主要包括：登记证、原始购车发票或交易过户票、行驶证、购置税本、车船使用费证明、车辆保险合同等。如果收购车辆的证件和规费凭证不全，就会影响收购价格，因为代办手续不但要耗费人工成本，而且可能造成转籍过户中意想不到的麻烦和带来许多难以解决的后续问题。

2. 二手车收购后应支出的费用

二手车收购除了支付车辆产品的货币以外，从收购到售出时限内，还要支出的费用有：保险费、日常维护费、停车费、收购支出的货币利息和其他管理费等。

3. 市场宏观环境的变化

二手车收购要注意国家宏观政策、国家和地方法规的变化因素以及这些影响导致的车辆经济性贬值。

例如，从2009年9月15日起，东莞市开始根据环保标志对机动车进行限行。未持有环保检验合格标志的汽车将全天24小禁止在环城路（不含）以内区域通行。而未持有绿色环保检验合格标志的汽车将全天禁止在东莞大道、体育路、胜和种、鸿福路和石竹路五条市内主干道通行。2009年10月1日起，违反环保标志限行规定的车主，正式开始接受处罚，每次罚款200元，并扣2分。

据了解，2009年，东莞黄标车有近10万辆，在全面限行后，这十万辆的黄标车也必将要重新找出路。汽车专业人士分析表示"在这样的情况下，黄标车要想在东莞的二手车市场里以比较理想的价格出售是不可能的事情，除非是个别二手车商将这些黄标车购入，然后卖到外省去。"所以黄标车全市禁行后，这些车将会快速贬值，这将加速黄标车退出东莞市场。

4. 市场微观环境的变化

这里所说的市场微观环境，主要指新车价格的变动以及新车型的上市对收购价格的影响。例如，千里马轿车降价后，旧车的保值率就降低了，贬值后收购价格自然也会降低。另外，新款车型问世挤压旧车型，"老面孔"身价自然受影响。

5. 经营的需要

二手车经营者应根据库存车辆的多少提高或降低收购价格。例如，本期库存车辆减少、货源紧张时，应适当提高车辆收购价格，以补充货源保证库存的稳定。反之，库存车辆多时，则应降低收购价格。另外一种情况是，某一车型出现断档情况，该车型的收购价格会提高。如某公司本期二手桑塔纳轿车销售一空，该公司会马上提高桑塔纳车型的收购价格。反之，如果某公司本期二手桑塔纳轿车销路不畅，库存积压显著，那么应降低桑塔纳轿车的收购价格，同时库存桑塔纳轿车的销售价格也会降低。

6. 品牌知名度和维修服务条件

对不同品牌的二手车，由于其品牌知名度和售后服务的质量不同，也会影响到收购价格的制定。像一汽、上汽、东风、广本等，都是国内颇具实力的企业，其产品具有很高的品牌知名度，技术相对成熟，维修服务体系也很健全，二手车收购定价可以适当提高。

（三）二手车收购定价的方法

二手车收购价格的确定是根据其特定的目的，在二手车鉴定估价的基础上，充分考虑市场的供求关系，对评估的价格做快速变现的特殊处理。按不同的原则，一般有以下几种方法。

1. 以现行市价法、重置成本法的思想方法确定收购价格

由现行市价法、重置成本法对二手车进行鉴定估算产生的客观价格，再根据快速变现原则，估定一个折扣率并以此确定二手车收购价格。如运用重置成本法估算某机动车辆价值为10万元，据市场销售情况调查，估定折扣率为20%可出售，则该车辆收购价格为8万元。

2. 以清算价格的思想方法确定收购价格

清算价格的特点是企业（或个人）由于破产或其他原因，要求在一定的期限内将车辆变现，在企业清算之日预期出卖车辆，收回快速变现金额。具体来说主要根据二手车技术状况，运用现行市价法估算其正常价值，再根据处置情况和变现要求，乘以一个折扣率，最后确定评估价格。

以清算价格的思想方法确定收购价格，由于顾客要求快速转卖变现，因此其收购估价大大低于二手车市场成交的同类型车辆的公平市价，一般来说也低于车辆现时状态客观存在的价格。

3. 以快速折旧的思想方法确定收购价格

根据机动车辆的价值，计算折旧额来确定收购价格。年折旧额的计算方法建议采用年份数求和法和双倍余额递减折旧法两种方法。

（四）二手车收购价格的计算

二手车收购价格的确定是指被收购车辆手续齐全的前提下对车辆实体价格的确定。如果所缺失的手续能以货币支出补办，则收购价格应扣除补办手续的货币支出、时间和精力的成本支出，具体采用以下几种方法。

（1）运用重置成本法对二手车进行鉴定估价，然后根据快速变现的原则，估定一个折扣率，将被收购车辆的估算价格乘以折扣率，即得二手车的收购价格，用数学式表示为

$$收购价格=评估价格\times折扣率$$

（2）运用现行市价法对二手车确定评估价格，再根据上述办法计算收购价格，表达式同运用重置成本法的收购价格表达式。

折扣率是指车辆能够当即出售的清算价格与现行市场价格之比值。它的确定是经营者对市场销售情况的充分调查和了解凭经验估算的。

（3）运用快速折旧法。首先计算出二手车已使用年数累计折旧额，然后，将重置成本全价减去累计折旧额，再减去车辆需要维修换件的总费用，即得二手车收购价格，用数学式表达为

$$收购价格=重置成本全价-累计折旧额-维修费用$$

重置成本全价一律采用国内现行的新车市场价格。

累计折旧额的计算方法：先用年份数求和法或余额递减折旧法计算出年折旧额后，再将已使用年限内各年的折旧额汇总累加，即得累计折旧额。

维修费用是指车辆现时状态下，某功能完全丧失，需要维修和换件的费用总支出。

注意

在快速折旧计算时，一般机动车原值取机动车的重置成本全价，而不取机动车账面原值。

（五）二手车收购的相关法律规定

《二手车交易规范》第十三条规定，二手车经销企业在收购车辆时，应按下列要求进行。

（1）确认卖方的身份及车辆的合法性。

① 卖方身份证明或者机构代码证书原件合法有效。

② 车辆号牌、机动车登记证书、机动车行驶证、机动车安全技术检验合格标志真实、合法、有效。

交易车辆不属于《二手车流通管理办法》第二十三条规定禁止交易的车辆。

（2）核实卖方的所有权或处置权证明。

① 机动车登记证书、行驶证与卖方身份证明名称一致；国家机关、国有企事业单位出售的车辆，应附有资产处理证明。

② 委托出售的车辆，卖方应提供车主授权委托书和身份证明。

③ 二手车经销企业销售的车辆，应具有车辆收购合同等能够证明经销企业拥有该车所有权或处置权的相关材料，以及原车主身份证明复印件。原车主名称应与机动车登记证、行驶证名称一致。

（3）与卖方商定收购价格。如对车辆技术状况及价格存有异议，经双方商定可委托二手车鉴定评估机构对车辆技术状况及价值进行鉴定评估。

（4）签订合同。达成车辆收购意向的，签订收购合同，收购合同中应明确收购方享有车辆的处置权。

（5）付款。按收购合同向卖方支付车款。

（六）二手车收购中的风险分析与防范

在二手车收购的过程中，环境的变化有可能产生机会，也有可能带来风险。风险是指由于客观环境的变化带来损失，从而难以实现某种目的的可能性。二手车收购中的风险是指由于二手车收购环境的变化，给二手车的销售带来的各种损失。收购环境的变化是绝对的、客观的，并经常会发生，因而在二手车收购过程当中，既充满了机会，同时又会出现许多风险。所以，二手车流通企业要生存与发展，就必须加强收购活动中的风险管理，能否获取期望利润，关键在于能否有效的控制和降低风险损失。

由于二手车价格的某些不可预见的因素，收购过程具有比销售过程更大的风险，对企业造成的潜在损失也更大。因此，如何有效地将收购风险控制在一定的范围内，善于分析研究环境变化可能带来的风险，发现并及时规避风险，对于降低收购成本、增加企业的利润、最大限度地减小自己可能遭受的损失具有重大意义。

二手车收购环境的变化是绝对的、必然的，收购风险也势必是经常发生的。不可能完全避免收购风险，而只能掌握战胜风险的策略和技巧，积极化险为夷，把风险变为机会，实现成功的转化，总体原则如下。

① 要提高识别二手车收购风险的能力。应随时收集、分析并研究市场环境因素变化的资料和信息，判断收购风险发生的可能性，积累经验，培养并增强对二手车收购风险的敏感性，及时发现或预测收购风险。

② 要提高风险的防范能力，尽可能规避风险。可通过预测风险，从而尽早采取防范措施来规避风险。在二手车收购工作中，要尽可能谨慎，最大限度地杜绝二手车收购风险发生的隐患。

③ 在无法避免的情况下，要提高处理二手车收购风险的能力，尽可能最大限度地降低损失，并防止引发其他负面效应和有可能派生出来的消极影响。

在二手车收购中的风险防范上，具体可从以下几个方面考虑影响二手车收购中的风险因素及其相应的防范措施。

1. 新车型的影响

新车型大量应用了新技术，技术含量的提高使老车型贬值甚至被淘汰。从国内市场看，新车型投放明显加快，技术含量和配置也越来越高。如转向助力、安全气囊、ABS+EBD、电子防盗、CD音响都已成了标准装备。以一汽捷达为例，捷达自在国内生产以来经历了多次改款，虽然该车的生产平台未变，但是早期的捷达与现在的新款捷达在外观和装备上已不可同日而语。因此，二手车市场在收购旧车时应以最新款车的技术装备和价格来做参照，否则会给二手车收购带来一定的风险。

2. 车市频繁降价的影响

在新车市场频繁降价、优惠促销的环境下，二手车经销公司面临着很大的风险，如出现损失只能自己承担。所以，在二手车收购中都是以某一款车目前新车市场的开票价格来计算折旧，而不会去考虑消费者买车时的价格。如果某一款车最近有降价的可能，二手车经销公司要考虑新车降价的风险，开价往往要比正常的收购价还要低一些。如果某一款车刚降价，那么收购价就会稳定一段时期。为了减少车辆频繁降价的风险，规范市场、稳定价格成为当务之急。另外通过二手车代卖的方式，一方面可从中收取一定的交易费，另一方面可以降低风险。

3. 折旧加快的影响

从实际行情看，使用期限在3年以内的车辆折旧最高，使用3年的车辆往往要折旧到40%～50%，其后的几年进入了一个相对稳定的低折旧期，接近10年折旧又开始加快。所以，3年以内的车要收购的话，收购定价要考虑车辆的大幅折旧因素的影响。

4. 尾气排放标准提高的影响

尾气排放标准提高也加速了在用车辆的折旧和淘汰。越来越严格的排放标准将使老旧车型加速淘汰。因此，在确定二手车收购价格时应考虑车辆排放标准提高的影响。

5. 车况优劣的影响

有的车虽然只开了两三年，但是机件的磨损已很严重了，操作起来感觉不好。而有的车已是五六年了，发动机的状况依然良好，各机件操作顺畅。这些不同车辆的技术状况自然影响到二手车的收购价格。

6. 品牌知名度的影响

知名品牌的汽车因其市场保有量大、质量可靠而深受消费者的青睐。这些品牌的汽车在新车市场售价较为稳定，口碑好，所以在二手车市场认同率较高，贬值的程度自然要低于其他品牌。而其他一些知名度不高的品牌车辆市场的认同率低，贬值的程度也就要高，在二手车收购价格的确定时，应予以考虑。

7. 库存的影响

若二手车销售顺畅，求大于供，二手车经纪公司的库存急剧减少，商家们为了保持正常的经营运转，维持一定的库存，可适当抬高一些收购价格。反之在二手车销售低迷时，商家们的库存积压，流通不畅，供大于求，商家的主要矛盾是消化库存，这个时期应压低收购价格，规避由于库存积压所带来的风险。

8. 二手车收购合法性的影响

二手车的收购要防止收购盗抢车、伪劣拼装车，要预防收购那些伪造手续凭证，伪造车辆档案的车辆。一旦有所失误，不仅给公司造成直接经济损失，更重要的是造成社会的不良影响从而损害公司的公众形象。

9. 宏观环境的影响

要密切关注国家有关二手车的政策与法规的变化，做到未雨绸缪。要能够根据已有的和即将颁布的国家有关二手车的政策与法规预测二手车价格的可能变动趋势，及时调整二手车的收购价格，使收购二手车的风险降到最低。

三、实施与考核

（一）技能学习

1. 用折旧法计算二手车收购价

2013 年 1 月，某二手车销售公司欲收购一辆南京菲亚特轿车，车辆基本情况如下。

车型：南京菲亚特西耶那 1.5EL。

型号：NJ7153。

注册登记日期：2010 年 2 月。

行驶里程：38000km。

车辆基本配置：排量 1.461 L，发动机型号 178E5027，直列 4 缸 8 气门多点电喷发动机，5 速手动变速器，发动机最大功率 62.5 kW，转向助力，ABS 及 EBD，前门电动窗、防眩目后视镜，中控锁（无遥控装置），发动机防盗，手动空调系统，单碟 CD 及调频收音机 4 喇叭音响系统，钢轮毂。

经核对相关税费票据、证件（照）齐全有效。该车型新车目前市场行情价为 7.8 万元，试确定其收购价格（残值忽略不计）。

收购定价过程如下。

（1）相关已知条件。从 2010 年 2 月到 2013 年 1 月，该车已使用 3 年，t=3，按二手车价格计算约定，该车使用年限为 15 年，N=15。重置成本价格为 K_0=78 000 元，残值忽略不计，即 S_v=0。

（2）分别以等速折旧法、年份数求和折旧法和双倍余额递减折旧法计算累计折旧额

① 采用直线折旧法计算二手车的累计折旧额。年折旧额为

$$D_T=\left(K_0\text{-}S_v\right)/N=78000/15=5200\text{元}$$

累计折旧额计算结果见表 5-3。

表 5-3 直线折旧法计算累计折旧额

年份	重置成本（元）	折旧率	年折旧额（元）	累计折旧额（元）
2010 年 2 月～2011 年 1 月	78 000	1/15	5 200	5 200
2011 年 2 月～2012 年 1 月				10 400
2012 年 2 月～2013 年 1 月				15 600

② 采用年份数求和法计算二手车的累计折旧额。

递减系数为 $\dfrac{N+1-t}{N\left(N+1\right)/2}=\dfrac{16-3}{120}$，年折旧额计算公式为

$$D_t=\left(K_0-S_v\right)\times\frac{N+1-t}{N\left(N+1\right)/2}$$

累计折旧额计算结果见表 5-4。

表 5-4　　年份数求和法计算累计折旧额

年份	重置成本（元）	递减系数	年折旧额（元）	累计折旧额（元）
2010 年 2 月～2011 年 1 月	78 000	15/120	9 750	9 750
2011 年 2 月～2012 年 1 月		14/120	9 100	18 850
2012 年 2 月～2013 年 1 月		13/120	8 450	27 300

③ 双倍余额递减法计算二手车的累计折旧额。

年折旧率 = 2/预计使用年限 = 2/15，年折旧额计算公式为

$$D_t = K_0 a(1-a)^{t-1}$$

累计折旧额计算结果见表 5-5。

表 5-5　　双倍余额递减法计算累计折旧额

年份	重置成本（元）	折旧率	年折旧额（元）	累计折旧额（元）
2010 年 2 月～2011 年 1 月	78000	2/15	10 400	10 400
2011 年 2 月～2012 年 1 月			9 013	19 413
2012 年 2 月～2013 年 1 月			7 812	27 255

④ 计算二手车收购价格。

二手车收购价格计算公式为

$$P = B - \sum D_t - F_s$$

式中：P——二手车的评估价，元；

B——二手车重置成本全价，元；

$\sum D_t$——二手车已使用年限 t 内的累计折旧额，元；

F_s——二手车需要的维修费用，元。

题目没有给出需要修理的项目及费用，因此，本例中 F_s=0。二手车收购价格按剩余价值最小（或按累计折旧额最大）的收购。从表 5-3、表 5-4 和表 5-5 可见，直线折旧法、年份数求和折旧法和双倍余额递减折旧法三种折旧方法计算的累计折旧额中，年份数求和折旧法计算的累计折旧额最大，因此，该二手车的收购价格为

$$78\,000-27\,300 = 50\,700（元）$$

2. 用综合法计算二手车收购价格

某被收购车辆的资料如下。

车辆类型：中级轿车。

车辆型号：桑塔纳 2000/时代骄子。

重置成本价：16.30 万元。

出厂日期：2009 年 3 月。

注册登记日期：2009 年 8 月。

收购日期：2013 年 2 月。

累计行驶里程：250 000km。

经鉴定检查，车辆各种手续齐全、有效。故障明细表见表 5-6，修理费用估价 0.410 万元。油耗量和排污量均超过国家标准 6%。总折旧率见表 5-7。

表 5-6 故障费用明细表

编 号	故 障	原 因	修 理	估计费用（元）
1	活塞环响	活塞环折断	更换活塞环套件	250
2	气缸裂纹	发动机急速冷却造成	更换气缸体	900
3	水泵漏水	水封故障、水泵严重破损	更换水泵	350
4	电喷故障	电子喷射泵严重损坏	更换电喷泵	1 500
5	转向传动装置周期性异响	传动轴严重弯曲	更换	650
6	快转方向盘感到沉重	油泵驱动皮带打滑	换新皮带	40
7	后减振器故障	失效	更换	210
8	空调故障	制冷不足	需加氟	200
总计	—	—	—	4 100

表 5-7 折旧率明细表

折旧率内容	符号	加权系数	折旧比例（%）	扣除价格（万元）
年限折旧率	n_1	1.0	35	5.705
里程折旧率	n_2	0.3	12.5	2.038
故障折旧率	n_3	1.0	2.5	0.410
车型折旧率	n_4	1.0	0	0
耗油量和排污量折旧率	n_5	0.1	4.0	0.652
总计	n_Σ	—	54.5	8.805

（1）用重置成本法加快速变现来估价。

① 计算各折旧率及折旧价格。

● 年限折旧率。该车已使用 3.5 年（2009 年 8 月～2013 年 2 月），折旧年限规定为 10 年，则年限折旧率 n_1 为

$$n_1 = 3.5/10 \times 1.0 \times 100\% = 35\%$$

折旧价格为

$$16.300 \times 35\% = 5.705\text{（万元）}$$

● 里程折旧率。该车已行驶 25 万 km，报废里程为 600 000km，则里程折旧率 n_2 为

$$n_2 = \frac{25}{60} \times 0.3 \times 100\% = 12.5\%$$

折旧价格为

$$16.300 \times 12.5\% = 2.0375\text{（万元）}$$

● 故障折旧率。各项故障排除费用折价为 0.410 万元，所占比例为

$$n_3=\frac{0.410}{16.300}\times1.0\times100\%=2.5\%$$

● 车型折旧率。

n_4=0（型号未过时）

● 耗油量及排污量超标折旧率。该车超过标准 6%，报废极限为 15%，则

$$n_5=\frac{6\%}{15\%}\times1.0\times100\%=4.0\%$$

折旧价格为

16.3 × 4.0%=0.652（万元）

② 计算该轿车估价。由于成新率 $C=1-$总折旧率 n_Σ，由表 6-10 可知，总折旧率 $n_\Sigma=54.5\%$，则成新率为

$$C=1-54.5\%=45.5\%$$

于是得

评估价 = 重置成本价 × 成新率 = 16.3 × 45.5% = 7.4165（万元）

③ 确定该车收购价。

收购价 = 估价 × 变现率 = 7.4165 × 70% = 5.195（万元）

（2）用快速折旧法计算该车的收购价格。由前述可知，该型号车的现行市场购置价为 16.300 万元，残值忽略不计，现分别以年份数求和法和双倍余额递减法计算折旧额。K_0 取二手车重置成本价 16.300 万元，二手车规定折旧年限 N=10 年，折旧率 a 按直线折旧率 $1/N$ 的两倍取值，即有 $a=2/N=2/10$，时间（t）为从 2009 年 8 月至 2013 年 8 月共 4 个年度，收购日期为 2013 年 2 月。

① 年份数求和法计算二手车的累计折旧额。递减系数为 $\dfrac{N+1-t}{N(N+1)/2}$，则年折旧额计算公式为

$$D_t=(K_0-S_v)\times\frac{N+1-t}{N(N+1)/2}$$

累计折旧额计算结果见表 5-8。

表 5-8 年份数求和法计算累计折旧额

年份	重置成本（万元）	递减系数	年折旧额（万元）	累计折旧额（万元）
2009 年 9 月 ~ 2010 年 8 月	16.300	10/55	2.9636	2.9636
2010 年 9 月～2011 年 8 月		9/55	2.6673	5.6309
2011 年 9 月～2012 年 8 月		8/55	2.3709	8.0018
2012 年 9 月～2013 年 8 月		7/55	2.0745	10.076

② 双倍余额递减法计算二手车的累计折旧额。

年折旧额计算公式为

$$D_t=K_0a(1-a)^{t-1}$$

累计折旧额计算结果见表 5-9。

表 5-9　　双倍余额递减法计算累计折旧额

年份	重置成本（万元）	年折旧率	年折旧额（万元）	累计折旧额（万元）
2009 年 9 月～2010 年 8 月	16.3000	2/10	3.26	3.26
2010 年 9 月～2011 年 8 月	13.04		2.0864	5.3464
2011 年 9 月～2012 年 8 月	10.9536		1.4021	6.7485
2012 年 9 月～2013 年 8 月	8.5515		0.9781	7.7266

表 5-8 和表 5-9 是按 4 年计算累计折旧额的，但车辆实际使用年限只有 3 年 6 个月，因此，两种方法计算得到的实际累计折旧额应减去第 4 年份的半年折旧额，即

年份数求和折旧法计算累计折旧额 = 10.076 0−2.0745 / 2 = 9.039（万元）

双倍余额递减折旧法计算累计折旧额 = 7.7266−0.9781 / 2 = 7.2375（万元）

③ 计算二手车收购价格

二手车收购价格计算公式为

$$P = B - \sum D_t - F_s$$

式中：B=16.3000 万元，收购时，累计折旧额$\sum D_t$取两种方法计算结果的最大值，即$\sum D_t$ =9.039 万元，修理费用 F_s=0.4100 万元，考虑该车的实际使用情况（实除行驶里程超过平均值 250 000÷3.5=71429 km，折扣价格 1.304 万元，油耗污染超过标准 6%，扣除价格 0.652 万元），因此，该二手车的收购价格为

$$P=16.3000-9.039-（0.4100+1.304+0.652）=4.895（万元）$$

从以上两种方法计算可知，按重置成本法对二手车进行鉴定估价，然后按照快速变现的原则计算收购价与运用快速折旧法并考虑实际使用情况计算的收购价格接近，说明用以上几种方法均可估算，再根据市场供求关系，买卖双方容易达成交易价格。

3. 引导客户进行二手车的收购

（1）核实卖方身份以及交易车辆的所有权或处置权，并查验车辆的合法性。

① 机动车登记证书、行驶证与卖方身份证明名称一致；国家机关、国有企事业单位出售的车辆，应附有资产处理证明。

② 卖方身份证明或者机构代码证书原件合法有效。

③ 车辆号牌、机动车登记证书、机动车行驶证、机动车安全技术检验合格标志真实、合法、有效。

④ 交易车辆不属于《二手车流通管理办法》第二十三条规定禁止交易的车辆。

（2）与卖方商定收购价格，如对车辆技术状况及价格存有异议，经双方商定可委托二手车鉴定评估机构对车辆技术状况及价值进行鉴定评估。

（3）达成车辆收购意向的，签订收购合同，收购合同中应明确收购方享有车辆的处置权。

（4）按收购合同向卖方支付车款。

（二）任务实施与考核

（1）教师为每组学生提供一款二手车的详细资料，包括技术检查鉴定情况。学生根据本任务所学的知识与能力，确定其收购价格，并将详细的计算确定过程编制成计算报告，打印后提交给老师。

（2）每2名学生为一组，互相扮演二手车评估师与客户（二手车收购者），由二手车评估师扮演者为客户详细讲解二手车收购的流程及注意要点。

（3）老师观察学生演示过程和审阅计算报告后，完成考核表（见表5-10）。

表5-10 教师考核记录表

实训项目：二手车收购定价

班级学号		姓 名	
项目	必要的记录	分值	评分
讲解是否规范		10	
讲解是否通俗		10	
讲解是否详细		10	
客户是否明了		10	
报告完整性		10	
格式		10	
分析的准确性		20	
计算的正确性		20	
总分			

教师签字：

_____年___月___日

任务二 二手车的销售定价

【学习目标】

1. 能够分析影响二手车销售定价的影响因素。

2. 能够根据企业的定价目标，选择合适的定价方法与计算方法，并选择合适的销售定价策略，确定不同类型二手车的销售价格。

3. 能够引导客户办理二手车销售业务。

一、任务分析

二手车的销售价格是决定二手车流通企业收入和利润的唯一因素。因此，企业必须根据成本、需求、竞争及国家方针、政策、法规并运用一定的定价方法和技巧来对其产品制定切实可行的价格政策。

二、相关知识

（一）二手车销售定价的影响因素

1. 成本因素

产品成本是定价的基础和最低界限，二手车的销售价格如果不能保证成本，企业的经营活动就难以维持。二手车流通企业销售定价应分析价格、需求量、成本、销量、利润之间的关系，正确地估算成本，以作为定价的依据。二手车销售定价时应考虑收购车辆的总成本费用，总成本费用由固定成本费用和变动成本费用之和构成。

（1）固定成本费用。固定成本费用是指在既定的经营目标内，不随收购车辆的变化而变动的成本费用。如分摊在这一经营项目的固定资产的折旧、管理费等项支出。

（2）固定成本费用摊销率。固定成本费用摊销率是指单位收购价值所包含的固定成本费用，即固定成本费用与收购车辆总价值之比。如某企业根据经营目标，预计某年度收购 100 万元的车辆价值，分摊固定成本费用 1 万元，则单位固定成本费用摊销率为 1%。如花费 4 万元收购一辆旧桑塔纳轿车，则应该将 4 百元计入固定成本费用。

（3）变动成本费用。变动成本费用指随收购价格和其他费用而相应变动的费用。主要包括车辆实体的价格、运输费、保险费、日常维护费、维修翻新费、资金占用的利息等。

由上面成本分析可知，一辆二手车收购的总成本费用是这辆车应分摊的固定成本费用与变动成本费用之和，用数学式表达为

一辆二手车的总成本费用=收购价格×固定成本费用摊销率+变动成本费用

2. 供求关系

在市场经济中，产品的价格由买卖双方的相互作用来决定，以市场供求为前提，所以决定价格的基本因素有两个，即供给与需求。需求大于供给，价格就会上升，需求小于供给，价格就会下降，市场的一切交易活动和价格的变动都受这一定律的支配。这就是供求规律或称供求法则。它是市场变化的基本规律。供求关系表明价格只能围绕价值上下波动，而价值仍然是确定价格水平及其变动的决定性因素。企业在定价决策时，除以产品价值为基础外，还可以自觉运用供求关系来分析和制定产品的价格。

价格受供求影响而有规律性的变动过程中，不同商品的变动幅度是不一样的。因此我们在销售定价时还要考虑需求价格弹性。所谓需求价格弹性，是指因价格变动而引起的需求相应的变动率，它反映需求变动对价格变动的敏感程度。按照西方经济学理论，当某种产品需求弹性较小时，提高价格可以增加企业利润，反之，当产品需求富有弹性时，降低价格也可以增加企业利润，同时还能

起到打击竞争对手，提高自己产品市场占有率的作用。

对于二手车来说，其需求弹性较强，即二手车价格的上升（或下降）会引起需求量较大幅度的减少（增加）。因此，我们在二手车的销售定价时，应该把价格定得低一些，应该以薄利多销达到增加盈利、服务顾客的目的。

3. 竞争状况

在产品供不应求时，企业可以自由的选择定价方式。而在供大于求时，竞争必然随之加剧，定价方式的选择只能被动地根据市场竞争的需要来进行。为了稳定维持自己的市场份额，二手车的销售定价要考虑本地区同行业竞争对手的价格状况，根据自己的市场地位和定价的目标，选择与竞争对手相同的价格，甚至低于竞争对手的价格进行定价。

4. 国家政策法令

任何国家对物价都有适度的管理，所不同的是，各个国家和地区对价格的控制程度、范围、方式等存在着一定的差异，完全放开和完全控制的情况是没有的。一般而言，国家可以通过物价部门直接对企业定价进行干预，也可以用一些财政、税收手段对企业定价实行间接影响。

（二）二手车销售定价的目标

二手车销售定价的目标是指二手车流通企业通过制订价格水平，凭借价格产生的效用来达到预期的目的。企业在定价以前，必须根据企业的内部和外部环境，制订出既不违背国家的方针政策，又能协调企业的其他经营目标的价格。企业定价目标类型较多，二手车流通企要根据自己树立的市场观念和市场微观、宏观环境，确立自己的销售定价目标。企业定价目标主要有两大类即获取利润目标和占领市场目标。

1. 获取利润目标

利润是考核和分析二手车流通企业营销工作好坏的一项综合性指标，是二手车流通企业最主要的资金来源。以利润为定价目标有 3 种具体形式是：预期收益、最大利润和合理利润。

（1）获取预期收益目标。预期收益目标是指二手车流通企业以预期利润（包括预交税金）为定价基点，并以利润加上商品的完全成本构成价格出售商品，从而获取预期收益的一种定价目标。预期收益目标有长期和短期之分，大多数企业都采用长期目标。预期收益高低的确定，应当考虑商品的质量与功能、同期的银行利率、消费者对价格的反应以及企业在同类企业中的地位和在市场竞争中的实力等因素。预期收益定得过高，企业会处于市场竞争的不利地位，定得过低，又会影响企业投资的回收。一般情况下，预期收益适中，可能获得长期稳定的收益。

（2）获取最大利润目标。最大利润目标是指二手车流通企业在一定时期内综合考虑各种因素后，以总收入减去总成本的最大差额为基点，确定单位商品的价格，以取得最大利润的一种定价目标。最大利润是企业在一定时期内可能并准备实现的最大利润总额，而不是单位商品的最高价格，最高价格不一定能获取最大利润。当企业的产品在市场上处于绝对有利地位时，往往采取这种定价目标，它能够使企业在短期内获得高额利润。最大利润一般应以长期的总利润为目标，在个别时期，甚至允许以低于成本的价格出售，以便招徕顾客。

（3）获取合理利润目标。合理利润目标是指二手车流通企业在补偿正常情况下的社会平均成本基础上，适当地加上一定量的利润作为商品价格，以获取正常情况下合理利润的一种定价目标。企业在自身力量不足，不能实行最大利润目标或预期收益目标时，往往采取这一定价目标。这种定价目标以稳定市场价格、避免不必要的竞争、获取长期利润为前提，因而商品价格适中，顾客乐于接受，政府积极鼓励。

2. 占领市场目标

以市场占有率为定价目标是一种志存高远的选择方式。市场占有率是指一定时期内某二手车流通企业的销售量占当地细分市场销售总量的份额。市场占有率高意味着企业的竞争能力较强，说明企业对消费信息把握得较准确、充分，资料表明，企业利润与市场占有率正向相关。提高市场占有率是增加企业利润的有效途径。

由于企业所处的市场营销环境不同，自身条件与营销目标不同，企业定价目标也大相径庭。因此，二手车流通企业应在综合考虑市场环境、自身实力及经营目标的基础上，将利润目标和占领市场目标结合起来，兼顾企业的眼前利益与长远利益，来确定适当的定价目标。

（三）二手车销售定价的方法

定价方法是二手车流通企业为了在目标市场实现定价目标，给产品制定基本价格和浮动范围的技术思路。由于成本、需求和竞争是影响企业定价的最基本因素，产品成本决定了价格的最低限，产品本身的特点，决定了需求状况，从而确定了价格的最高限，竞争者产品与价格又为定价提供了参考的基点，也因此形成了以成本、需求、竞争为导向的 3 大基本定价思路。

1. 成本导向定价法

成本导向定价法可分为成本加成定价法、目标收益定价法和边际成本定价法 3 种。

（1）成本加成定价法。成本加成定价法也称为加额定价法、标高定价法或成本基数法，是一种应用的比较普遍的定价方法。它首先确定单位产品总成本（包括单位变动成本和平均分摊的固定成本），然后在单位产品总成本基础上加上一定比例的利润从而形成产品的单位销售价格。该方法的计算公式是

$$单位产品价格=单位产品总成本\times（1+成本加成率）$$

由此可以看到，成本加成定价法的关键是成本加成率的确定。一般地说，加成率应与单位产品成本成反比，和资金周转率成反比，与需求价格弹性成反比，需求价格弹性不变时加成率也应保持相对稳定。

（2）目标收益定价法。目标收益定价法又称投资收益率定价法，是根据企业的投资总额、预期销量和投资回收期等因素来确定价格。在产品供不应求的条件下，或产品需求的价格弹性很小的细分市场中，目标收益法具有一定的应用价值。

（3）边际成本定价法。边际成本是指每增加或减少单位产品所引起的总成本的增加或减少。采用边际成本定价法时是以单位产品的边际成本作为定价依据和可接受价格的最低界限。在价格高于边际成本的情况下，企业出售产品的收入除完全补偿变动成本外，尚可用来补偿一部分固定成本，甚至可能提供利润。在竞争激烈的市场条件下具有极大的定价灵活性，对于有效地应对竞争、开拓新市场、调节需求的季节差异、形成最优产品组合可以发挥巨大的作用。

2. 需求导向定价法

需求导向定价是以消费者的认知价值、需求强度及对价格的承受能力为依据，以市场占有率、品牌形象和最终利润为目标，真正按照有效需求来策划价格。需求导向定价法又称顾客导向定价法，是二手车流通企业根据市场需求状况和消费者的不同反应分别确定产品价格的一种定价方式。其特点：平均成本相同的同一产品价格随需求变化而变化，一般是以该产品的历史价格为基础，根据市场需求变化情况，在一定的幅度内变动价格，以致同一商品可以按两种或两种以上价格销售。这种差价可以因顾客的购买能力、对产品的需求情况、产品的型号和式样以及时间、地点等因素而采用不同的形式。

3. 竞争导向定价法

竞争导向定价是以企业所处的行业地位和竞争定位而制定价格的一种方法，是二手车流通企业根据市场竞争状况确定商品价格的一种定价方式。其特点：价格与成本和需求不发生直接关系。它主要以竞争对手的价格为基础，并与竞争品价格保持一定的比例。即竞争品价格未变，即使产品成本或市场需求变动了，也应维持原价；竞争品价格变动，即使产品成本和市场需求未变，也要相应调整价格。

上述定价方法中，企业要考虑产品成本、市场需求和竞争形势，研究价格怎样适应这些因素，但在实际定价中，企业往往只能侧重于考虑某一类因素，选择某种定价方法，并通过一定的定价政策对计算结果进行修订，而成本加成定价法深受企业界欢迎，主要有以下原因。

① 定价工作简化。由于成本的不确定性一般比需求的不确定性小得多，定价着眼于成本可以使定价工作大大简化，不必随时依需求情况的变化而频繁地调整，因而大大地简化了企业的定价工作。

② 可降低价格竞争程度。只要同行业企业都采用这种定价方法，那么在成本与加成率相似的情况下价格也大致相同，这样可以使价格竞争减至最低限度。

③ 对买卖双方都较为公平。卖方不利用买方需求量增大的优势趁机哄抬物价因而有利于买方，固定的加成率也可以使卖方获得相当稳定的投资收益。

（四）二手车销售定价的策略

在二手车的市场营销中，尽管非价格竞争作用在增长，但价格仍然是影响销售的重要因素，是营销组合中的关键因素。定价是否恰当，不仅直接关系到二手车的销量和企业的利润，而且还关系到企业其他营销策略的制定。营销中定价策略的意义在于有利于挖掘新的市场机会，实现企业的整体目标。在市场经济条件下，价格决策已成为企业经营者面临的具有现实意义的重大决策课题。

二手车销售定价策略是指二手车流通企业根据市场中不同变化因素对二手车价格的影响程度采用不同的定价方法，制定出适合市场变化的二手车销售价格，进而实现定价目标的企业营销战术。

二手车销售定价策略分为阶段定价策略、心理定价策略和折扣定价策略等。

1. 阶段定价策略

就是根据产品寿命周期各阶段不同的市场特征而采用不同的定价目标和对策。投入期以打开市场为主，成长期以获取目标利润为主，成熟期以保持市场份额、利润总量最大为主，衰退期以回笼资金为主。另外还要兼顾不同时期的市场行情，相应修改销售价格。

2. 心理定价策略

不同的消费者有不同的消费心理，有的注重经济实惠、物美价廉；有的注重名牌产品，有的注重产品的文化情感含量；有的追赶消费潮流。心理定价策略就是在补偿成本的基础上，按不同的需求心理确定价格水平和变价幅度。如尾数定价策略就是企业针对消费者的求廉心理，在二手车定价时有意定一个与整数有一定差额的价格。这是一种具有强烈刺激作用的心理定价策略。价格尾数的微小差别，能够明显影响消费者的购买行为，会给消费者一种经过精确计算的、最低价格的感觉，如某品牌的二手车标价 69998 元，给人以便宜的感觉，认为只要不到 7 万元就能买一台质地不错的品牌二手车。

3. 折扣定价策略

二手车流通企业在市场营销活动中，一般按照确定的目录价格或标价出售商品。但随着企业内外部环境的变化，为了促进销售者、顾客更多地销售和购买本企业的产品，往往根据交易数量、付款方式等条件的不同，在价格上给销售者和顾客一定的减让，这种生产者给销售者或消费者的一定程度的价格减让就是折扣。灵活运用价格折扣策略，可以鼓励需求、刺激购买，有利于企业搞活经营，提高经济效益。

（五）二手车销售最终价格的确定

二手车流通企业通过以上程序制定的价格只是基本价格，只确定了价格的范围和变化的途径。为了实现定价目标，二手车流通企业还需要考虑国家的价格政策、用户的要求、产品的性价比、品牌价值及服务水平，应用各种灵活的定价战术对基本价格进行调整，同时将价格策略和其他营销策略结合起来，如针对不同消费心理的心理定价和让利促销的各种折扣定价等，以确定具体的最终价格。

（六）汽车置换

随着汽车产业的快速发展，汽车保有量越来越多，同时人们对汽车的需求也越来越多样化，汽车置换作为汽车交易的一种方式逐渐显示出满足人们需要的优越性和调节汽车流通的重要作用。

1. 汽车置换的定义

置换业务源自海外，在字典上有两个单词与之相近：exchange 与 displacement。就字面意义而言，exchange 这个词偏重交换的等价性，而 displacement 则强调的是旧物品（或次一等，较差的）与新物品（较好的）进行交换。这种交换的不等价性由置换方给予差额补贴。

从国内正在操作的汽车置换业务来看，对汽车置换的定义有狭义和广义的区别。从狭义上来说，汽车置换就是以旧换新业务。经销商通过二手车的收购与新车的对等销售获取利益。目前，狭义的置换业务在世界各国都已成为流行的销售方式。而广义的汽车置换概念则是指在以旧换新业务基础上，还同时兼容二手商品整新、跟踪服务及二手商品在销售乃至折抵分期付款等项目的一系列业务组合，从而使之成为一种独立的营销方式。二手车作为替代产品，已经对新车销售构成威胁。国内各地的二手车市场虽然起步较晚，但目前的交易规模已经相当可观，狭义置换业务也得到长足的发展；广义的置换业务在国内尚处于萌芽状态，亟待各方面的关心和扶持。

2. 国内主要汽车置换商简介

过去，由于用户对车辆残值和二手车交易行情缺少了解，且缺乏规范、有公信力的专业技术评估手段，导致二手车交易障碍重重，市场发展不够规范。2004年品牌二手车的兴起，成为了二手车市场的一个亮点。具有原厂质量保证的二手车认证和置换服务，为消费者提供了车辆更新和购置的新选择。继上海通用汽车率先进入二手车领域后，上海大众、一汽大众、东风日产等厂家也纷纷进军二手车市场。

（1）上海通用“诚新二手车”。上海通用汽车是国内较早涉足品牌二手车领域的汽车制造商，在服务经验、规范化程度，以及开展的业务等方面比较领先，其“诚新二手车”品牌已逐渐成为二手车市场的一面标杆。目前开展的业务主要还是新车置换，但是业务开展深度较强，认证二手车数量较多，可以在全国范围内开展整备后二手车的销售。在这个过程当中，积极引入灵活多变的销售策略。2004年，上海通用汽车开始将中国第一个二手车品牌全面升级，由原来的“别克诚新二手车”升级为“上海通用汽车诚新二手车”，并宣布，从2004年8月26日至9月30日，覆盖全国26个省、46个城市的“诚新二手车”置换别克新车活动向用户隆重推出旧车免费估价、置换价格优惠、延长质量担保等优惠活动。

随着诚新二手车品牌的建立，二手车价值也得到了提升。据北京二手车市场的统计，像赛欧SRV二手车的市场价值比过去提升了3%～5%。而2004年上海通用汽车“诚新二手车”在北京、上海、杭州、广州、深圳5城市进行的“品牌二手车第一拍”中，成交率高达89%。

（2）一汽大众认证二手车。相比上海通用，一汽大众进入二手车领域较晚，2004年8月28日，一汽大众认证二手车首批样板店开业典礼，宣布进军二手车业务。相比前者来说，经验和方式等多样性方面不够理想，但也逐渐开展了拍卖等销售方式。首批样板店是一汽大众从全国347家特许经销商当中选取了13个城市的16家信誉较好的，保证能够赢得良好的口碑。

（3）上海大众特选二手车。上海大众集团早在2003年11月就推出了自己的二手车交易品牌——上海大众特选二手车。其在发展的形势方面和一汽大众认证二手车基本相同。上海大众在20年的时间里累计销售出287万辆汽车，目前保有量达到230多万辆，是国内汽车品牌中最大保有量的拥有者，车源和用户丰富也是上海大众进行二手车交易（包括旧车置换业务）的优势。尽管上海大众品牌二手车运作至今销售业绩还远不及预期，但在2005年上海大众全国经销商年会上，上海大众却宣布由于该年度内没有全新车型面市，因此，二手车置换业务和售后配件维修将成为上海大众下一步的主攻方向。在德国沃尔夫斯堡召开的德国大众年度大会上，德国大众也宣布2005年将调整在中国市场的销售战略，加大对二手车市场的开发力度，主要包括旧车置换和二手车交易。

3. 国内主要汽车置换运作模式

（1）我国汽车置换模式。从国内的交易情况来看，目前在我国进行汽车置换有3种模式。

① 用本厂旧车置换新车（即以旧换新）。如厂家为“一汽大众”，车主可将旧捷达车折价卖给一汽大众的零售店，再买一辆新宝来车。

② 用本品牌旧车置换新车。如品牌为“大众”，假设拥有一辆旧捷达的车主看上了帕萨特车，那么他可以在任何一家“大众”的零售店里置换到一辆他喜欢的帕萨特车。

③ 只要购买本厂或本厂家的新车，置换的旧车不限品牌。国外基本上采用的是这种汽车置换方式。上海通用汽车“诚新二手车”开展的就是这种汽车置换模式，消费者可以用各种品牌的二手车

置换别克品牌的新车。

如果考虑买车人的选择余地和便利程度，当然是第3种方式最佳。不过，这种方式对厂商和经销商而言非常具有挑战性。这是因为，中国的车主一般既不从一而终地在指定维修点维护修理，也不保留车辆的维修档案，车况极不透明；再者，不同品牌、不同型号的车在技术和零部件上千差万别；而且，对于个别已经停产车型更换零部件将越来越麻烦。

此外，我国也出现了委托寄卖等置换新模式。我国的委托寄卖主要分为：一是自行定价型，即是由消费者自行定价，委托商家代卖，等到成交后再支付佣金；二是二次付款型，它是由商家先行支付部分费用，等到成交后再付余款，佣金以利润比例来定；三是周期寄卖型，其方式是由商家向车主承诺交易周期，车价由双方共同确定，而佣金则以成交时间和成交金额双重标准来定。

车辆更新对于车主来说，是一个繁琐的过程，首先要到二手车市场把车卖掉，这其中要经历了解市场行情、咨询二手车价格、与二手车经纪公司讨价还价直至成交、办理各种手续和等待回款，至少要好几天，等拿到钱后再到新车市场买新车，又是一番周折。对于车主来说更新一部车比买新车麻烦得多。在生活节奏日益加快的今天，人们期盼能否有一种便捷的以旧换新业务，使他们在自由选择新车的同时，很方便地处理要更新的旧车。因此，具有汽车置换资质的经销商作为中介的重要作用就显现出来。

（2）汽车置换授权经销商。汽车置换授权经销商是我国汽车置换运作的中介主体。汽车置换授权经销商的车辆置换服务将消费者淘汰旧车和购买新车的过程结合在一起，一次完成甚至一站完成，为用户解决了先要卖掉旧车再去购买新车的麻烦。我国汽车置换授权经销商的汽车置换服务一般具有以下特点。

① 打破车型限制。与以往的一些开展汽车置换的厂家或品牌专卖店不同，汽车置换授权经销商对所要置换的旧车以及选择购买的新车，都没有品牌及车型的限制，可以任意置换。汽车置换授权经销商采用汽车连锁超市的模式经营新车的销售，连锁超市中经营的汽车品牌众多，可以满足消费者的不同需求，也可根据顾客的要求，到指定的经销商处，为顾客购进指定的车辆，真正做到了无品牌限制地置换。

② 让利置换，旧车增值。汽车置换授权经销商将车辆置换作为顾客购买新车的一项增值服务，与顾客将旧车出售给二手车经纪公司不同，汽车置换授权经销商通常是以二手车交易市场二手车收购的最高价格甚至高出的价格，确定二手车价格，经双方认可后，置换二手车的钱款直接冲抵新车的价格。

汽车置换授权经销商有自己的二手车经纪公司，同时与二手车交易市场中的众多经纪公司保持联系，保证市场信息渠道的畅通，以及所置换的旧车能够有快速的通路。车况较好的旧车，汽车置换授权经销商经过整修后，补充到租赁车队中投放低端租车市场，用租赁收入弥补旧车的增值部分后，到二手车市场处置；或者发挥汽车置换授权经销商租车网络优势，在中小城市租赁运营。

③ “全程一对一”的置换服务。汽车置换授权经销商汽车连锁销售提供的车辆置换服务，是一种“全程一对一”的服务模式。由于汽车置换授权经销商的业务涉及汽车租赁、销售、汽车金融以及二手车经纪，因此顾客在汽车置换授权经销商选择置换的购车方式后，从旧车定价、过户手续、到新车的贷款、购买、保险、牌照等过程都由汽车置换授权经销商公司内部的专业部门完成，保证

了效率和服务水准。

④ 完善的售后服务。在汽车置换授权经销商通过置换购买的新车，汽车置换授权经销商将提供包括保险、救援、替换车、异地租车等服务在内的完善的售后服务。对于符合条件的顾客，汽车置换授权经销商还提供更加个性化的车辆保值回购计划，使顾客可以无须考虑再次更新时的车辆残值，安心使用车辆。

4. 汽车置换质量认证

汽车置换中一个最重要、最容易引起争议的问题就是置换旧车的质量问题。和新车交易相比，二手车市场存在很多不透明的地方，二手车评估本身就比较复杂，加上二手车交易又是“一旦售出，后果自理”，所以在购买二手车的时候，大部分的消费者并不信任卖家。

为了保障交易双方权益、减少纠纷，国外汽车厂商从 20 世纪 90 年代就开始对汽车进行质量认证，我国的汽车厂商也从近几年开始进行这一业务。汽车厂家利用自己的技术、设备、人员以及信誉优势，对回购的二手车进行检测、修复，给当前庞大的二手车消费群体提供“放心车”“明白车”，即使价格高于其他市场上的二手车，消费者也认为值得。同时汽车厂家介入二手车市场也为规范二手车市场、降低交通安全隐患带来积极影响。

（1）认证的基本概念。经汽车厂商授权的汽车经销商将收上来的该品牌二手车进行一系列检测、维修之后，使该车成为经品牌认证的车辆，销售出去之后可以给予一定的质量担保和品质保证，这一过程通称为认证。

二手车认证方案的开展是市场对二手车刮目相看的首要原因，现在已经得到广泛的支持，很多汽车生产厂家还针对二手车推出一些令人鼓舞的消费措施。目前，认证方案项目一般包括：合格的质量要求、严格的检测标准、质量改进保证、过户保证以及比照新车销售推出的送货方案，一些大公司开展的认证还包括提供与新车一样利率的购车贷款。通过认证，顾客和经销商双方都从中得到了实惠。首先顾客对自己购买二手车的心态更加趋于平和，相应地，经销商也实现了认证车辆的溢价销售。而且，顾客再不会有车刚到手就发生故障的经历，经销商也不必再面对恼怒顾客的争吵。

（2）我国的二手车认证。我国二手车认证主要是在一些合资企业中开展，这其中以上汽通用公司和一汽大众公司为代表，我国一般的二手车认证流程如图 5-1 所示。

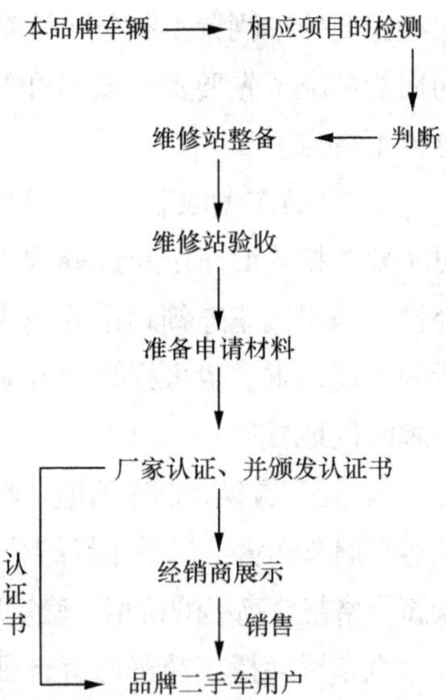

图5-1 二手车认证流程图

① 上汽通用公司的二手车认证。上海通用汽车认证的二手车要经过多道程序的严格筛选。首先，认证的二手车有自己统一的品牌，是和诚信谐音的“诚新”，能通过认证，并打上这个牌子的二手车要达到以下条件：首先是无法律纠纷，非事故车，无泡水经历；其次使用不超过 5 年，行驶 10 万 km 以内；原来用途不是用于营运和租赁。

上汽通用的二手车认证有 106 项检验项目，这 106 项检验要进行两次，进场第一次，整修后还要进行一次。106 项检验主要包括车身、电气、底盘、制动等 6 大类，基本囊括了整个汽车的零配件。通过筛选的二手车，经过整修，再进行 106 项检测，全部合格后才能获得上海通用公司的认证书。经认证过的二手车出售后能获得半年或 10000km 的质量保证，在质保期间，如果车辆出现质量问题，客户可以在全国联网的品牌专业维修店获得免费修理和零配件更换。

② 一汽大众的二手车认证。一汽大众的二手车认证有 138 项检测标准，包括：发动机（检查压缩比、排放、点火正时等 11 项）；离合器（离合器线束调整、噪声检测等 5 项）；变速器（变速器各挡位操控性、变速器油油位等 8 项）；悬架（减振器泄漏等 5 项）；传动系统（差速器泄漏和噪声等 4 项）；转向系统（转向齿条等 7 项）；制动（制动蹄片磨损情况等 8 项）；制冷系统（管道泄漏等 4 项）；轮胎轮辋（前轮定位等 5 项）；仪表（仪表灯亮度等 15 项）；灯光系统（车内外灯光光线、报警灯等 10 项）；电子电器（蓄电池、各种熔断器等 8 项）；车辆外部（刮水器胶皮磨损等 7 项）；车辆内部（座椅、杯架、后视镜等 9 项）；空调（气流、风向等 6 项）；收音机及 CD（播放器、扬声器等 3 项）；内饰外观（各种塑料件、装饰件等 3 项）；车身及漆面（破裂、刮蹭等 5 项）；完备性（备胎、说明书等 7 项）；最终路试（操控性、循迹性等 11 项）。

5. 汽车置换的服务程序

汽车置换包括旧车出售和新车购买两个环节。不同的汽车置换授权经销商对汽车置换流程的规定不完全一样，一汽大众汽车置换流程如图 5-2 所示。

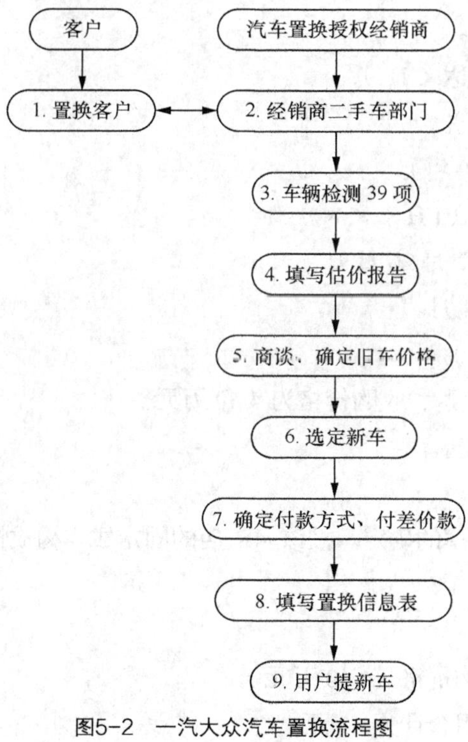

图5-2　一汽大众汽车置换流程图

国内一般汽车置换程序如下。

① 顾客通过电话或直接到汽车置换授权经销商处进行咨询，也可以登录汽车置换授权经销商的网站进行置换登记。

② 汽车评估定价。

③ 汽车置换授权经销商销售顾问陪同选订新车。

④ 签订旧车购销协议以及置换协议。

⑤ 置换旧车的钱款直接冲抵新车的车款，顾客补足新车差价后，办理提车手续，或由汽车置换授权经销商的销售顾问协助在指定的经销商处提取所订车辆，汽车置换授权经销商提供一条龙服务。

⑥ 顾客如需贷款购新车，则置换旧车的钱款作为新车的首付款，汽车置换授权经销商为顾客办理购车贷款手续，建立提供因汽车消费信贷所产生的资信管理服务，并建立个人资信数据库。

⑦ 汽车置换授权经销商办理旧车过户手续，顾客提供必要的协助和材料。

⑧ 汽车置换授权经销商为顾客提供全程后续服务。

在汽车置换中，新车可选择仍使用原车牌照，或上新牌照，购买新车需交钱款：新车价格—旧车评估价格，如果旧车贷款尚未还清，可由经销商垫付还清贷款，款项计入新车需交钱款。

三、实施与考核

（一）技能学习

1. 二手车销售价格计算

某二手车的基本情况如下。

品牌型号（一汽大众捷达 CIF）。

号牌号码（辽 A55H3×）。

发动机号码（EK5647×××）。

车辆识别代号/车架号 （LH×××）。

注册登记日期（2008 年 12 月 20 日）。

年审检验合格至 2013 年 4 月。

车辆购置税完税证明（有）。

某 4S 店于 2013 年 4 月收购，收购价格为 4.40 万元。

该车欲于 2013 年 10 月销售。

其销售价格确定方法如下。

（1）固定成本费用摊销售率的确定。按该 4S 店的固定成本构成情况分析，分摊在二手车销售这一块的固定成本摊销售率为 1%。

（2）变动成本的确定。

① 该车实体价格即为收购价格，4.40 万元。

② 收购车辆时的运输费用合计为 65 元。

③ 从收购日起到预计的销售日，分摊在该车上的日常维护费用约 400 元。

④ 该车收购后，维修翻新费用合计 3200 元。

⑤ 车辆存放期间，银行的活期存款利率为 0.36%。

二手车的变动成本＝（收购价格+运输费用+维护费用+维修翻新费用）×（1+银行活期利率）

＝（44000+65+400+3200）×（1+0.36%）＝64824（元）

该二手车的总成本费用＝收购价格×固定成本费用摊销率+变动成本

＝44000×1%+64824＝65224（元）

（3）确定销售价格。按成本加成定价法，本车型属于大众车型，市场保有量较大，且销售情况平稳。根据销售时日的市场行情，一般成本加成率在6%左右。因该车的销售价格为

二手车销售价格＝该车总成本×（1+成本加成率）

＝65224×（1+6%）＝69137（元）

（4）确定最终价格。

① 该4S店目前处于比较稳定的经营时期，二手车经销状况也比较稳定，故应取获取合理利润为目标，所以成本加成率不做调整，即仍取6%。

② 该车不准备采用折扣定价策略，而上述计算结果中有精确的尾数，即采用尾数定价策略，也不再做调整。

故该二手车的最终销售价格确定为69137元。

2. 引导客户办理二手车销售业务

（1）二手车经销企业对车辆进行检测和整备。

（2）二手车经销企业对进入销售展示区的车辆按“车辆信息表”的要求填写有关信息，在显要位置予以明示，并可根据需要增加“车辆信息表”的有关内容

（3）达成车辆销售意向的，二手车经销企业与买方签订销售合同，并将“车辆信息表”作为合同附件。

（4）按合同约定收取车款，向买方开具税务机关监制的统一发票，并如实填写成交价格。

（5）销售企业向买方提供质量保证书。并交付二手车。

（6）买方持规定的法定证明、凭证到公安机关交通管理部门办理转移登记手续。相关的证明、凭证包括以下种类。

① 买方及其代理人的身份证明。

② 机动车登记证书。

③ 机动车行驶证。

④ 二手车交易市场、经销企业、拍卖公司按规定开具的二手车销售统一发票。

⑤ 属于解除海关监管的车辆，应提供《中华人民共和国海关监管车辆解除监管证明书》。

（7）完成车辆转移登记后，买方应按国家有关规定，持新的机动车登记证书和机动车行驶证到有关部门办理车辆购置税、保险变更手续。

相关的法律条款。

《二手车交易规范》第十六条。二手车经销企业向最终用户销售使用年限在3年以内或行驶里程在6万公里以内的车辆（以先到者为准，营运车除外），应向用户提供不少于3个月或5000公里（以先到者为准）的质量保证。质量保证范围为发动机系统、转向系统、传动系统、制动系统、悬挂系统等。

《二手车交易规范》第十七条。二手车经销企业向最终用户提供售后服务时，应向其提供售后服务清单。

《二手车交易规范》第十八条。二手车经销企业在提供售后服务的过程中，不得擅自增加未经客户同意的服务项目。

《二手车交易规范》第十九条。二手车经销企业应建立售后服务技术档案。售后服务技术档案保存时间不少于 3 年。

（二）任务实施与考核

（1）教师为每组学生提供一款二手车的详细资料，包括某收购日期，收购价格，计划销售日期，收购至销售期间的各项费用。学生根据本任务所学的知识与能力，确定其销售价格，并将详细的计算确定过程编制成计算报告，打印后提交给老师。

（2）每 2 名学生为一组，互相扮演二手车评估师与客户（二手车销售者），由二手车评估师扮演者为客户详细讲解二手车销售的流程及注意要点。

（3）老师观察学生演示过程和审阅计算报告后，完成考核表（见表 5-11）。

表 5-11 教师考核记录表

实训项目： 二手车收购定价

班级学号		姓 名	
项目	必要的记录	分值	评分
讲解是否规范		10	
讲解是否通俗		10	
讲解是否详细		10	
客户是否明了		10	
报告完整性		10	
格式		10	
分析的准确性		20	
计算的正确性		20	
总分			

教师签字：

____年____月____日

思考与练习

一、思考题

1. 什么是机动车折旧？为什么要提出机动车折旧基金？

2. 什么是年份数求和折旧法？

3. 什么是余额递减折旧法？
4. 说明二手车实体性贬值与折旧额的区别。
5. 详细说明车辆使用年限与折旧年限的区别。
6. 影响二手车收购价格的因素有哪些？
7. 简单描述二手车收购定价的 3 种方法。
8. 影响二手车销售定价的因素有哪些？
9. 解释：变动成本费用、固定成本费用摊销率、固定成本费用。
10. 什么是需求价格弹性？在进行二手车销售时，如何运用这个规律？
11. 解释：获取合理利润目标、获取最大利润目标、获取预期收益目标。
12. 二手车销售定价的方法有哪些？
13. 解释：边际成本定价法、目标收益定价法、成本加成定价法。
14. 为什么成本加成定价法深受企业界欢迎？
15. 简单分析二手车销售定价的策略。

二、单项选择

1. 为计算机动车的年折旧额，最常用的方法是（　　）。

A. 平均年限法　　B. 直线折旧法
C. 年份数求和法　　D. 余额递减法

2. 买主最难获得的二手车信息是（　　）。

A. 价格　　B. 品牌　　C. 性能　　D. 服务

3. 下列关于二手车收购价格的确定的叙述（　　）不正确。

A. 应根据其特定的目的　　B. 以二手车鉴定估价为基础
C. 要充分考虑市场的供求关系　　D. 要考虑车辆的未来用途

4. 下列（　　）不属于固定成本。

A. 房租　　B. 车辆维护费　　C. 管理费　　D. 折旧

5. 下列（　　）不是以利润为定价目标的形式之一。

A. 收益现值　　B. 预期收益　　C. 最大利润　　D. 合理利润

6. 下列（　　）是一种高瞻远瞩的目标。

A. 获取预期收益　　B. 获取最大利润
C. 获取合理利润　　D. 占领市场

7. 下列（　　）不是二手车销售定价的基本思路之一。

A. 收益　　B. 成本　　C. 需求　　D. 竞争

8. 在确定销售定价时，首先考虑应用（　　）法。

A. 成本加成　　B. 目标收益　　C. 需求导向　　D. 边际成本

9. 下列关于二手车销售阶段定价策略的叙述（　　）不正确。

A. 投入期以打开市场为主　　B. 成长期以稳定市场为主

C. 成熟期以保持市场份额，利润总量最大为主　　D. 衰退期以回笼资金为主

三、多项选择题

1. 下列关于实体性贬值与折旧额的描述，（　　）正确。
   A. 账面上累计折旧额即等同于实体性贬值
   B. 折旧是由损耗决定的，但折旧并不就是损耗
   C. 折旧是高度政策化了的损耗
   D. 在折旧作为转移价值，是在损耗的基础上确定的
2. 下列关于使用年限与折旧年限的区别的描述（　　）正确。
   A. 规定使用年限不同于规定折旧年限
   B. 同类型的车辆，其折旧年限是不同的
   C. 折旧年限对于该类资产中的每一项资产具有普通性、同一性和法定性
   D. 折旧年限不具有实际磨损意义上的个别性或特殊性
3. 下列（　　）是二手车从收购到售出时限内，还要支出的费用。
   A. 保险费　B. 日常维护费　C. 收购支出的货币利息　D. 各项手续费
4. 下列（　　）是二手车流通企业销售定价应考虑的因素。
   A. 收购价格　B. 需求量　C. 购买的对象　D. 利润
5. 下列（　　）属于变动成本费用。
   A. 管理费　B. 运输费　C. 资产的折旧　D. 资金占用的利息
6. 预期收益高低的确定，应当考虑（　　）。
   A. 商品的质量与功能　B. 同期的银行利率
   C. 在市场竞争中的实力　D. 管理费
7. 下列关于成本加成率的描述（　　）正确。
   A. 应与单位产品成本成正比　B. 和资金周转率成反比
   C. 与需求价格弹性成反比　D. 需求价格弹性不变时加成率也应保持相对稳定
8. 下列（　　）是成本加成定价法的优点。
   A. 对买卖双方都较为公平　B. 可降低价格竞争程度
   C. 可以实现企业的最大利润目标　D. 定价工作简化

四、判断题

（　　）1. 折旧年限是一个平均年限，对于同一类型中的任何一项资产均适用。

（　　）2. 当机动车作为固定资产时，才存在折旧基金。

（　　）3. 一般情况下，在机动车估价时，可以用折旧额替代实体性贬值。

（　　）4. 一般情况下使用年限大于折旧年限。

（　　）5. 车辆的总体价值中，包括各项手续的价值。

（　　）6. 提高二手车的收购价格，就意味着将来销售利润的减少。

（　　）7. 二手车鉴定评估的价格，其实就是二手车的收购价。

（　　）8. 二手车收购定价计算方法中的折扣率，是指车辆能够当即出售的清算价格与现行市场价格之比值。

（　　）9. 用快速折旧法计算二手车折旧额时，要用到机动车原值，即机动车的账面原值。

（　　）10. 由于二手车的需求价格弹性小，所以提高价格可能会增加企业利润。

（　　）11. 如果从竞争状况考虑，二手车销售定价时，应选择与竞争对手相同的价格，甚至低于竞争对手的价格进行定价。

（　　）12. 二手车销售定价是受国家相关法律制约的。

（　　）13. 要想获取最大利润，二手车经销企业应必须要采用高的销售价格。

（　　）14. 预期收益定得高些，二手车经销企业在未来就会有更大的利润。

（　　）15. 加成率应与单位产品成本成反比，和资金周转率成反比，与需求价格弹性成反比。

（　　）16. 各台二手车的销售价格定为最高价，方可实现最大利润目标。

（　　）17. 用单位产品总成本和成本加成率即可计算二手车的销售定价，因而可以认为成本加成率与单位产品总成本成正比。

（　　）18. 只有当二手车的销售价格高于其边际成本时，才有可能为企业创造利润。

（　　）19. 当采用竞争导向定价法确定二手车销售价格时，其价格将与成本和需要无关。

（　　）20. 同一二手车可以按两种或两种以上价格销售。

（　　）21. 竞争导向定价法要求，竞争品价格未变，即使产品成本或市场需求变动了，也应维持原价。

（　　）22. 二手车的折扣定价，就意味着经销企业收入的减少。

参考文献

[1] 高群钦. 二手车鉴定与评估一点通 [M]. 北京：国防工业出版社，2006.

[2] 韩建保. 旧车鉴定及评估 [M]. 北京：高等教育出版社，2006.

[3] 王若平，葛如海. 汽车评估师 [M]. 北京：北京理工大学出版社，2005.

[4] 庞昌乐. 二手车评估与交易实务 [M] .2 版. 北京：北京理工大学出版社，2012.

[5] 李江天，明平顺. 新编旧机动车鉴定估价 [M]. 北京：人民交通出版社，2006.

[6] 明光星. 二手车鉴定与评估 [M]. 北京：中国人民大学出版社，2011.

[7] 吕凤军. 汽车性能与检测技术 [M]. 北京： 北京邮电大学出版社 2012.

[8] 安相璧. 汽车检测诊断技术 [M] .3 版. 北京：北京理工大学出版社，2012.

[9] 邹小明. 汽车检测诊断技术 [M]. 北京：人民交通出版社，2006.

[10] 吴兴敏. 汽车整车性能检测 [M]. 北京：北京理工大学出版社，2012.